也曾酒醉鞭名马

中国古代文人的 B 面

阿丁——著

作家出版社

献给我的兄长王小山

序
中国人可以说不

阿丁身材高大，看上去很威猛，但侠骨柔肠，基本上是个不会跟朋友说"不"的人。有很多像他这样的人，有的时候，知道一件事情答应下来，会给自己带来无限烦恼，甚至利益损失，但"不"字还是生生卡在嘴边，然后吞回肚子里。不得不说，这是一个很"不好"的习惯，有时候不但自己为难，最后还会失去朋友——当然了，能失去的"朋友"，就失去吧，也不算什么。

另一方面，阿丁和这个时代很多让人喜欢的一样，是个能够说"不"的人。其实，除了对朋友以外，能不能、会不会、敢不敢说"不"，是检验知识分子的条件之一。

为什么要说"不"？要回答这个问题，首先，我们得定义一下知识分子。几十年前或者更早，高小毕业的人，在中国就算个知识分子啦，甚至，你会记个账，打打算盘，能说清父亲和邻居在一桩卖大葱的生意里各该分得多少利润，都会被夸成知识分子。现在不能这么算了，知识分子，其实，就是能对公权力说"不"，并能说清楚——至少自己以为清楚为什么该说"不"的那部分人。医生、律师、实验室里的科学家，有知识，但如果从来跟朋友之外没说过一个"不"字，是不能算作知识分子的。

为什么要说"不"？原因很简单，公权力膨胀过快，并且还在加速，知识分子有责任有义务把"不"字说出来，说得响亮些，限制这种速度，尽量让公权力在规则之内运转。不是要创造和谐社会吗？最和谐的事情，莫过于公权力、私权利各安其事、各行其道、互不侵犯，如果难以让公权力完全彻底服务于私权利（不是某个人或者某些家族的私权利）的话，也该提醒他们：不，不能这样，你过界了。

所以，不是"能不能"的问题，而是必须，阿丁笔下历朝历代的"知识分子"，就是那些从不或很少说"不"的软体动物。假如，只是假如，这些动物里的一半，脊梁能硬起来，中国历史可能就是另外一副面目了。

但他们不敢说"不"，怕什么？自汉武董仲舒以降，儒家思想成为正统，对权力结构的精密划分使得说"不"在思想上就成为异端，鲁迅说："我们从古以来，就有埋头苦干的人，有拼命硬干的人，有为民请命的人，有舍身求法的人，虽是等于为帝王将相做家谱的所谓'正史'，也往往掩不住他们的光耀，这就是中国的脊梁。"这句话中，很多人注意的只是"中国的脊梁"，其实，这句话传达更无奈的意思是，虽然这些人是中国的脊梁，但确实是等于为帝王将相家谱在做"正史"。这种结果，儒家思想"功"不可没。你觉得是在"为民请命"，其实，还是为了维护君权。民本思想虽然在个别思想家著述里有过一些头角，但不得重视，总归于无。只有宪政思想传播之后，真正的敢于说"不"的现代知识分子才终于出现，虽说刚刚开始，但才有希望逐渐覆盖阿丁笔下的主角们。

敢于，甚至勇于说"不"，也只是一个开头，如何说"不"，才是更加重要的问题，在这方面，阿丁这本书中对历史上各时代知识分子的梳理是良好的尝试。虽然说中国历史，过去只是中国史，未来才是世界史的一部分，但不好好梳理过去，对未来则无从把握，必然会将过去的种种不堪重新来过。看看吧，中国过去"知识分子"的德行，就该知道现在以至更加宽广的未来，我们该如何避免重入窠臼——说实话，读书稿时，我不时在为祖宗脸红，希望我们或者我们的后代，做得能比祖宗强点。

对朋友难以说"不"，虽然算不上美德，总能算得上厚道，但对公权力，莫说依附，即使是过于纵容，也是在对未来犯罪——

与其他自认知识分子的，共勉。

王小山

目 录
contents

何 晏

魏晋·何晏【言志诗】鸿鹄比翼游，群飞戏太清。常恐天网罗，忧祸一旦并。岂若集五湖，顺流唼浮萍。逍遥放志意，何为怵惕惊？

何晏，字平叔，现在的河南南阳人，魏晋玄学创始人之一。汉灵帝时大将军何进的孙子。《魏略》认为他是何进的弟弟何苗的孙子。姑且采信前者。

话说他爷爷何进被张让等十常侍干掉后，何家衰落。何晏他爸叫何咸，很早就死了，因为新寡之妇的常态是梨花带雨颇为动人，再加上曹家有收寡妇的优良传统，曹操就将尹氏纳为妾，因此当时还是胚胎的何晏呱呱坠地就成了魏武养子。

《世说新语》中的何晏当仁不让是个男主，在"言语、文学、识鉴、赏誉、品藻、规箴、夙慧、容止"各章节中都有露脸。"夙慧"中，何晏七岁，明慧若神，曹操有意收其为子，随他家姓曹。某日有人见何晏蹲在地上画了个方块，把自己圈在里头，就问他何故，何晏说：此乃何氏之庐也。潜台词就是我的地盘我做主，风能进雨能进国王不能进。可以说很小的时候何晏就怀揣拥有私密空间的梦想，以及素朴的私权意识。这个想法拿到今天可以解释为什么那么多人甘当房奴，宁可喝风拉烟也要在京城买套房。那时候少年何晏或已知寄人篱下的滋味不好受，他那个何氏方块在数学上可以叫作"独立人格"。

曹操的智商就不用说了，听说此事后就礼送何晏至府外另辟寓所居住。有人因此判断曹操看出何晏有篡权自立的想法，纯属扯淡，一个七岁男孩的终极梦想最多是抱抱娇俏可人的邻家女孩，说他胸怀天下不是扯淡是什么。靠谱些的说法是，曹操见何晏小小年纪便如此向往独立，忍不住点个赞，方尊其意，足其愿。

长大后的何晏不仅不俗，还开了风气之先。饮酒泡妞开办文学沙龙，还率先服用五石散，算是中国历史上嗑药第一人。苏轼说嗑药肇始于何晏，此话有些根据。又因何晏是大名士，当时的天王级人物，时人难免趋之若鹜争相效仿。至于吃了这种药的效果，何晏自己说"非惟治病，亦觉神明开朗"，看来服了五石散还有兴奋中枢神经的作用，若放在现代，吃了这药的人多半过不了兴奋剂检测关。

另有人说，五石散的作用不止提神，还可壮阳，可称现代伟哥，服用后夜御数女若等闲。这一药效的宣传效果远超神明开朗什么的，比如五石散在文人圈子的普及，就亏了学者皇甫谧的广告，谧曾经曰过："晏耽爱女色，服五石散体力转强。"至于如何强，儿童不宜，有想象力的你可自行脑补。

然而是药三分毒。有关五石散的毒副作用，苏轼的考证是："凡吃过这药的，背生痈疮并伴随呕血，等于服毒，当世之人不可能不知。"从魏晋时举国知识分子集体服毒现象之广泛，可窥这一时代的士族颓废、绝望之一斑。有史家将世人多嗑药列为末世景象之一，是很有些道理的。

弱冠之后的何晏越来越招人烦，曹丕就骂其为"假子"，因为何晏经常故意和他穿一样的衣服招摇过市，被屡屡撞衫的曹丕严重不爽。到曹叡继位，人皆言"何郎傅粉"，曹叡就想看看这何晏是不是真的扑了粉，便在某个炎炎夏日的正午召其入宫，赐热汤饼，也不开电扇，身处"桑拿房"中的何晏坦然啖食，吃完满头大汗，以袖揩面，曹叡一看，还是粉白滑嫩，肤色纯天然，始知传言为虚，人家并未傅粉。

公元249年，司马懿发动高平陵政变，依附曹爽的名士尽入司马氏之狱。《魏氏春秋》记载，司马懿以一个轻飘飘的手段就摧毁了何晏本来就不怎么样的名节——下令由何晏司审，这个决定让何晏产生了错觉，以为此乃苟活之机，这位魏晋谈玄第一人此时却务实得令人发指，"穷治曹爽一党，不惜株连"。案件审结后，何晏呈上乱党名单，司马懿不动声色，问：就这些？何晏连忙又数了一遍，诚惶诚恐地答，对，就这七姓。懿又问：不是八姓吗？这时何晏方醒，问莫非还有我？司马懿笑：恭喜你，答对了。

不日何晏三族被诛，可怜傅粉何郎，死得像个冷笑话。

仕途就是凶途，做官就是坐棺。今天锦衣玉食明天就箪食瓢饮，方才断人生死转瞬大好头颅就为人所断，何晏叹息命如转蓬，却不知抽身，更学不来阮籍的"至慎"，岂止评论时事臧否人物那么简单，不怵惕惊才怪。何晏的老婆是曹操的女儿金乡公主，何晏赐爵列侯之后，愈发骄矜，主选举，其宿与之有旧者，多被拔擢。公主去问母亲，说何晏为恶日甚，将来上哪寻条活路啊！老太太笑答：何晏死了，你不就放心了吗？省得天天担惊受怕他被别的女人抢走了。事实证明，这位何夫人是有先见之明的，不久何晏被夷三族，司马师派手下去抓孤儿寡母，公主一手搂住孩子，另一手"搏颊"，自抽嘴巴血染粉腮，泣求放条生路。司马懿听完汇报后，觉得这女子有些远见，主观上也想尽早与何晏划清界限，加上他与公主兄长沛王曹林的关系还不错，就把这对母子放生了。

对何晏的命运做出准确预警的，除了他媳妇，另一个就是三国第一神人管辂。某次何晏做了个梦，梦中有几十只青蝇趴在鼻子上，怎么轰都轰不走，就请来管辂解梦。管辂占了一卦说，鼻子在人脸中所处地势最高，等于人脸上的珠穆朗玛，苍蝇逐臭，聚集在阁下的鼻子上，说明位峻者颠，轻豪者亡。至于怎么破，您您您自己想想吧。

管辂回家后跟他舅舅聊起这事，老头觉得管辂的话太重了，怕外甥触怒何晏惹来祸端，管辂则撇撇嘴，道：切，跟一个死人说话，有什么可怕的……

第二天洛阳西北就起了沙尘暴，遮天蔽日飞沙走石的，人皆掩门闭户。十几天后消息传来，何晏被杀，三族尽戮，管辂的舅舅才知外甥不是人，是神，Oh，nephew，my god。

潘 岳

西晋·潘岳【悼亡诗】岂曰无重纩，谁与同岁寒？岁寒无与同，朗月何胧胧！展转眄枕席，长簟竟床空。床空委清尘，室虚来悲风。

潘岳，字安仁，后人把他叫成了潘安，西晋人，祖籍荥阳中牟（今河南中牟）。魏晋第一美男子。有关他长得帅的典故很多，《世说新语》中有浓墨重彩的几笔，比如"掷果盈车"，潘帅每自驾游，就有狂热的女粉丝把时鲜水果扔满白羊小车，一趟回来就能开个水果捞。

不驾车出行的时候，美少年就有遭遇非礼的危险，当时的洛阳女子很开放，"莫不联手共萦之"，手拉手以玉体为牢，合伙观赏帅哥潘岳，眼瘾过够了才肯放他走。另一个故事则反证了潘岳的美姿容，写《三都赋》的左思也学潘岳驾车游街，却因为生得丑陋招致满脸唾液。《晋书》里说搞潘帅模仿秀的是张载，此人收获的是一车石头瓦砾，返家时灰头土脸，活像个搞拆迁的。

在西晋，潘岳的文章一流，强过同侪。贾谧的二十四友中，潘岳居首。潘帅哥最擅是作得一手好哀诔文，当时谁家死了人都请潘岳作悼亡诗，认为这是给死者最大的哀荣。其实大部分死鬼潘岳连面都没见过，可人家照样写得撕心裂肺意切情真如丧考妣，就跟死的是他至亲似的。这工作有点像职业哭灵人，哭灵人士修炼得泪腺发达，潘岳则是天生悲伤逆流成河。他作得最情真意切的一首诗，是悼念妻子的。须知当世四大喜之一便是中年丧妻，潘岳还伤心得什么似的，而且这位史上最帅的河南人竟然没有养个小三儿，真可以被当代官吏鄙视一下子了。

魏晋当然不是太平年代，死人这种事常见，擅写悼亡诗的潘岳不愁揽不着活，不过他显然志不在此，一双美目盯着的是上层路线，因此"拜路尘"这个千古污点就洗不掉了。话说权臣贾谧某日经过潘岳蜗居的街道，车马经过时尘土漫天，潘岳赶忙一揖到地拜下去，直至尘霾散尽才直起腰来。其勇可跟如今在重度雾霾里跳广场舞的大妈一拼。此之谓"拜路尘"。

贾谧是谁？晋惠帝司马衷的皇后贾南风是他姨，弑杀高贵乡公曹髦的贾充是他外祖父，魏晋老牌美男子韩寿是他的亲爹，偷香的典故指的就是贾谧母贾午勾搭韩寿的故事。所以本名应该叫韩谧，因其舅父无子，过继后改名贾谧。当时有个姓贾的姥爷相当好使，仗着贾充的名头和丑八怪姨妈的宠爱，贾谧势焰炽盛蟹行宫闱，此后又帮贾后废掉愍怀太子，不是什么好鸟。潘岳拜他的路尘，肯定不是有喜吃沙尘的异食癖，所图的，自然是一条晋身之阶。

民间大多管潘岳叫潘安，潘岳的老乡，某河南教授说那是古人为了押韵而省一字，另有一种说法是：潘岳字安仁，因为他伺候过贾谧和贾南风，傍权势而苟安，跟"仁"实在扯不上，就干脆叫他潘安了。看后人对他的菲薄，这理由似更可信。对潘岳持高度怀疑态度的，还有金人元好问："心画心声总失真，文章宁复见为人，高情千古闲居赋，争信安仁拜路尘。"

元好问人如其名果然好问，这一问就戳到了潘岳和千古文人的共同痛处：做人和作文怎么就那么难以高度统一呢？

贾谧的车驾经过时，尘霾中的潘帅哥连忙弯腰撅臀，这就跟宁可打铁也不出仕的嵇康之境界的确差了老远。不过潘岳没白当人肉吸尘器，他的生花妙笔终于派上了大用场。贾后共贾谧欲废太子，先灌醉了司马遹，然后逼其抄写一篇祈祷惠帝早死的诅咒文字，这篇文字的作者就是潘岳。身为文人，写马屁文章当肉喇叭就够为人不齿了，连构陷文章这种活儿也接，弑储君这种忙也敢帮，名节尽毁也就别怪别人了。所以他的结局也并不比嵇康美妙，嵇康是一人被杀，潘岳却被夷了三族，父辈、他这辈，连带子侄都惨遭屠戮。

潘岳的母亲是位极有前瞻性的老太太，曾多次嘱咐儿子"止足"。这两个字聪明如你单从字面理解就够了，政治圈子不是潘岳这种文人涉足的。潘母劝儿子别陷溺太深，潘岳不听，文人总是太轴，有才华的文人尤其轴。老把祖国当母亲，连国家不能生孩子这种常识都忘了，其实生他的女人才是亲妈呀。可怜潘帅哥身边无净友，就缺个人喊一嗓子：潘岳你妈叫你回家吃饭。兴许还有救。

有人说潘岳主观上是真想修齐治平，可是这种理想太害人了，尤其是身处乱世的时候。因此几乎可以说潘岳之死是一起自杀事件。

直接干掉潘岳的是孙秀。赵王司马伦的"智囊"，史上杰出小人之一。据传孙秀是五斗米教的道徒，很有些手段，否则也不会哄的司马伦言听计从。小人这种生物的最大特质就是睚眦必报，孙秀早年曾侍候过潘岳，因为人猥琐多诈，潘岳看不上，总羞辱他，结果种下了祸根。贾后和贾谧被诛后，潘岳居然去已当了中书令的孙秀府上试探，问："孙令犹忆畴昔周旋不？"孙秀一开口，潘岳就听到了他一生中最恐惧的八个字，这八个字潘岳一定很熟悉，出自《诗经·小雅·隰桑》，孙秀说："中心藏之，何日忘之。"

元好问为潘岳千年一叹，说什么"心画心声总失真"，算是说到了点子上。可这元大词人给后世也留下了"失真"的口实。譬如他给降元的崔立写表扬信立功德碑，并不比潘岳干的那点儿事光彩多少，唉，元大诗人，您还是闭嘴吧。

王 衍

南朝·刘义庆【世说新语】王夷甫雅尚玄远，常嫉其妇贪浊，口未尝言"钱"字。妇欲试之。令婢以钱绕床。不得行。夷甫晨起，见钱阂行，呼婢曰："举却阿堵物。"

王衍，字夷甫，西晋名士，出身著名的琅琊王家，魏晋望族，所以小时候名人就一坨一坨地见，搁现在这帮人上微博都是加"V"的，一点儿也不新鲜。譬如王衍总角之年就去山涛府上串门，在大名士家丝毫不怯场。王衍走后，山涛感叹："何物老媪，生宁馨儿！"

前阵子某同事得子，收贺卡一张，上写：喜得宁馨儿，贺之。送贺卡的那位不知从哪翻出这两个字，可能觉得非常之美好，就用上了。实际上宁馨这个词是魏晋口头语，就是"这样的，这般的"意思，谈不上褒贬。也就是说，假如你穿越到魏晋，需要骂某人"你怎么这副德性"时也可以用"宁馨"代替。更何况山涛评价王衍的话后面还有一句："然误天下苍生者，未必非此人也！"山巨源看人很准，多年以后，王衍误了不少苍生，还误了自己的性命。所以您说这"宁馨儿"，算是好话吗？书袋掉掉无妨，但需谨慎。好歹谷歌一下啊。

要说王衍姿色确实不错，否则山涛也不会感叹哪个女人能生出这样的儿子。顾恺之曾给王衍造像，引了王导赞王衍的话，说"岩岩清峙，壁立千仞"，说明王衍是个修长身材，长得比较挺拔。至于长相更没的说，《世说新语》里随便扒拉扒拉就能找到一堆夸王衍美貌的段子。比如王衍去探望患病在家的裴楷，前者走后裴令公说："双眸闪闪若岩下电，精神挺动，体中故小恶。"如此说来王衍不光身材好，还生了一双跟袁世凯似的美目，盼兮电兮的，搞得老朽的裴楷都嫉妒了。"容止"一章里，还提到王衍的肤色，说他平时谈玄，持白玉做柄的麈尾，手与白玉你根本就分不出来。魏晋时肤色流行白皙，其他美男子比如何晏卫玠也都是小白脸，相比之下嵇康的皮肤更健康、更阳刚些，打铁硬生生打出了一身古铜。

翻《晋书》和《世说》，夸王衍的多是他们琅琊王家自己人。大将军王敦是王衍族弟，他说他叔伯哥哥王夷甫搁人堆里，就好比珍珠玉石置于瓦砾中。竹林七贤里的王戎是王衍的堂兄，夸本家兄弟"如瑶林琼树，自然是风尘外物"，晋武帝司马炎都被王戎忽悠了，曾经很好奇地问：你兄弟王衍那么牛逼，当世还有跟他差不多的人吗？王戎说：那您上哪找去，皇上您要真想找个跟我老弟能比的，只能去古人堆里翻翻了。

司马炎一听，哇塞，这么不可复制，升官！

以上事例，除了能证明王衍确实长得不错，还说明琅琊王家的人都很会营销，事先一定拟有团队炒作的预案。

魏晋时能搏出位的，除了长得帅，还得口活好，王衍就是其中佼佼者，堪称意见领袖。《晋书·王衍传》记载，王夷甫"盛才美貌，明悟若神，常自比子贡，兼声名藉甚，倾动当世……朝野翕然，谓之一世龙门，后进之士，莫不景慕效仿"，傅畅所著的马屁书《晋诸公赞》里也说："夷甫好尚谈称，为时人物所宗"，假如有个名士排行榜，王衍肯定毫无悬念地周冠军、月冠军、年度总冠军全揽。因此当时的年轻人，都模仿王衍的谈吐，人手一麈尾，弄得全国的麋鹿尾巴都秃了（作者注：晋文人以麋鹿的尾毛制成麈尾，驱虫掸尘之用）。

在玄学上王衍是何晏的继承人，当时望族府上经常开文学派对，王衍每每在酒席上高谈阔论，谈虚无、论时事，说错了也不脸红，有人指正了马上改口，所以时人都说王衍"口中雌黄"。顺便解释一下，西晋时造的纸颜色发黄，写错了字就用雌黄矿粉覆盖，功用类似今天小学生常用的涂改液。成语"信口雌黄"就来自王衍。

王衍言必提老庄，自比子贡，搞得长眠地下的子贡一个劲儿打喷嚏。他和子贡显然没法比，单从对钱的态度上来说，王衍就伪得可以，平素自命清高，耻于谈钱。连他那泼妇老婆都看不惯丈夫装13，某日趁王衍未醒，吩咐仆人搬来铜钱堆在他四周，然后抱着肩膀围观清高老公一会儿怎么下床。王衍醒来，一见被钱围了城，杀猪般大喊：举却阿堵物！这一喊，就喊出了中国历史伪清高的极致。后世有大人物据称口袋里从不带钱，愚夫愚妇们就感动了，以为大人物不爱财，高洁得宇宙没生物可比。这些人的脑袋永远想不到大人物当然不必随身带钱，要不怎么叫愚夫愚妇呢？其实普天之下率土之滨都是他的，还用亲自带钞票？

至于子贡，这位孔门高徒被太史公列入《史记·货殖列传》，除了范蠡化身的陶朱公，就数他最有钱了，但也没像王衍那么装吧。《晋书》注引里有句话很坏，说"夷甫求富贵得富贵，资财山积，用不能消，安须问钱乎？而世以不问为高，不亦惑乎！"这个点评针一般锋利，呜呼！王衍的伪清高活活被戳漏了气。

年轻时的王衍不光谈玄，也谈时事，这是跟他堂哥王戎等人学的。不过如你所知，无论今古，"妄议"时事都是危险的。尚书卢钦也听过王衍臧否时事，觉得这是个经世之才，就举荐其为辽东太守。王衍吓坏了，他也清楚空谈和实干是两码事，自忖口活虽好，但真刀真枪是玩不转的，因此坚辞不就。此后也不大敢评议时事新闻了，改聊娱乐新闻。平日跟一群王公贵族扯淡打赌，某次王衍和彭城王司马权比射箭，赢了后者一头牛，该牛是司马权最爱，生怕王衍杀了吃肉，就说你要是骑着玩无所谓，要杀牛就算了，我宁愿给你二十头肥牛来换。没想到王衍一点儿面子也不给，把牛牵回去就做了红焖牛肉。夺人所爱不行还吃了人家所爱，唉。这人性。

话说青年王衍名动京城时，被当时的国丈爷杨骏瞄上，想把小女儿许配给他。这杨骏是晋武帝司马炎的岳父，彼时是第一号权臣，势焰熏天。按说被此老看上，寻常人一定美得不行，飞黄腾达的好机会来了能轻易放过吗？

然而王衍婉拒，为此还装疯卖傻了一阵，才把这桩婚事搅黄了。其实王衍不仅不傻，而且很贼，那时他就看出杨骏擅权不能持久，依附了他早晚要倒大霉。果然，贾南风携贾谧搞政变，杨骏在马厩里被杀，党羽皆被夷三族。闻讯王衍出了一身冷汗，随即感叹自己当初做了一个多么英明的决定。这之后，王衍果断地娶贾南风的表妹郭氏为妻，自此官运亨通。

《晋书》中记载的郭氏不是什么好鸟，"藉中宫之势，刚愎贪戾，聚敛无厌"，所以王衍不谈钱也是有经济基础的，有个贪鄙的老婆往家里搂钱，自己就得装着点。一是维护名士风度，二是给外界造成自己清廉的假象，以趸避纪检部门的审查，此乃一石二鸟之策。话说郭氏还有干预人事的爱好，凡是王衍的事总插一杠子，王衍也拿她没辙。某日郭氏惩罚婢女挑粪，王衍的弟弟王澄看不下去了，就跟嫂子说你这样欺负弱势群体忒不地道，郭氏就泼妇本色毕现，破口大骂：你妈死前把你托付给我，不是把我托付给你，小屁孩子再瞎掺和你信不信把你赶出去！骂完还要撸胳膊挽袖子要揍小叔子。

王澄就不敢说什么了，那年他才十五，尚无力独立门户，只能托庇哥嫂。毕竟手足情深，王衍得知后很上火，但苦于老婆有河东狮吼之悍勇，又兼是贾南风的表妹，不敢动她。就假托幽州刺史李阳也对她不满，郭氏听了多少有所收敛。李阳素有"京师大侠"之名，郭氏颇为忌惮。

维持后院之余，王衍还把女儿作为政治筹码，铺就青云之路。大闺女许给了权臣贾谧，贾南风的亲外甥；小女儿嫁给了太子司马遹。不久太子被贾后找潘安配合着诬陷了一道，彻底失势。王衍见状赶紧上表，乞求准许小女儿和太子离婚，此举相当猥琐。太子写信给王衍求他助自己洗冤，他居然把信藏起来以求自保，猥琐的二次方。像这种猥琐男也敢称名士，跟如今骗子自称博士后一样不要脸。

相比之下，王衍的女儿王惠风比他爹有人味得多，她和太子被拆散后，几欲哭死，后被匈奴掳去，惠风持剑痛斥敌将，"义不为逆胡所辱"，自刎而死。

此事《晋书·列女传》中有载。按当世的标准，当然不该有华夷之辨，更不该轻生，不过这么要求一千七百多年前的她就是纯扯淡了。八王之乱平息后，韬光隐晦的王衍又发迹了，从尚书仆射做到了司空司徒的高官，已是一人之下万人之上。不过一个空谈家转行实干家，也就离死不远了……

坐稳宰辅之职后，王衍的第一要务不是整饬国务抚恤百姓，而是给俩兄弟安排工作。亲弟弟王澄被委任为荆州刺史，族弟王敦当了青州刺史。此前他跟东海王司马越说，国家大乱，应该选用能文能武的人担当重任——这种能人哪有？当然是他琅琊王家的子弟。嗯哼，他倒内举不避亲。

王澄王敦临赴任，王衍召集二人嘱咐了一番，说荆州有长江汉水两道天堑，青州背靠大海，你哥我在京城稳坐宰相之位，形成一个铁三角，咱王家就安全了，这叫狡兔三窟。此举果然对王家有功，后世的琅琊王家人丁兴旺杰才辈出，王羲之兄弟就是王导的侄子。

话说这哥仨的私密谈话泄露，连王衍的名士朋友们都暗地竖中指。不久石勒、王弥来犯，王衍第一仗指挥得不错，成功退敌，因功被加封太尉，授他侯爵，王衍辞封。彼时战事吃紧，许多大臣都建议迁都，王衍的名士范儿又出来作祟，把自己的牛车卖了，摆出一副要决一死战的架势。

司马越死后，朝臣都推举王衍当大元帅，王衍慌神了，赶忙说，我这官是一步步逐级升上来的，其实我根本不想当领导，我又没啥军事才华，让我当元帅不是找着亡国吗？朝臣们齐声说：不行，就是你就是你就是你！王衍无法，只好硬着头皮上。

很快石勒破城，王衍被俘。据说石勒十四五岁的时候曾经到过晋都洛阳，王衍无意中看到石勒，觉得这小胡人面相不俗，将来必成大患，就回府叫人捉拿，却扑了空。再见石勒时，王衍已是阶下囚。无常啊无常。

时年王衍五十六岁，依然风度翩翩，石勒不忍杀，就跟他聊天，王衍软骨病犯了，就劝石勒称帝，顺便撇清责任，称自己其实一点都不喜欢参政议政。石勒听了大怒，说你装什么蒜啊，这么多年你一直被重用，当官当到了国家总理，还敢臭不要脸地说不喜欢政治？当晚，吩咐卫士推倒墙，把王衍砸死，算是赐了个全尸。现场很是悲壮，酷似私产捍卫者抗拆迁未果。周作人的学生作家废名有篇小说，叫《石勒的杀人》，里面的王衍，是被石勒一声狮子吼震倒了墙砸死的，有兴趣的读者可以找来读读。

山涛的预言应验了。王衍的表舅羊祜的预言也应验了，多年以前羊祜指着少年王衍的背影说：祸乱天下的，肯定是这小子。

临咽气前，王衍留下一句名言：呜呼！吾曹虽不如古人，向若不祖尚浮虚，戮力以匡天下，犹可不至今日。翻译成白话就是：唉，我跟古人比是差点儿，不过要是不装，踏踏实实地匡扶天下，也不至于像今天这么惨呐……

当为一叹。

王 戎

南朝·刘义庆【世说新语】嵇、阮、山、刘在竹林酣饮,王戎后往。步兵曰:"俗物已复来败人意!"王笑曰:"卿辈意,亦复可败邪?"

王戎,字濬冲,跟王衍一样,都出身琅琊王家,身世显赫,他爷爷叫王雄,官至魏幽州刺史;他爸叫王浑,西晋时做到凉州刺史,所以王戎是"雄浑"的后人。

"道边苦李"的故事连小朋友都知道,有关王戎对李子甜度的判断,已成为一个哲学问题。有人据此说王戎是人性恶论的支持者,所以预判凡是李树下经过的人都会去摘,当然就只剩下苦的了。

王戎个头不高,却"风姿秀彻",反正他们琅琊王家没长得矶碜的,一窝珠玉。王氏朋友圈里的中书令裴楷曾羡慕嫉妒恨地高度赞扬过王戎的眼神,说"烂烂如岩下电",同样的话裴楷还送给过王衍,堂堂中书令,词语也太贫乏了点。

总之,王戎生了一双电眼,跟吴镇宇似的,应该很讨女人喜欢。竹林七贤里的阮籍比王戎大二十来岁,本来是王浑的朋友,却和他儿子王戎做了忘年交。平时阮籍来王浑家串门都是待一会儿就走,某日赶上王戎在,阮籍居然坐得住了,和王戎聊得火热。聊完,一贯"口不臧否人物"的阮籍跟王浑说:你跟你儿子比差远了,跟你侃不如跟王戎侃来劲。后来王戎位列竹林七贤,跟阮籍对他的"青眼相加"大有关系。然而后期阮籍对王戎的态度有变,比如某日六贤正在竹林饮酒,见王戎来了,阮籍就翻白眼,说你这个俗物又来蹭酒喝,败我们的兴致!王戎的回答非常厚脸皮,讪笑着说:老大,你们这些人的兴致是我想败就败的吗？这个自贬捧人的台阶，下得不是一般的高明。

有关王戎小时候的故事，还有一桩不得不提。在他六七岁时，王浑带着他去宣武场，一个猛男牵着一头老虎出来表演人虎互搏，虎一蹿一吼，在场的人都吓得屁滚尿流，唯独王戎面色如常地端坐，魏明帝曹叡看了惊叹不已，觉得这小子胆气令人击节，长大后了不得，定是个干大事的。可是也有人说：肯定是吓傻了，动不了窝啦！嗯，也有这个可能。

王浑薨，刺史大人的门生故吏闻讯送来很多抚恤金，没想到王戎一两银子也不要，要知道那可是一笔大数目，拒绝起来是需要勇气的，所以时人有弹有赞。阴谋论者说：虽然没借老爸之死捞钱，但王戎收获的无形资产相当可观，有了名士的清誉，将来还愁没钱花吗？

太康三年（282年），王戎升职为侍中。晋时侍中这个官职直接由皇帝差遣，可禁中行走，所以基本相当于宰相。既然位高权重，跑官儿的就了。南郡太守刘肇偷偷送了他一捆高档布料，王戎原物奉还，还修书一封表示感谢。言官知道后弹劾他，斥责身为国家高级领导干部，拒腐蚀拒得不坚决。晋武帝司马炎出头为他辩解，说王戎哪会随随便便就贪污，他只是不想表现得太卓尔不群罢了。这事放到今天仍然值得官宦"参详"，小钱是不能贪的，做道具就是了，正好表演一下清廉。另外对行贿者态度不能太恶劣，否则将来就没人找你买官了，岂能自断财路。

司职吏部时，王戎发明了官员观察制度，凡选送上来的官儿，先不给正式任命，试用期过后视政绩决定是否任命，因此那时的官员都是实习生身份。司隶为这个制度再次弹劾他，跟皇帝说这种制度貌似合理，实际上等于暗示实习期的官员赶紧孝敬，王戎正好大发其财。或许真让司隶说中了，昔日两次拒收钱物的王戎，此后在洛阳置了几套商品房，付的都是全款。《晋书》中说王戎"性好利"，《世说新语》里专写吝啬鬼的章节，王戎的"事迹"占了快一半。当时民间风传王戎夫妇每天晚上都拿象牙筹算账，看看当日入账多少。跟电商似的。

某一年，王戎家园子里李子大丰收，两口子就琢磨着卖掉，因为自家的李子汁丰味甜品种好，怕别人也种，大名士王戎就开动一脑子玄学想出个妙法，拿锥子把每只李子的果核上都钻一下，弄得李核不孕不育，也就不怕别人种植了。这种维持垄断法至今还在用，比如某通讯公司找苹果专门订购不能连上Wifi的"爱疯"，好大赚流量费，就很有王戎王大名士之风。

对外人抠门，对子女该大方了吧，哼哼，照抠不误。王戎的女儿出嫁前借了娘家数万钱，每次回娘家王戎就拐弯抹角地"友情提示"女儿还钱，女儿不还，王戎就把脸耷拉得驴长，后来他闺女把账还了，王戎的脸才缩回二尺。对侄子就得加个"更"字了，结婚时这位当伯父的只送了一件外套，更令人发中指的是，侄子结完婚王戎竟然又把外套要了回来，跟婚纱租赁似的，非常葛朗台。

名士戴逵为这事曾帮他辩解，称王戎是学王翦，不过是乱世自污以求自保之举。后世有历史学家说，那不过是名士之间的护惜。是啊，说他自污？有这么自污的吗，李子卖出去还钻人家核？

虽然没像王祥那样卧冰求鲤，可王戎也有孝子之名。他与和峤同时死了妈，和峤遵照礼法守孝，每日茹素，一脸哀苦相。王戎该干吗干吗，酒肉都没戒，却"鸡骨支床"，瘦成了一副骷髅。司马炎跟刘毅说：和峤这么下去很危险，这么好一人才别毁了。刘毅说陛下你要担心就担心王戎吧，和峤是活孝，王戎是死孝，别看表面上不如和峤悲痛，其实痛悼老母都快把自己悼到九泉去了。我对此无感，只是好奇王戎酒肉照食，却是如何"鸡骨支床"的，也不知用的什么减肥之法。

总的来说，王戎还算是个低调的人，出宫的时候穿便服走小门，没人知道刚出门这人位列三公。他的偶像是春秋时的蘧伯玉，被孔子高度表扬过的士大夫标杆。孔子曰过：君子哉蘧伯玉，邦有道则仕，邦无道，则可卷而怀之。可王戎学偶像学成了四不像，唯有保命的本事不错。他劝齐王司马冏撤封国保爵位，差点被杀，结果装着嗑药嗑过量摔倒在厕所里，虽然搞得自己臭烘烘，但是命总算保住了。

王戎和王衍，这对兄弟最为后人诟病的，其一是对羊祜的态度。羊祜被称为羊祜子，是魏晋公认的能臣和大好人，王戎和王衍也和羊祜有亲缘关系，但这二位没少给羊祜身上扣屎盆子，当时坊间有俚语称：二王当国，羊公无德。第二就是王戎和贾南风和郭家的姻亲关系，贾后擅权时，王戎写信谄媚了一番，保住了官职。太子被废，跟王衍一样，王戎也成了"忍者神龟"，没出头为太子说一句话。

此人的保命之道还因为他的识人水准。比如对从弟王敦，王戎就百般看不上眼，只要王敦一出现王戎就躲，后来王敦作乱被戮尸，证明了王戎确颇有些远见。

七十二岁那年，王戎死在了郏县，谥号是"元"，假如是圆滑的"圆"就更贴切了。终其一生，王戎的黄老之术没白学，既没曳尾于泥涂，又敛财无数，唯一不如他堂弟王衍的，是后代问题。王戎最喜欢的长子王万，也是个天才儿童，幼时就名声大噪，美中不足是太胖，王戎逼儿子减肥，把王万关起来每日让他吃糠，没用。王万可能是天蓬元帅转世，吃糠也不妨碍长肉，可怜十九岁上就死了，应该是死于肥胖症引发的糖尿病，糖尿病引发的多器官衰竭。王戎还有个儿子王兴，他死活看不上，因为是庶出。后来把堂弟的一个儿子过继，继承了他的爵位和家产。你说这是什么破爹啊。

陆 机

西晋·陆机 【百年歌·二】 二十时。肤体彩泽人理成。美目
淑貌灼有荣。被服冠带丽且清。光车骏马游都城。高谈雅步
何盈盈。清酒将炙奈乐何。清酒将炙奈乐何。

陆机,字士衡,祖籍华亭,现在的上海松江,跟韩寒算是老乡。
陆家是江东望族,陆机的爷爷是陆逊,孙权手下的名将加丞相,关羽
基本就是死在他手上的。父亲陆抗,东吴大司马,羊祜的老对头,虽
没阻止吴国灭亡的噩运,但也让孙吴政权多活了几载。陆机的弟弟叫
陆云,合称"二陆",均为江东才子。

东吴被灭那年,陆机二十岁。司马氏比曹家温和,不像魏灭蜀后
杀了一堆蜀国旧臣,对江东官宦的后代既不屠杀也不罚没财产,所以
陆家兄弟衣食无忧。陆机陆云闭门不出,老老实实地读了十年书。十
年之后,陆机被满腹经纶胀得难受,太康末年,携弟陆云北上洛阳。
目的很明确,往大里说是为了治国安邦平天下,往小了说是为了攫取
功名、为了重现祖辈和父辈的辉煌。此后陆氏兄弟证明了他们的书读
得确实不错,同时也证明了文人和帝王家搅在一起的凶险。

其实不只陆机陆云,当时"洛漂"的江左名士还有不少,比如顾
荣、戴若思、张翰等人,才华与出身都不输二陆。不过经西晋伯乐张
华品评之后,陆机陆云成为洛漂中的并列No.1。张华在欢迎宴会上说,
灭吴最大的收获,就是得了你们哥俩呀!

可以说,在给陆机陆云扬名这事上,张华不遗余力,甚至不惜在
诗文中做广告植入。对陆机的才华,张华老师还有句著名的点评:
"人之为文,常恨才少,而子更患其多。"

多年以后，陆机的肉身早已腐烂，才有人勘破张华评语暗含的深意：太有才华未必是好事，才华能使人不朽，亦能令人速朽。

作为肉体的陆机，朽于他的恃才傲物。说实话恃才傲物原本算不上坏品质，但在一个坏时代就是了，除了让才子们死得快点，没其他好处。《晋书》中对陆机的描述是"身长七尺，其声若钟"，思维敏捷口才上佳，个子高嗓门大，骂人不带脏字，这种人吵架一定是把好手，让我油然想起鹦鹉史航老师。某次侍中王济请客吃饭，王济夹起一块羊奶酪显摆，问陆机，你们东吴没这么好吃的东西吧！陆机果然反应敏捷，答道：我们那随便从水里捞一把莼菜，不用撒盐、不用豆豉凉拌，就香死个人。把东道主王济挤对得很是下不来台。要知道王济可是司马炎的驸马，身份显贵不说，还富可敌国。当时洛阳地价堪比如今之帝都，可王济家的院子却可以举办赛马。某日岳父司马炎来女儿家吃饭，觉着清蒸乳猪鲜美异常，比御厨做得都好吃，就问为什么这么香。王济轻描淡写地告诉岳父，我家这小猪，配有专职奶妈，可不是猪奶，如假包换喝人奶长大的。

有钱吧？羡慕吧？你我的小Baby还不得不喝三胺奶激素奶假合格奶呢，人家一千七百年前的王济，都已经把母乳喂养普及到猪了。

司马炎闻言七窍生烟，心想比我这皇上还腐化呢，所以饭没吃完就拂袖而去。王济听了陆机的话，非常尴尬，但没法拂袖而去，因为客就是他请的。陆机虽然露了一口辩才，可是东道主的面子都不给，倒霉只是时间问题。

彼时的西晋名士沙龙里流传着一句话：陆才如海，潘才如江。大帅哥潘安当然知道江终归是要流向海的，海比江的容量要大得多，所以很是不爽。《裴子语林》中载，某次派对上两人相遇，陆机先到，正和其他名士们聊天，见潘安进来，也不打招呼，抬屁股就走。潘才子认为"机"不可失，张嘴就是一把明晃晃飞刀刺向陆机，轻蔑道：清风至，尘飞扬！——寒光闪过，众人眼见那把利刃正要透背而入，却猛然发现陆机露了一手铁布衫绝技，潘安的飞刀弹回，并分作了数道寒光，加倍的凌厉——陆机头也没回，说：众鸟集，凤凰翔。

陆大才子太狠了，潘安把自己比清风把陆机比作沙尘暴，陆机则把自己比成了凤凰，把潘安比成鸟还嫌不过瘾，居然还捎带着骂在座众人都是鸟人。不管是误伤友军还是滥杀无辜，总之陆机这回是得罪了一大片。

假如你以为这是陆机最狠的一次那就错了，陆才子最凌厉的一次反击用在了卢志的身上，然而就是这次反击，多年之后又还施彼身，彻底摧毁了陆机建功立业的梦想。

卢志，出身郡望范阳卢氏，成都王司马颖的红人。同样是在一次派对上，卢志公然向陆机挑战，当着众人他问：陆逊陆抗与阁下是什么关系？与坐诸人瞬间都闭嘴屏息，空气中弥漫着肃杀的味道，每个人都等着看陆机如何接招。

他们并没等太久，陆机说：你和卢毓卢珽什么关系，我和那二位先人就是什么关系。

有必要交代一下，古人是不能直呼爷爷和老爸名字的，外人就更加不能，名讳名讳，何况是先人之名，更是大忌讳。所以陆机撮火是可以理解的，那时候直呼别人父名就相当于骂街。再说卢志，范阳望族出身，且也算当时名士。陆逊陆抗名扬天下，故去也没多少年，他怎么可能不知两位老陆和小陆的关系，所以陆机以直呼卢志爷爷老爸名字的方式还击，真不算过分，毕竟卢志不逊在前。

漂亮的回击之后，陆机愤然出门，陆云继续坐着也尴尬，忙追着老哥出门。陆云扯着兄长袖子说，哥，你有点反应过激了吧，卢志可能真不知道咱和两位老人家的关系……

放屁！假如陆机像我这么粗俗庸俗加恶俗，一定会痛骂小弟放屁。总之陆机没被卢志怎么着，反倒被老弟陆云气得暴跳，他几乎是跳起来说："我父祖名播四海，宁不知邪！"史籍中说，此后人们以这段对话判二陆之优劣，认为陆云胸襟宽过陆机，陆机骄矜超过陆云。

不过我读到这段史料时，对陆机顿生亲近之感，连爷爷和老爸都捍卫不了，还捍卫个屁。

《文苑传》中还记录了陆机的刻薄，听说左思要写《三都赋》，陆机就跟陆云说，那个丑八怪要写什么《三都赋》，挺好，等他写好了，咱哥俩就拿他的书盖酒坛子吧！结果呢？去查查成语洛阳纸贵的典故就知道了，陆机真想拿左思的著作盖酒坛子，要支出一大笔的。

"渴不饮盗泉水，热不息恶木荫"——这两句出自陆机的《猛虎行》。写得多好啊，可是陆大才子真的是不栖恶木吗？好吧，先看看他栖息的这几棵树是良木还是恶木。

第一棵树，杨骏。

此人最重要的身份是晋武帝司马炎的岳父，司马炎病危后，这位岳父大人将女婿软禁，然后和皇后女儿搭档矫诏，把自己封为太尉、太傅，掌管天下军务。不过此老知道自己没啥威望，同时也知道自己很有钱，就又封官又派红包，还把重要岗位换成自己的亲戚，对异己极尽打压迫害之能事。陆机在晋第一个官就是杨骏封的，祭酒（国立大学校长）。不久司马炎病死，贾南风搞政变，收拾了杨骏一党。陆机随后依附贾谧，这姓贾的，是第二棵树。

第二棵树，贾谧。

貌丑心灵也不美的贾南风之甥。跟他姨妈沆瀣一气，找来潘安执笔，构陷太子司马遹，后死在齐王司马冏之手。贾谧活着的时候，陆机和潘岳同属贾谧的二十四友，说不定也跟潘岳一样，贾谧车马一到，立刻在飞扬的尘土中弯腰撅臀。贾谧死后，陆机立刻投靠赵王司马伦，这是陆机栖的第三棵树。

第三棵树，司马伦。

这位赵王爷肃清贾氏一党，杀了太子司马遹的两个儿子之后，越想越觉着自己智商比司马衷这个侄孙高得多，就有了称帝的想法，把司马衷软禁之后自封相国，顺便还杀了陆机的大恩人张华。陆机为张华出头了吗？如果人死透了再写几篇悼文也算出头的话，那就算是吧。"弃暗投明"后，司马伦对陆机不错，封了关内侯，作为回报，陆机以其绝世才华为司马伦写禅位诏书，逼司马衷靠边站。之后，八王之乱开始，齐王司马冏以禅位诏书之罪抓了陆机要处死，被成都王司马颖救下。成都王就是陆机的第四棵树，也是最后一棵。

第四棵树，司马颖。

成都王。陆机陆云对救他们兄弟性命的司马颖感激涕零，几位老乡比如顾荣、戴若思都劝陆氏兄弟返家避祸，二陆不听，认为成都王对自己有救命保荐之恩，这时候走，不仁。其实主要理由是"可与立功"，这四个字写进了史书，陆机的"机心"昭然若揭——没博来功名，怎么能走呢？

陆机的同乡张翰，当时在齐王司马冏手下当官，见时局不对，立刻"挂帆回乡"，并留下了千古名言"莼鲈之思"——张翰跟"领导"辞官时说：在洛阳一见秋风起，就回忆起家乡的莼菜和清蒸鲈鱼的香味，馋得不行了，回家！而对陆机贪恋的东西，张翰的态度是：人生贵得适宜耳，何能羁宦数千里以邀名爵！

辞官后，张翰唱了首歌上路，"秋风起兮木叶飞，吴江水兮鲈正肥。三千里兮家未归，恨难禁兮仰天悲"，堪称史上最洒脱的一次辞职行为，时人拿他跟阮籍相比，称他为"江东步兵"（作者注：阮籍因其官职被尊称为阮步兵）。

一样的家乡莼菜，张翰拿来当归乡退隐的借口，陆机拿来跟藐视他故乡的北方人赌气，哪个境界更高不用说了吧。所以张翰江南终老，陆机却只能魂归东吴。

房玄龄修《晋书》时，找唐太宗约稿，李世民专门为陆机写了一篇《赞》："上蔡之犬，不诫于前，华亭之鹤，方悔于后。卒令覆宗绝祀，良可悲夫！"把陆机跟李斯放一块，并列为后世汲汲功名之文人的反面教材。不过，陆机比李斯还是好了那么一点点，李斯贪恋权势，而陆机恋栈的，是文人的虚荣。

李斯和陆机还有一个共同点是都养过狗。《晋书》里有条幸运的狗，不仅入史，还留下了名字。该狗叫"黄耳"，陆机初到洛阳的时候，思乡心切，就问黄耳能不能帮他当邮差，狗听了摇摇尾巴表示这事做得。陆机把狗放走，黄耳就一路南下，帮他传递书信，往返了几趟都不辱使命。假如这条狗真的存在，一定是上天派来提醒陆机的。很可惜，狗认得回家的路，陆机却不认识了，唉，狗犹如此，主人怎么这么看不开呢？

太安二年（303年），陆机爬到了人生的顶峰，那时他还不知道紧接着就是谷底，或者干脆说，是地狱。

司马颖任命陆机为后将军、河北大都督。这位用人不疑疑人不用的王爷居然给了他三分之一的兵力——二十万大军，去讨伐长沙王司马乂。出征前同乡孙惠预感到此行凶多吉少劝他主动让贤，陆机却说：那不是让人说我胆小如鼠首鼠两端嘛，让了死得更快。

临行前，陆机的口才再次埋下祸端。他跟司马颖说：昔齐桓任夷吾以建九合之功，燕惠疑乐毅以失垂成之业，今日之事，在公不在机也。这话已经不像才子说的了，但又不像傻子说的，傻子不会引经据典。总而言之，这是一句授人以柄的话，还是超长超粗的一根把柄，马上就会有一个人紧紧抓住，呈送成都王司马颖。

陆机的宿敌现身了，卢志，记得吗？就是多年以前"问候"过陆逊陆抗的人。

王爷您没听出来吗？卢志说，陆机自比名将乐毅，却把你比成昏君燕惠王了，还没出战就先推卸责任，这人怎堪大用呢？于是，一颗怀疑的种子在司马颖的心里萌芽，并暗自生长。

陆机人生中最后的一次自证，证明了一条早就被赵括证明过的铁律：名将的子孙未必就有军事才能。陆机的二十万大军一击即溃，随后卢志与将军牵秀以及宦官孟玖合伙，在司马颖心里的那株怀疑之芽上猛浇了三盆水，嫩芽就长成了一把利刃，寒气森森地架在陆机的脖子上。

那是个正午，陆机脱下盔甲，只余一身白衣，平静地要来笔墨，给司马颖写了最后一封信。写完把笔一扔，叹道：华亭鹤唳，岂可复闻乎！

同死的还有他的两个儿子，几天后，陆机的魂灵又等来了他的弟弟陆云。史书上描写了那天的天气，陆机死后，天昏地暗，狂风骤起，风刮断了旗杆，接着就下了雪，厚尺余。

宋之问

唐·宋之问 【上阳宫侍宴应制得林字】 广乐张前殿，重衮感圣心。砌蓂霜月尽，庭树雪云深。旧渥骖宸御，慈恩忝翰林。微臣一何幸，再得听瑶琴。

宋之问，字延清，初唐诗人。一说是山西汾阳人，那么和贾导樟柯就是老乡。还有种说法是虢州弘农人，现在的河南灵宝县。两地完全可以争一争，既然虚构的西门大官人都有人抢，那么以宋之问作为城市名片，招徕几个投资人还是不成问题的。

宋之问的家世颇有些传奇色彩，其父宋令文力大过人，诗文通畅，还写得一笔好字，世称"三绝"。宋之问兄弟三人各继承了其父一门绝学。有点像《天龙八部》里聪辩先生各传弟子一门手艺的故事。宋之问把父亲的文学造诣继承并发扬光大，在唐代浩如繁星的诗人中夺得一席，算得上一位相当著名的诗人。

说他相当著名，有点不怀好意，事实上你说此人是人渣都是夸他。然而宋之问的诗才确实不同凡响，曾参加过几次皇帝亲自举办的诗歌大赛，好像还没拿过第二。最轰动的一次是武则天游洛阳龙门，命从臣即兴赋诗。写过《昭君怨》的东方虬先交了卷，女皇阅罢甚爽，就把锦袍赐与东方虬。此时宋之问的诗也成了，武则天读之击节，连声叫好，劈手就把东方虬身上的袍子扯下来给了宋之问。这一幕多年以后被改编成了相声，名叫《扒马褂》。另有一次上官婉儿当评委，宋之问也是最后一个交卷，与宋齐名的沈佺期诗成在前。上官婉儿的评语是：二诗功力悉敌，沈诗落句词气已竭，宋犹健笔。取个不雅的譬：就是说宋诗举而坚坚而久，沈诗却已露早泄迹象。

此种情状，假如不仅是诗而应在胯下，宋之问一定会更欣慰。当然我们无从知晓宋的腰肾功能，不过从他给武则天写的诗还是可以看出，此人是很憧憬当一当面首的。那时张易之、张宗昌这对"贤昆仲"驰骋于龙床之上，日日覆雨翻云，因为滋润得勤勉，武曌万千宠爱于二身，又封官又晋爵，羡煞了宋之问。某日，忍不住赋诗一首呈上，"明河可望不可亲，愿得乘槎一问津"，字里行间捐精报国之心昭昭。结果是问津未成反青史遗臭，历千年而不绝——武则天后来在接受采访时表示，我不是不知道之问有奇才，可就是接受不了他有口臭。你看，口腔卫生搞不好，是要影响前途的，小朋友们要记得饭后要漱口、早晚须刷牙。

武则天藏着没好意思说的潜台词是：接吻这关你宋之问都过不了，问津这个环节就想都不用想啦。

这之后宋之问再去面君，"尝口含鸡舌香"。行文至此，请允许我回溯至三国时期，史载曹操曾给诸葛亮写信，曾随信附上鸡舌香五斤。据此我有点怀疑诸葛先生有口臭之疾，假如属实，那么舌战群儒就不是口舌之辩了，孔明先生一定是悍然动用了生化武器。

汉代有官仪，大臣与皇帝议事，必含鸡舌香，否则熏着圣上可不是闹着玩的。唐白乐天有诗曰："蛾眉别久心知否，鸡舌含多口厌无"——口厌意指口腔气味不佳，可见唐代妓女业已普遍采用这种东西防治口臭。当时鸡舌香中土并不出产，多是购自暹罗缅甸等国，进口货，挺贵的，因此由当时的唐朝发改委定价。故以曹操之富，也只舍得给诸葛亮五斤，所以说宋大诗人为除口臭挺舍得下本儿。

奈何女皇要小白脸有小白脸，要大和尚有大和尚，没工夫临幸诗人。口臭诗人宋之问捐精无门，倒也想得开，转而依附"皇妃"二张。唐禁书《控鹤监秘记》中有载：之问尤谄事二张，为持溺器，人笑之——你瞧，不惜给武则天的面首端尿盆，这等先进事迹，也只有尝尿的侍御史郭霸（作者注：另篇有述）胜他一筹了。

李显诛杀二张复位后，宋之问被流放南粤，那地方是瘴疬之地，北人熬不住，就擅自逃到了洛阳朋友王同皎（《资治通鉴》中为王同皎，另有说法是张仲之）家里，王极仗义，冒着杀头之罪把宋之问匿藏，衣食皆由其供给。王同皎、张仲之等人恨武三思跋扈，就合谋除之，宋之问帘后听闻，演出了一场臭名昭著的窃听风暴，命其侄密告武三思，结果王同皎等人被杀，家产籍没。写到这想起王朔那句精准而令人读之打个激灵的名言："这叫为朋友两肋插刀，把刀插在朋友的肋上。"

这等人品的宋诗人当然为人不齿，但不齿就不齿吧，反正人家宋之问是不在乎身后洪水滔天的。天遂他愿，其后果然声名狼藉。话说这宋诗人因举报有功升了官，此后先事太平公主，后事安乐公主，睿宗登基后，秋后算账，把宋之问贬谪钦州，又下诏赐死。死的时候磨磨蹭蹭丑态毕露，连同死的祖雍都看不下去了，斥骂了几句，这位诗人才哆哆嗦嗦按部就班地去死。

宋之问的另一污点正史无记载，可能是这人口碑太差了，所以人们宁可信其有。刘希夷是宋的外甥，留下一首《代悲白头翁》的名篇，其中"年年岁岁花相似，岁岁年年人不同"两句，宋之问看了眼馋得不行，就想据为己有，放到今天这可是知识产权问题，刘希夷答应了，但越想越不是滋味，就把娘舅没出息的事说与他人听，宋羞怒，以土囊将刘活活闷死。《全唐诗》中，宋有一诗与刘希夷这首只有两字之差，多半是"郭某明"自其外甥的作品，或许真没冤枉他。

补充一句，此处的"郭某明"为动词。

苏味道

唐·苏味道【正月十五夜】火树银花合，星桥铁锁开。暗尘随马去，明月逐人来。游伎皆秾李，行歌尽落梅。金吾不禁夜，玉漏莫相催。

苏味道，初唐赵郡栾城人。唐朝时栾城属赵县管辖，现在则是石家庄的郊县。十几年前我去过栾城，那时候喜欢把祖宗刨出来比来比去，席间就问一土著朋友贵乡有什么拿得出手的名流。朋友说有个叫苏味道的，是个人物，如今还有他的坟，在栾城县的苏邱村。

朋友说听老人们讲，这姓苏的很灵验，早年间村里的人办红白喜事缺桌椅板凳，就到苏坟前烧纸祈求，第二天清早打开门，院子里就摆满了一水的红木桌椅。完事后，村民再把桌椅搬到坟前，摆上供果香烛，翌日再来那些家什就消失了。朋友说这年头鬼比人有诚信，但凡烧了纸，这位阴间婚丧服务公司的苏总没有不按时送货的。不过后来有村人起了贪心，把桌椅据为己有，结果第二天就发现桌椅还是桌椅，却成了纸糊的草编的。此后村民再怎么烧纸供奉也不灵了，想是苏总寒了心，再不肯为家乡人民提供服务了。

《栾城县志》记载，苏九岁能做诗文，是个天才儿童，弱冠之年，考中栾城史上第一位举人。才华横着溢，虽然留下谀诗如潮，却也有"火树银花"和"金吾不禁"等原创成语，后人才知原来封建帝王也有不戒严不清场与民同乐的时候。不过他留下的成语最有名的还是"模棱两可"，往下看。

《旧唐书》记载，苏味道人称"苏模棱"，这"雅号"源自他的从政名言——"处事不欲决断明白，若有错误，必贻咎谴，但模棱以持两端可矣。"就是说什么事别整那么明白，模糊处理就行了，否则出了问题就得吃不了兜着走。这样的官，搁哪个时代都算不上什么好官吧。

有关苏味道的"模棱术"，《太平广记》里有一记载：苏味道任御史，抓了个名叫李师旦的会稽令，此人在国丧日又饮酒又唱歌还揍人玩，被上访者举报，苏准备定其罪。二审时李师旦诡辩，说有规定不许喝酒吗？再说我喝的是药酒，那是为了补好身子好为大唐做贡献。歌确实唱了，但唱的是挽歌哀乐，那是为了寄托身为臣子的一腔哀思。揍人是会稽出了案子我限期侦破，揍一揍提高办事效率，综上所述，御史大人你说我哪错了错哪了？

苏味道当下就词穷了，半天才憋出一句话，"此反白为黑汉，不能绳之。"明知这个李师旦能把白的说成黑的，却不定罪，这"模棱"老苏任高检领导真是天下墨吏之福。

苏味道入选本书，主因是党附武则天的"爱妃"张易之、张宗昌两兄弟，这是他洗不脱的历史污点。正是因此，他晚年被贬至四川眉州，将赴益州任时死在了眉山。他的几个儿子扶灵柩千里返乡将老父葬在老家栾城，余一子留在眉山。百年后的北宋，眉州"出产"了在中国文学史上牛逼闪闪放光芒的三个大人物：苏洵、苏轼、苏辙。这三苏就是苏味道那个留守儿子的嫡系子孙。一个有历史污点的文人在贬谪地播下三苏这样的佳种，这种现象叫蚌病生珠。

杜审言

唐·杜审言【岁夜安乐公主满月侍宴应制】戚里生昌胤,天杯宴重臣。画楼初满月,香殿早迎春。睿作尧君宝,孙谋梁国珍。明朝元会日,万寿乐章陈。

杜审言,字必简。初唐诗人,祖籍襄阳。据说是西晋杜预的后人。史载杜审言这位先祖有瘿瘤之疾,估计就是现在说的甲状腺肿大。因曾伐吴,东吴人最恨他,见到长了瘤的树就贴上"杜预颈"三字,路人经过就砍上一刀。这杜审言招人恨的程度不亚于其先祖,因为恃才傲物目空一切开罪了上级领导,差点没命。

杜审言的老爸给儿子起名字时煞费了苦心,审言、必简——盼着此子长大后说话前先加一道审查程序,这有点像当今微博微信的审核功能。非说不可时切记注意尺度,否则Face Book。话出口也一定要言简意赅,别废话,废话遭雷劈。然而杜父起的名字并没有起到约束作用,杜审言后来狂得不行,屈原宋玉只配给他提鞋,王羲之的书法跟他比简直小儿涂鸦,睥睨一下不能表达不满的古人倒也罢了,杜审言连其直属领导苏味道都瞧不上眼。苏味道做天官侍郎时拔擢人才,杜审言负责笔试面试。完事之后杜审言跟同僚们说:"味道必死。"众人不知所云,惊问出了什么事,杜审言说,苏味道看了我的判词还不羞死。还好苏味道是个模棱两可好脾气,没有给他弄双小鞋穿穿。

终于终于,杜审言为不加节制的狂放付出了惨痛代价:一个幼子。他被贬为吉州司户参军时,得罪了司马周季重、司户郭若讷,下了狱,将被处死。杜审言的儿子杜并时年十三岁,带刀见官,把全无防备的周季重一刀捅死,比秦舞阳可猛多了。杜并随即被杀。杜并之死惊动朝野，武则天亲召杜审言上殿，像陈鲁豫老师那样和蔼可亲地问：你见到我高兴吗？《新唐书·杜审言传》载：审言蹈舞谢——一代狂士露出了猴屁股，手舞之足蹈之，伟大领袖亲切会见后的文人大抵都这副尊容。武则天赏了他个著作郎的官，杜审言以骨肉的鲜血铺就晋身的红地毯，当了文学弄臣。男宠张易之喜附庸风雅，杜审言与宋之问沈佺期等人蝇绕身畔，陪着张易之昆仲，很是过了段惬意的日子，可谓"纵做鬼也幸福"了。

李显复位后，杜审言被贬，后又被召至国子监当主簿，不久卒。临死前宋之问等一帮同有溜须之谊的好友到杜府临终关怀，杜审言还没忘了将牛逼进行到底，他说：甚为造化小儿相苦，尚何言？然吾在，久压公等，今且死，固大慰，但恨不见替人！白话意思就是：爷我活着，老压得你们出不了头，这回死了挺好，不过能赶上老子我的，还是没见着啊！宋之问等人的反应史书无载，不过对一个要死的人也没什么好急的，何况还是舔过同一条屁沟的战友。

多年以后杜甫不无得意地说："诗是吾家事；吾祖诗冠古。"原来杜审言有子名杜闲，闲生子名甫，字子美，杜审言正是诗圣的亲爷爷。就凭这孙子，好脾气的苏味道在阴间也一定没少受杜审言的挤对，忍了百年若干代，眉州出了三苏，苏相才算是伸了伸脚。

郭 霸

宋·李洪 【新交行】 若非大夫尝便客，亦是丞相拂须人。车
如鸡栖马如狗，疾恶今无朱伯厚。

郭霸，初唐庐江人。天授二年（691年），在宋州宁陵丞的位子
上应举。时值李勣（作者注：徐世勣，字懋公，唐高祖李渊赐姓李）
的孙子徐敬业起兵，骆宾王《讨武曌檄》一纸风行南北。郭霸想是
也熟读了其中名句："请看今日之域中，竟是谁家之天下。"

郭霸想了想，当然是武后之天下啊，姓李的都杀得差不多了。便
急切表明立场，骂徐敬业恨不能"抽其筋食其肉饮其血绝其髓"，同
一代词用了四次，换来一顶侍御史的乌纱，赚了。不耻其滥用代词的
同僚顺便奉送了个"四其御史"的诨名。

郭霸被载入史册的原因当然不仅仅是用词单调，而是勇于客串医
生。虽然身为文臣，却兼具杏林国手都学不来的诊病秘技，且不是一
般的敬业。话说某日御史大夫魏元忠生病，御史们都去探望——有关
谀谄之事，钱锺书先生曾说，"拍马屁跟恋爱一样，不容许有第三者
旁观"——这郭霸最谙此道，因此是最后一个去的，一见领导病病歪
歪偃卧榻上，郭霸的脸也随即浮现出忧心忡忡的样子。此时室内并无
旁人，空气中领导尿液的味道氤氲。郭霸用鼻子捕捉着尿味中的疾病
信息，然而他毕竟不是狗，只好以视觉弥补嗅觉的不足，便"请视元
忠便液，以验疾之轻重"。魏元忠哪好意思，就委婉拒之。谁知郭霸
自作主张从领导床下端出尿盆仔细端详，然而他毕竟不是太医，只好
以味觉弥补视觉的不足，干脆"固请尝之"，魏元忠顿时就被该下属
弄傻了，只听说勾践尝过吴王的便便，这回算是见着比勾践还贱的

了，竟一时失语。

郭霸尿液入口，细细品哑，渐渐面露喜色，便道：大人您这尿要是甜的那就不好办了，时方才属下舌根处觉贵尿发苦，看来您这病说话就好啦！

以上来自《大唐新语》所载，《旧唐书·酷吏传》里也说郭御史品尝的是尿液。司马光编纂的《资治通鉴》中则说郭霸尝的是粪，"霸往问之，因尝其粪"，古人把屎叫作"粪"，把尿称为"溺"，分类还是很清晰。但是因前两者成书年代更早，所以尝尿比吃屎似更可信。而且就品尝难度而言，稀的比干的也更可信。

再说魏元忠，亲眼得见这种事儿，简直比自己吃屎还恶心，遂把郭霸的"事迹"广而告之。话说这魏大人真不厚道，郭霸碰上他也算倒了大霉，如果生在先秦，给秦王吮痈舔痔怎么也能"得车五乘"吧。这之后"四其御史"是没人叫了，都叫郭霸"吃屎御史"，反正屎尿一家。郭大人从此恨元忠入骨，后来来俊臣领衔构陷魏元忠，郭霸不遗余力，自不待言。

郭霸给领导尝屎尿的故事"感动中国"，得列史籍。不过你要是认为此人是"有屎以来"的唯一你就错了，郭大人"屎道不孤"，除了越王勾践，尝屎尿的另有高人，从难度系数和服用剂量两个方面都超越了勾践和郭霸，称得上震古烁今。因此以下文字还请读者诸君空腹阅读——

北齐权臣和士开患无名恶疾，太医说非黄龙汤不可治愈。李时珍的《本草纲目》中写到了这副汤剂，制法是将粪尿混合盛在罐中封口，埋于地下，"积年得汁，疗瘟病垂死者皆瘥"。范文澜的《中国通史》中说，黄龙汤不是中医原创，原创处方权在古代天竺。至于治病机理，据说是粪便中能存活的只有一种圆形虫，服用后这种虫能吃掉其他寄生虫。再说这和士开，端着黄龙汤怎么也下不了决心，这时，同样是一位前来探望的大臣，为了劝和公服药，毅然端起黄龙汤咕嘟咕嘟喝了下去。和士开见罢勇气倍增,把剩余的"黄龙汤"一饮而尽,据说药效甚是灵验,"恶疾即愈"。

至于郭霸的死颇有传奇色彩,基本可以入《聊斋》了。《旧唐书》中说郭霸屡次被一个叫李思征的鬼魂骚扰,这人就是他害死的。郭霸叫家人请僧人转经、超度、驱鬼,但随即就看到李思征带人持刀闯入,郭霸惊骇不已,持刀自剖其腹,遂死。

另有一说见于《太平广记》,说郭霸奏杀宋州三百人,得升五品官。一日突然卧床不起,一老巫师跟前来探望者说"郭公不可救也",称有几百只鬼撕扯着郭霸的衣服,只见一绿衣鬼怒问红衣鬼,说他早就该死了,怎么还不弄死?红衣鬼答:他升五品官干了多少坏事就得受多少罪,哪能让他那么快就死。随后就见郭霸拿着匕首自刺左乳,口中连喊痛快。家人问是谁杀他,郭霸清醒些了就说,是御史孙容师刺我!郭霸的儿子找后来做了宰相的顾琮投诉,顾以一个无神论者的坚决姿态拒绝受理。当晚郭霸号哭而死。是年干旱,郭霸死的当天就下了雨。至于那个能离魂杀人的孙容师,一年后死去,死的那天恰好是郭霸的周年忌。

第二种死法太过匪夷所思,当是后人杜撰。可信的是郭霸死后某日,武则天问中书舍人张远一最近有何事发生,张答:百姓有喜事三桩——天旱雨、洛桥通、郭霸死,因此奔走相告。武便笑问:你说郭霸这家伙,就那么招人恨吗?

卢藏用

唐·卢藏用 【九日幸临渭亭登高应制得开字】上月重阳满，中天万乘来。菜依佩里发，菊向酒边开。圣泽烟云动，宸文象纬回。小臣无以答，愿奉亿千杯。

卢藏用，字子潜，人如其名，一辈子又潜又藏的。子潜先生是初唐范阳人，也就是今天的涿州一带。卢氏是范阳望族，卢藏用有个叔祖叫卢承庆的，当过高宗一朝的度支尚书。度支就是管收税和贡赋，相当于财政部长兼国税局长，是掌控财政大权的高官。一敲"度支"两字，就见蹦出来"渎职"，可见在这个位子上，有大把渎职贪污的机会。不过卢藏用这位叔公为官还算清正，没什么恶名。

卢藏用的父亲当过魏州司马，也是一时名士。卢藏用乃高官兼文士之后，自诩遗传基因还不错，少能辞赋，年纪不大就中了进士。却因为没有门路，当然也就没人包分配。像他这种文人，自负有经世之才，一般来说内心会觉得不平衡，大都要写写牢骚诗什么的，聊解怀才不遇的郁闷。可这位卢进士心理素质相当过硬，写了首名为《芳草赋》的草根宣言，然后飘然而去，跟他哥卢征明一起上终南山当了隐士。

《旧唐书》记载，卢隐士学道极其专业，每日在山林之间练气舞剑，隔一阵子还要辟谷。不吃不喝月余，精神健旺，更胜常人。我有个兄弟叫张发财的，一个月前辟谷半月，据他说思维较以往时敏捷了许多，能数到一百了，也不知真假。某日饭局，远远就见一副骨架吱吱嘎嘎挑了件T恤过来，入座后，就像一把椅子坐在另一把椅子上。算是明白了，却原来仙风道骨就是把自己往骷髅里整。

隐居期间，卢藏用认识了一众谈诗论道的哥们儿，其中就有李白贺知章宋之问等人，时称"仙宗十友"。跟他关系最好的是"念天地之悠悠"的大才子陈子昂。陈早卒，卢藏用帮陈子昂抚养孩子，相当仗义。还给陈子昂的诗集作过序，序文主题是"美赞陈"："道丧五百岁而得陈君。"对朋友一点都不吝惜表扬。此人的名声转恶是做了隐士之后，有眼毒的说他"始隐山中，有意当世"，是个随驾隐士。就是说他跟姜子牙差不多，表面上是钓鱼其实是钓人，钓人实为钓功名。

公平地说，也没什么不对，有理想总是好的，升官发财当公务员谁不想啊。何况"蒙圣眷"那么小概率的大好事。话说武曌从李氏手里抢过权柄之后广纳贤才，听说有卢藏用这么个人，本着野无遗贤的强国方针将其招入长安，给了个左拾遗的官做。左拾遗右补阙，一听就是个补丁官，八品。虽然官不大，但那时的卢藏用还敢直谏，从他给武则天上的奏折上，看不出将来有出落成谄佞的苗头。当时武则天想在万安山修行宫，卢藏用说得挺狠："虽年谷颇登，而百姓未有储蓄。陛下西幸东巡，人未休息，土木之役，岁月不空。陛下不因此时施德布化，复广造宫苑，臣恐人未易堪。"

一个弯儿不带拐地直斥武则天劳民伤财，其他人要是这么跟她说话基本上就是找死了，可武则天没杀他贬他，反倒升了卢藏用的官。虽说武三思后来还是建了兴泰宫，可怎么说这也是卢藏用最爷们儿的人生碎片。

有些人的"令名"坏就坏在他多嘴上。卢藏用的仙宗十友中有个叫司马承祯的，与前者不同，这位司马先生是个真老道，据说寿活八十多岁。传说游历江陵时与李白邂逅成了忘年交，时常给李白辅导道教知识，并传以练气之法。天宝四载（745年），李白当真成了道士，或许与司马承祯当年的"洗脑"不无关系。

这个司马承祯在当时名气很大，朝廷把他召了去当个宝似的供养。武则天曾给他亲降手敕，表彰他仙风道骨法力高深。玄宗在他羽化成仙后封其为青光禄大夫。虽然屡蒙圣召，奈何司马承祯无心仕途，是个闲云野鹤式的人物。

听说他要走，当时已经当了吏部侍郎的卢藏用来送行，卢问司马承祯要去哪，后者说找一深山隐居修道。唐朝时没有PM2.5，空气能见度高，卢藏用贱滴滴地指着不远处的终南山说：我看这儿就不错啊，何必跑那么老远呢？完全是一副找不自在的德性。果然，司马道长缓缓吐出一句话，就把卢大人贴在了历史的伪人簿上，他说："以仆视之，仕宦之捷径耳。"从此就有了"终南捷径"这一最损的成语，专损世上装那个什么犯。了解这一典故之后，你就可以把该成语用在嘴上说无心升迁，却做梦都想升主管的同事身上了，跟台湾议员们互骂"岳不群"意思差不多，但建议背后指指戳戳就行了，可别当面说。

插播一则新闻，话说有一对北大MBA夫妇，带着七岁的儿子到终南山隐居，整天让孩子背诵《论语》和《易经》，拿自己的亲骨肉做国学实验。据说那可怜孩子已经能把两万多字的《易经》背下来了。我觉着，那父母八成是被唐朝的卢大人托了梦，才有了这"绝妙"的教育仙方，把孩子与尘世隔绝，这当父母的，发起成龙之愿来吓死个人。

史书上对卢藏用的评语是：趑趄诡佞，专事权贵，奢靡淫纵——由此看来此人不光是虚伪，这官做得也很龌龊。他做吏部侍郎的时候，很好说话当然也就很好骗，"性无挺特，多为权要所逼"，基本可以肯定是一软蛋和睁一只眼闭一只眼的昏官。

有野史说卢藏用是太平公主的面首之一，证据不足，因此不是太可信。但党附这位武则天的复制品是有史可查的。话说玄宗上位后，灭了太平，也随之灭了卢藏用做太平绅士的梦——唐人胡璩所撰《谭宾录》有载，这位昔日的范阳才俊，判了流刑至陇州，一个鸟不拉屎的地方。五十来岁就挂了。

崔湜

唐·崔湜 【相和歌辞·婕好怨】 不分君恩断，新妆视镜中。容华尚春日，娇爱已秋风。枕席临窗晓，帏屏向月空。年年后庭树，荣落在深宫。

　　崔湜，字澄澜，初唐定州人。博陵崔氏门第显赫，西晋时是第一等大姓，崔卢王谢，其排名还在王导、谢安的家族之前。《隆中对》中提到，除了徐庶，诸葛亮还有个铁哥们儿叫崔州平的，或许是崔湜的先祖。

　　弱冠之年，崔湜进士登科，当了个左补阙的小官。接手的第一项工作就是参与编纂诗歌集萃《三教珠英》，时任总编辑是武则天的"宠姬"张氏兄弟，参与编辑者四十有七，被称为"珠英学士"。是个能名垂文学史的好活儿。在这段日子里，崔湜想必得到了张易之、张昌宗两位房中术大师的传授和启迪，在政事和房事这两方面日趋成熟，准备以诗文为钥，以那话儿为梯，攀上权力顶峰。有志者事竟成，小崔先是做了武三思门下走狗，后被初唐最有权势的女人上官婉儿包养。上官婉儿本身就是一才女，武曌驭国的第一文学评委。崔湜的诗才又胜，还生就是个极具阴柔之美的美男子，非常适合偷情。不过那时上官婉儿的正式身份是昭容，中宗李显的嫔妃之一，后院的规矩是嫔妃不可随便出宫。时李显已老，上官在宫里旱得厉害，就求中宗"请营外第，以便游赏"，皇帝大度，欣然同意，拨了一笔款子帮她选址盖别墅，极其配合地把一顶绿帽自扣龙首。

　　自此，上官婉儿和崔湜再不用提心吊胆地找地儿开钟点房，天天鱼水日日交欢。崔湜是个很会开发家庭资源的人，为了伺候爽上官而

"上官"，索性把几个弟弟都叫了来，四男侍一女。崔氏兄弟个个盘靓条顺，且皆能诗文，上官婉儿原本在宫中很旱，如今却幸福得涝了。顺便说一下，崔湜的兄弟中有个叫崔涤的，按族中排行人称崔九，"崔九堂前几度闻"，"多辩智，善谐谑"，是玄宗喜欢的人——杜甫和裴迪的诗中也都提到过他。

傍上上官婉儿后，崔湜官运亨通，与吏部侍郎郑愔合作卖官，把三年的缺都卖光了，被监察御史弹劾。上官婉儿不忍情夫被诛，就请安乐公主到她皇上老爸那说情，崔湜这才免了死罪，贬为江州司马。

说到安乐公主，大清朝第一老不正经袁枚在他的《子不语》中曾提到过，书中控鹤监（作者注：控鹤监为男性性间谍培训中心一类的机构，也可以叫"面首批发中心"）秘记一则，说安乐公主新招了帅哥驸马武延秀，忍不住在上官婉儿面前炫耀，"褫驸马裈，手其阴夸曰：此何如崔郎耶？"直接扯了驸马的裤子把那话儿亮出来，问上官这条杆棒比崔湜那话儿如何，这位公主简直Open得不得了，拜服。上官婉儿不敢捋其缨，迅速目测了一下直径和长度，谦虚地说：你瞧你瞧都快赶上六郎了，我们家崔湜跟您夫君简直没有可比性。

六郎，张昌宗的昵称，崔湜和胡僧惠范等人的前辈，与其兄张易之同为第一代伟大面首。

《旧唐书》中记载，在一个熏熏的黄昏，崔湜骑白马出端门，人驹俱秀。微风偷偷撩起他的朝服，霞光亦按捺不住非礼着他的粉白面颊。崔湜揽辔徐行，朱红嘴唇微微翕动，吟着"春游上林苑，花满洛阳城"——同僚张说在一边看得痴了，叹息道：这诗我能做，这官我能当，可是这么年轻就能做到上述两点，我不行。

羡慕崔湜的张说，身后声名比崔湜好太多了，好到"不够资格"写入这本书。崔湜就太够资格了，一个男人，有"狐媚惑主"之能，有跑官卖官贪污受贿的"业绩"，还有出卖上级头颅的"政绩"，堪称极品。神龙年间，宰相张柬之共右羽林将军敬晖高度信任崔湜，除去张氏兄弟后，派遣时任考功员外郎的崔湜到武三思处搜集谋逆证据。崔湜得到武三思信赖后，不虚以委蛇却实相授受，把双方实力做了评估后做出了选择：出卖张、敬二恩主，投靠武三思和韦后集团。以同僚之血，染红了自己的顶子。

时宰相七人，五出太平公主门下。这七人中就有崔湜。太平公主有记载的面首有三个，崔湜是其中之一，另外两位是胡僧惠范和司礼丞高戡。这位公主与其母武则天一样，都好和尚这口，有一说薛怀义本来是太平的私宠，彼时有"当代嫪毐"之美誉。公主孝顺，认为好东西不能独享，就把薛怀义送给了母亲武则天。公主大义，薛怀义铭感五内，少不得抽空还回去服侍一下。彼时的唐朝性解放，时人还没被勒上仁义道德的嚼子，才会出现薛怀义这样的母女共享硬件。简直叹为观止。

回到崔湜，这位从上官婉儿处跳槽过来的美男，游弋在太平公主的裙裾之内还是没有安全感，就把老婆和女儿送给太子享用，"托庸才于主第，进艳妇于春宫"，此人先后把几个弟弟和妻女当作礼物送给了对他有用的人，倒是一点不浪费资源。

崔湜的大投入当然是想要大回报。《朝野佥载》中有记，在他当吏部侍郎和宰相期间，生意好得不得了，卖官卖得忙不过来，就叫他父亲崔挹做总代理。某次他父亲收了某人的钱，却忘了跟儿子说，结果那位冤大头就来找崔湜，质问：你亲戚收了钱怎么不办事啊？崔湜还是有职业操守的，忙表态，谁干的你告诉我，我我我拿鞭子抽死他！冤大头恨恨地说：你抽了他你你你就丁忧吧。崔湜这才知道是自己的糊涂老爸干的，又气又恼，却发不得脾气。

公元713年，李隆基赐死姑母太平公主。崔湜流放岭南，刚到蛮荒之地不久，绝命圣旨追着他的屁股来到，崔湜找了根绳子，结束了他海绵体般的一生。

杨再思

【新唐书·杨再思传】张昌宗以姿貌幸，再思每曰："人言六郎似莲花，非也；正谓莲花似六郎耳。"

史上有两个杨再思，一个是初唐人，另一个是唐末到五代时的侗族领袖，后一个是湖南人，前一个是郑州原武人，和"唾面自干"的娄师德是同乡。《新唐书》说他"为人佞而智"，属于智商比较高的墙头草，所以下场比崔湜等人要好。死后的谥号为"恭"，因为生前听话，居然还得享陪葬乾陵的待遇，在阴间继续伺候武则天和高宗李治。

官至宰相的杨再思对中国文学的最大贡献是修辞学，在他之前的文臣都是以人拟物，很是老套，多亏了杨再思开风气之先，以物拟人了一下，后世的文人拍马功夫才上了层次，才出现了太阳像领袖的豪喻。这桩革命性的文学事件发端于一次群口马屁，众人纷纷夸赞张昌宗长得白里透红与众不同，有人赞六郎粉面如莲花，众人皆附和，认为这比喻牛大了。惟有杨再思不以为然，一开口就把同僚灭了，他说：你们都说六郎像莲花，非也非也，实际上是莲花像六郎。谈笑间，文学的一小步，舔屁沟学的一大步。

第一个把女人比作花的，是天才。第一个说花儿像老爷们儿的，是天才中的天才。杨再思这个千古马屁，是马屁中的战斗屁。

与杨同时代的祝钦明是崇文馆学士，大黑胖子，擅跳八风之舞，曾趴在地上撅肥臀晃猪脑给最高领袖表演，连大伪君子卢藏用看了都觉得丢人，说"祝公是举，《五经》扫地矣"。杨再思不让老祝专美，也曾露过一手舞技。张易之他哥司礼少卿张同休在家开派对，张同休酒喝high了，指着杨再思说，"公面似高丽。"当时的高丽人没有现在的整容术，所以这不是什么好话。可谁也想不到杨再思不以为耻，反而弄了点谷穗什么的插在头上，反穿了紫袍嘴里哼着阿里郎跳起舞来，观者笑倒一大片。

再思起舞和秋雨含泪，一喜一悲，看似相反实则相同，都可归入弄臣行为艺术宝典。杨再思技不止此，揣摩上意更是高手。司刑少卿恒彦范弹劾张昌宗，准备治其罪，武则天还得靠小张滋阴补气的，舍不得杀但又不好意思直说，就找来杨再思，问张昌宗对国家一点功劳都没有吗？杨闻弦音而知雅意，忙说：昌宗为陛下治丹，饵而愈，此为有功。杨再思聪明得紧，既然武则天吃过小张制的"药"，且还痊愈，那么天下哪有病人好了弄死大夫的道理。于是，张昌宗脱罪复官。

史曰：自是天下贵彦范，贱再思。左补阙戴令言作了首《两脚野狐赋》讥讽，被杨再思知道了，贬为长社令。

韦后得势时，杨再思和韦巨源奉懿旨进宫。时韦巨源已经老眼昏花，看见韦后的裙子下摆恍惚腾起烟雾，以为着火了就赶忙喊人。宫人抬着水进来没发现失火，韦后就问韦巨源怎么回事，这时杨再思出面解了同僚的尴尬，他说自己也看见了，韦后玉足之下有五彩祥云。把个韦后美得不得了，连忙配合着说：我说怎么有点头晕，跟踩着棉花似的呢。至此，杨再思的谄谀功夫已臻化境。

杨再思当了十几年的宰相，历武则天李显韦后和太平公主而不倒。倒不是因为有什么出色的政绩，而是蒿草立墙头，顺时而动，站队的本事一流。中宗朝宗楚客一伙弹劾魏元忠，当时太子被诛，魏元忠心灰意冷上表辞官，但这帮人还是想置其于死地，杨再思也附议。好脾气的中宗都看不下去了，就痛骂了杨再思一顿，杨惶恐谢罪。这说明此人也不是一佞到底，"佞"不下去了，就明哲保身。有人问，您都高干了，怎么还老委屈自个儿呢？杨再思回答得老实，说："世路孔艰，直者先祸。不尔，岂全吾躯？"

唉。这句真话几乎让我不忍写他了。

此人的涵养功夫也颇有可说处。跳高丽舞那是不敢得罪张易之兄弟，只能顺势讨好。对草根贱民，杨再思倒也保持了相当的气度。某年淫雨菲菲月余不停，杨再思贵为宰辅却奈何不了老天爷，也没派人疏浚下水道，只是关上城门备三牲祈祷列位神仙。有个老百姓赶着牛车在坊间行走，道路泥泞不堪，牛和人都拔不出脚，赶牛的气不打一处来，就骂：这个傻B宰相，不知道调和阴阳，就知道关城门，让老子走得这么艰难！杨再思耳朵好使，听得一字不落，居然没有生气，换别的官说不定这赶牛的就人头落地了，至少也要吃一百棒皮肉之苦。可杨再思只是派了个手下过去跟赶牛人说，你这牛也太弱了，别光埋怨宰相大人啊。这事有点意思，一个大宰相把过错推到一头老牛身上，有点老流氓做派，不过人家没说"你们算个屁，我是中央派来的"，单凭这涵养这气度就值得表扬。

唐人戴孚作《广异记》，内有杨再思一篇，托阎罗小鬼之口盘点了他一生劣迹。其中提到大足元年（701年）河北蝗灾，杨官居宰职，不开仓赈灾，百姓饿死者两万余人；如意元年（692年），突厥可汗默啜袭唐，死千人，起因就是杨再思出馊主意，把武则天的侄孙、驸马武延秀当成皇子送去和亲，败露招致兵燹。史称"默啜攻唐河北之战"，我大河北人民死伤无算。在《广异记》杨再思一则的结尾，杨——伏罪后，一只多毛巨手倏然自半空探下，挖了他一肚子下水，"两脚狐"无奈又死一遍。

裴矩

【资治通鉴·唐纪八】上患吏多受赇，密使左右试赂之。有司门令史受绢一匹。上欲杀之。民部尚书裴矩谏曰："为吏受赂，罪诚当死。但陛下使人遗之而受，乃陷人于法也，恐非所谓'道之以德，齐之以礼'。"

裴矩，字弘大，原名裴世矩，主动"去世"是为了避唐太宗李世民的讳。《新唐书·裴矩传》说，裴矩尚在襁褓里就没了爹娘，由伯父抚养。裴矩的伯父裴让之、裴诹之皆为南北朝名臣，有诗文传世。

在吾国历史上，有关裴矩的评价说法不一，普遍认可的标签是"佞于隋而诤于唐"。司马光《资治通鉴》中分析道："君明臣直，裴矩并非天生变色龙，而是臣子随皇帝轮换而变。"

司马光也是做臣子的，以人臣角度做出判断可以理解，但多少有为裴矩撇清之嫌。照他所说，一个官员好坏与否，要视其上级好恶而定。那么官吏就是向日葵一样的植物，不需要长脑子，不需要有什么独立人格和自由思想，跟着上峰摇头晃脑就是了。我知道这有跟古人抬杠之嫌，所以就此打住，不如从身世的角度揣测一下裴矩的处世之道。一个失怙的小不点，虽然抚养者是他亲大爷，可毕竟不如亲爹亲娘，恃宠撒娇的机会不多，看大人眼色行事的本领必然见长。这种环境下生长的孩子，成人后多半会成为人精。

裴矩，人中之精也。历仕北齐、北周、隋、唐，鼎革的间隙还任过宇文化及与窦建德的伪职。这份复杂的履历，换了别人换了朝代都可能是被"咔嚓"的命，好在裴矩生在一个"士无特操"的乱世，做人的标准不高，"叛国"被目为正常，跟五代时冯道的换东家如更衣差可拟，后人真不好指摘。仕隋时，裴矩算是佞迹斑斑，譬如大业六年（610年），杨广召集藩属开了个G27峰会，主持人裴矩摇身变成总导演，把峰会硬是弄成了世博会兼春晚。当时整个大隋的演艺界明星都麇集洛阳，"声闻数十里，自昏达旦"，不遗余力地给二十七国"外宾"表演。胡人有生意头脑，上书杨广要求再开个集贸市场，"帝许之"，于是洛阳又成了"广交会"，胡商们赚得盆满钵满。最令外宾满意的是吃饭喝酒都免单，有好事者问，裴矩的组委会工作人员就自豪地回答："中国丰饶，酒食例不取直（作者注：直通"值"）。"这个惯例到了大清被慈禧发扬光大，"量中华之物力，结与国之欢心"，到了某年被某奥组委继承，凡归属官方新闻中心的外邦记者，均免费胡吃海塞。

那次盛会之盛，还有一例可举。为彰显大隋之富饶，连树上都缠了真丝绸缎。有别有用心的外邦反隋人士问裴矩的新闻发言人，说我见到贵国衣不蔽体的百姓不少，何不把这绸子给他们做衣服，缠树上干吗？发言人惭不能答。以上盛景，花的是大隋的国帑、大隋的民脂民膏，而创意，是裴矩的。

隋大业元年（605年）至大业九年（613年），裴矩几次到张掖、敦煌招商，一时间贸易频仍，商贾往来络绎。金发碧眼的白人和通体如墨的黑人都来西域做生意，隋朝GDP大涨。《新唐书》中有载，"矩知帝好远略"，就帮杨广把西域贸易市场开放搞活，经营得繁茂无匹，还时常请胡商到府上做客，把各国山川地理风物服饰都记录下来，出了本《西域图记》，共收入四十四国，可惜散佚。假如传到今天，这将是一本价值连城的史料，裴矩的历史地位或可能超过张骞。

隋朝末年，杨广"昏奢愈甚"，裴矩"无所净谏，但悦媚取容而已"。对这样的裴矩，杨广当然喜欢得不得了，常跟其他臣子说，我想到啥裴矩就提前帮我做了那啥，要不是忠心为国谁能做到呢！裴矩最擅读心，对隋炀帝的了解远胜同僚，因此杨广诛杀敢言的大臣，不谏；杨广南下旅游，不谏；杨广为开疆拓土横征暴敛，不谏——等到李渊起兵，这回裴矩觉得有必要说说了，结果正玩得高兴的杨广根本不听，还派他回京师接见外宾，裴矩多贼啊，称病不去。

为数不多的一次直谏失败，裴矩就此死心，为了避免将来可能的祸端，从此缄口不语，对手下的仆从杂役也和蔼可亲，一点架子没有。然而隋亡之前，这位裴大人还是干了件龌龊事。当时烽烟四起，随驾的御林军军心涣散，每天都有逃跑的。裴矩就怂恿杨广把逃难妇女中有姿色者配给骁果（作者注：隋御林军）将士为妻妾为营妓，连尼姑也不放过，妇女们的亲人恨得切齿。骁果军士抱着美女安下心来，有人问你怀里的美女是哪来的呀，军士皆答："裴公之惠也。"裴矩这人精，做恶事亦有其明确目的，他以无辜女子为饵，钓得骁果将士的保护，不久宇文化及谋反，大隋旧臣多横死，裴矩毫发无伤。

裴矩保住身家性命的秘籍还有一个，就是不贪。隋炀帝征高丽时，裴矩和他的文友虞世基以及大将军宇文述把持朝政，由于皇上在辽东，官吏们没了约束，变节的变节，贪贿的贪贿，只有裴矩洁身自好，没留下案底。我想他这么廉洁的原因倒不是为了大隋，而是深知金银烫手，钱固然能通神，却也通向身败名裂。裴矩毕竟是文人，除了保命，对身后名也多少还是在乎的。

窦建德兵败，裴矩与魏征一起把山东献给李氏，踏上他在大唐的仕途。

李唐的初级阶段，裴矩隐隐观察朝廷风向，不动声色尽心办差，颇得李渊推重。他和魏征、王珪同为太子李建成门下，玄武门之变后，建成元吉两家被李世民杀了个干净，魏征王珪裴矩被这位所谓的千古明君罗致帐下。人事练达的裴矩又是安然无恙。

君观察臣，臣观察君，当裴矩发现李世民和杨广根本是两种人后，即对自己的为官之道做出泾渭分明的调整。李世民抢过李渊的龙椅后，唯恐重蹈隋王朝主奢臣贿的败国覆辙，想来一次肃贪严打行动。这位明君想了个阴暗的办法，派人把一匹上好的锦帛送给一个管城门的刑部小官，假托有事求这官开方便之门。后者收了礼，被李世民的秘密警察抓了个现行，准备择日处死。

裴矩听说了，就面君直谏，说此人收受贿赂按罪当诛，不过按《大唐律》行贿的受贿的应视为同罪问斩。李世民连忙解释，行贿的人是我派去试探他的，你想宰了我吗？裴矩闻言又道，这回就是直斥君非了：既然皇上是试探他的，也就是说有点构陷的意思了，这不厚道，让这糊涂小官死于一次试验，有点……缺德。这一小小不言的历史事件如今还时有发生，有上海闵行区一车主路遇求助，上车的人说自己的孩子遭遇车祸，想搭车赶去出事地点。车主好心，载上路人疾驶而去，到了目的地，不见车祸的孩子，却看见几个大盖帽汹涌而至，以黑车运营之罪名扣车罚款。

这种创收手段如今被称为"倒钩"或者"钓鱼"。

李世民到底比杨广明白些，觉得裴矩说得在理，就把那倒霉的司门令史放了。完事还召集群臣，当众表扬裴矩并顺便教育臣子，"裴矩遂能廷折，不肯面从。每事如此，天下何忧不治！"

武德九年（626年），军粮税赋压得百姓不得喘息，御史孙伏伽弹劾时任民部尚书的裴矩，言辞激烈，一点面子不留，"苟钓虚名，不知救恤百姓"，直接促成了唐朝的税法变革，原来以户为单位改为以人口为单位征收，百姓的日子好过了许多。

孙伏伽有魏征之风，有忠臣能臣之名，不大可能冤枉裴矩，那么从这件事可以让后人略窥裴矩当官哲学之一斑：谁给他官做，他就对谁负责。至于屁民，不在他考虑之列。

苏世长

唐·李渊 【嘲苏世长】名长意短，口正心邪。弃忠贞于郑国，忘信义于吾家。

苏世长，京兆武功人，但不会武功，唐朝的武功在今天陕西武功县一带。苏世长的爷爷当过后魏的散骑常侍，这个官都由文化人担任，入则规谏过失，出则随驾三从。他爸也是官，北周时当过刺史。这种家庭长大的孩子，因为家境富有所以受教育程度高，苏世长就是个天才儿童，十岁出头就给皇上写信，但没有找皇上做笔友的意思，而是像模像样地上书。一个小屁孩还未必有攀附之心，估计是他老爸苏振的意思。至于是不是代笔就不可考了。

周武帝宇文邕是鲜卑人的汉化版，喜欢中原文化，就问这小不点儿读什么书，苏答：《孝经》《论语》。宇文邕又问他有什么提案，苏世长说：你治理国家别怠慢了鳏夫寡妇，就是好政策。周武帝听了高兴，就帮他联系了最好的公立学校虎门馆读书，还免了择校费。北周的鳏夫寡妇也因小苏的一句话待遇得到改善。魏晋南北朝时的文人们留下了几十首寡妇赋，苏世长小小年纪就知关心孤男寡女，一定是不光读《孝经》《论语》，趁他老爸不在还多半研究过鳏寡问题。已有些社会学者和候补政协委员的影子。

隋大业末年，苏世长当了个管水利的官。隋炀帝被宇文化及干掉后，苏世长走一路哭一路，眼泪流得差不多了，抹把脸当了王世充的太子太保。洛阳被攻陷后，苏世长随即投降李渊，这回没哭。《新唐书》里记载了苏世长跟李渊数次顶嘴的故事，假如后者狠一点，他就只能顶一次嘴了。除了说明李渊涵养功夫还算不错之外，还证明苏世长是个心理分析专家。第一次是刚刚归顺，李渊损他没跟着自己混，苏世长说群雄逐鹿，您得了鹿就得了吧，哪有把打猎归来两手空空的人一并宰了的道理。苏世长揣摩得很准，只一句话，李渊作为一个成功"猎人"的成就感油然而生，不仅不杀，还赏了个玉山屯监的官做。

这是个从七品的官儿，管皇家农场收成的农业干部。苏世长显然不满意。某日在玄武门李渊逗他，说你到底是个奸人还是好人呢？苏世长答："愚且直。"李渊又说，你说你是个直人，怎么背叛了王世充投奔我呢？此时苏世长拍起了东方式马屁，说：您都把洛阳平了，我也没什么辙，不过但凡王世充不死，我还是您李唐的劲敌。

这种以不示弱的方式示弱，相当高明。这么高明的回答后来我只听说过一次，话说有一同事当初来当年我供职的报社应聘时，人力官员问：为什么选择我们报社呢？同事不卑不亢得令人发大拇指，说：敝人原供职单位要不是被封了报馆，我是不会来贵报的。敝报夭折后，放眼全城，也就只有贵报能实现我的新闻理想了。人力官员听了感动得要死，颤抖着说：你你你明天来入职吧。

《全唐诗》中仅收李渊诗作一首，诗名《嘲苏世长》。说是诗，看上去挺不伦不类的，分明就是几句评语嘛。被评者就是苏世长，这时他已经是李渊的谏议大夫。该评语是这么写的："名长意短，口正心邪。弃忠贞于郑国，忘信义于吾家。"前两句拿苏世长的名字开玩笑，说他虽然叫"长"，其实是挺"气短"的一个人，嘴里喷得挺伟光正的，其实一腔子脏心思。后半截则是对苏世长历史问题的盖棺之语，说他不忠于郑王王世充，跟了我们李唐吧，信用额度也是相当不咋地。

从诗来看，苏世长挺招李渊烦的，其实李渊多半是拿他消遣。苏世长让李渊最下不来台的时候，这位唐高祖都没怎。有一次李渊带着群臣到泾阳打猎，收获颇丰。回宫的时候李渊就问，你快乐吗？大家都道：我很快乐。只有苏世长回答得特个性，他说：我不快乐，快乐其实也没什么道理，快乐它到底是个什么东西……

李渊阴了脸，苏世长却还在那说："陛下废万机，事游猎，不满十旬，未为乐也。"意思是说李渊你既然把国家大事都撇一边了，打猎打得时间又太短，没过够瘾，还应该再多玩一阵子。李渊当然听出他是在说反话，当着这么多大臣的面损他，夷三族的心都起了，就阴云密布地说：你那狂劲又上来了是吧？蹬鼻子上脸是吧？苏答：就我这当臣子的身份来说，是挺狂的；可为了皇上您的建国大业，我这是一片忠心在暖壶，滚烫滚烫的啊。遂弭祸于无形。

还有一次苏世长更扫高祖的兴致，李渊叫他陪着在披香殿吃酒，没想到这老苏酒足饭饱后来了一句：这地儿够豪华的啊，是隋炀帝的超标建筑吧？一盏灯都得上百万两银子。李渊一口酒差点没喝呛喽，硬忍着没骂出来，说：你这人吧，表面上挺爱提意见的，其实动机不纯内心奸诈，装什么孙子啊，难道你不知道这是我的宫殿吗？

苏世长当然知道。所以当然是故意的，然后就把夏桀的倾宫、商纣的鹿台搬出来，批评李渊这是要做亡国之君，干吗这么奢靡呀，当年在武功的时候您挺简朴的，总不能建了国就耗费民脂民膏光图自己个儿享受吧。李渊醒过味儿来觉得老苏真是为他好，就又升了他的官。

这么看苏世长不是个软骨头，相反还是个硬通货。他奉命出使突厥时，跟突厥人的可汗争利益，还拒腐蚀，挺不辱使命的。不过中国历史自司马迁后就被"司马迁"得不轻，所谓官方正史，不可不信，亦不可全信。我见过2008年某地的语文高考试卷，有一题是苏世长直谏的古文，让考生对苏之行为做出判断，标准答案正确地令人发中指，正确到你不这么答就要扣分，"敢于直谏，耿直无私，胆魄过人"——是吗是吗？真的那么肯定吗？

有关苏世长还有很好玩的一段，他在陕州当地方官时，手下小吏横行不法。这位爷不整顿吏治却想出个苦肉计，叫执刑的伍伯拿鞭子抽他。伍伯嫌苏世长假模假式的，心里暗骂他装B，手上就抽得加倍狠，苏世长吃不住疼，提上裤子就跑了，这顿半截儿"罪己鞭"遂成史上笑柄。

许敬宗

唐·吴兢 【贞观政要】唐太宗谓许敬宗曰：朕观群臣，惟有卿贤，犹有言卿之过者，何也？许敬宗曰：臣闻，春雨如膏，滋长万物。农夫喜其润泽，行人恶其泥泞。秋月如镜，普照万方。佳人喜其玩赏，盗贼恶其光辉。天尚且不尽如人意，何况臣乎……臣无羊羔美酒，焉能以调众口？是非朝朝有，不听自然无。君听臣遭诛，父听子遭折，夫妇听之离，朋友听之绝，亲戚听之疏，乡邻听之别。人生七尺躯，谨防三寸舌，舌上有龙泉，杀人不见血。此之谓也。

许敬宗，字延族，初唐杭州新城人。其父许善心，仕隋朝，有气节，是个后世评价很高的忠臣、能臣。许敬宗继承了他老爸的才华，五言七律的，《全唐诗》收入了不少。《十八学士赞》说他"抑扬辞令，纵横才藻"，他的诗有的清雅，有的肥腻，后者大多是奉旨拍马时所写。许善心的善心和耿介，许敬宗没怎么继承，所以后人对其评价实在差劲，《新唐书》干脆把他列为奸臣第一人。

许敬宗爆得奸名的直接证据是当了武则天的党羽，这本来也够不上大奸大恶，既然当下的历史学家把武则天誉为能君明君，许敬宗作为辅臣也难说就坏到哪儿去。不过吾国治史的大都有为帝王唱赞歌的雅好，却不大肯为区区臣僚哼上两句。这种现象值得现存的奴才惕醒。

客观地说，许敬宗罗织罪名构陷长孙无忌、褚遂良、韩瑗等人，如果不是武则天授意，他也未必去干。不是不敢，是全无必要。

此人另外一奸恰恰就体现在治史上，许敬宗撰《国史》，把唐太宗好好粉饰了一番，如今看了电视剧怀念贞观年间路不拾遗夜不闭户的，得感谢这姓许的，一千多年前给帝王脸上贴的金还没掉渣，还有人信。不过我要是有弄文字狱的权力就得收拾这帮编剧，把李世民那会儿的治安夸得那么好，这不是说当下还不如有皇上那会儿吗？妈呀，赤裸裸地给封建帝王张目。

回过头来再说许敬宗的父亲，许善心不肯归附被宇文化及砍头时，虞世基也同时被杀，封德彝亲眼目睹，就跟朋友们说：世基被诛，世南匍匐而请代；善心之死，敬宗蹈舞而求生。虞世南恨不得替兄弟死，许敬宗则手舞足蹈地恨不得立刻跟老爸脱离父子关系，人品高下立判。待到许诗人有份作传，就把封德彝往人渣里写，"盛加其恶"以报封氏泄露他"蹈舞求生"之仇。

许敬宗的战友李义府是收钱卖官，他是收钱改史。许嫁女时收了不少彩礼，就把亲家写得鞠躬尽瘁死而后已宛若诸葛亮；有个叫庞孝泰的武人，征高丽时溃得一泻千里，因为使了银子，许敬宗就把他写成了一代名将，和武功盖世的苏定方齐了名，忠勇无敌仿佛关云长。许敬宗的儿子娶了尉迟宝琳的孙女，因"多得赂遗"，就把尉迟宝琳他爹尉迟敬德写得像花儿一样，尉迟恭干得不那么光彩的事皆隐匿不书。李世民感激长孙无忌的倾力辅佐，写了首《威凤赋》赠之，这无上荣光也被许敬宗PS到尉迟敬德的头上。

唐高宗李治要立当时还是昭仪的武则天为后，逼得褚遂良把乱伦这种旁人不敢说的事实都挑明了，被李治轰了出去。躲在帷帐后的武则天跳出来撒泼：何不扑杀此獠！后来她成功了，有许敬宗和李义府这等好奴才，什么下三滥的事都干得成。李治征求许敬宗的意见，许举例说明了立武昭仪为后的合理性，他说老农民赶上收成好，都想换个媳妇啥的，何况您贵为天子，立个皇后不算个事。

史书中称许敬宗"阴揣帝私"，他看出李治和武则天已经达成了共识，就果断表态，买下了一支潜力股。后得高宗与武氏倚重，那就是当初投资的分红。此后许敬宗帮武则天清除异己很卖力，还曾建议高宗把王皇后的亲戚子嗣全数削爵，贬为庶民，连高宗都不忍心了。总之许之所为挺孙子的，然而对于帝王来说，这样的奴才又聪明又听话，谁家里养这么一头就等于养了条忠犬。

然而当狗也是危险的。因为聪明过头加上嘴上无德，许敬宗遭贬数次。《国史纂异》中记载，李世民征辽，将士搭好云梯攻城，城头之上箭矢飞石如蝗，李勣带着中书舍人许敬宗督战，见一将士冒死头一个爬上城楼，李勣惊叹：这小伙也太勇敢了吧！许敬宗则撇着嘴说：不是勇敢，是没脑子。李世民听说了，差点要治他的罪，最后贬官了事。许的另一次被贬很有喜感，发生在一次隆重的丧事上。长孙皇后薨，群臣吊唁，许敬宗看见一只猕猴披着麻戴着孝噙着泪，一张猴脸含悲忍痛的，就不合时宜地大笑起来。这简直是大不敬，被御史弹劾，又是降职处理。

话说那猕猴不是旁人，正是大书法家欧阳询，"猕猴"的外号来自长孙无忌取笑他的一首打油诗。对于欧阳询的相貌，李世民曾有过感叹，当时他正在欣赏欧阳询的书法，看完说：外人要是看到你的字，一定以为你是个大帅哥，可是人和字的差距怎么这么大呢？行文至此想起汤显祖老师的传说，有一明朝杨丽娟（作者注：影星刘德华的著名粉丝）读了《牡丹亭》，怀春得不得了，好奇得不得了，觉得能写出如此凄美故事的作者一定是个梁朝伟式的忧郁美男，就迢迢千里去寻找下蛋的鸡。到了目的地，见是个胡子拉碴的糟老头，失望透顶芳心顿碎索性投河而死。可说是史上第一例"见光死"。

欧阳询丑是丑了点，可人还不错。书法上的造诣绝高，高丽人来长安，最大的心愿就是求欧阳先生一幅字回去。就好像现在的中国姑娘去韩国，最大的愿望是刀砍斧削换张脸回来。许敬宗当众嘲笑欧阳询，是对死皇后不敬，对活欧阳来说不仅不敬简直构成了侮辱，遭弹劾被贬官实属活该。

有唐传奇叫《补江总白猿传》的，讲的是一个叫欧阳纥的人，妻子被雄性白猿掠走当媳妇，欧阳纥施计救出老婆，数月后其妻生下一个小白猴，小猴长大后以文入仕，还写得一手好字，光大了欧阳家的门楣。虽然没提小白猴长大了叫啥名，可欧阳纥就是欧阳询的亲老爹。作者姓氏不知，不过以许敬宗的文才、尖酸和不厚道，有点可疑。

许敬宗身后最值得一提的不是他的诗，而是他与唐太宗李世民的聊天记录。彼时李世民的言路疏浚得算是不错，还有些自由言论能达上听。所以一定是听到有人说许敬宗的劣迹，才有此一问。

李世民问：朕瞧着满堂文武就数你最贤，可是怎么还有人说你人性次呢？许敬宗答：春雨如膏，滋长万物，农人喜其润泽，行人恶其泥泞……全文在本文起始处，挺长的，总之话说得相当漂亮，最后的总结陈词是："人生七尺躯，谨防三寸舌，舌上有龙泉，杀人不见血。"——谁人背后不说人，谁人背后无人说？这么《增广贤文》的话说出来，皇上也动容了，觉得这老许的"鸡汤"怎么就那么有哲理呢。以后更用之不疑了。这则著名的聊天记录告诉我们，想当个奸人也是需要有好口才的，至少不能像职业发言的人那样，面对外邦提问，你问东他答西，马嘴距驴唇万里，恨不得扛个"回避"牌子，又失风度又缺气度，还显着智商特低。摆明了理屈辞穷还装得跟自己多么有理有据似的。于是每一次发布会都让发言人搞成了一次小规模国耻。

许敬宗的长孙叫许彦伯，幼年就才识过人，许敬宗就此搁笔，把手头上的工作放心移交。见孙子干得不错，许敬宗就跟儿子许昂逗闷子：我儿不如你儿。许昂就指着儿子说：他爹不如我爹。这回答又孝顺又谦虚，看上去父子感情不错其乐融融的。然而……

如你所知，一然而就坏事。暮年的许敬宗富可敌国，把自己的府邸修得广厦万间的，还学了嬴政，每栋房子之间以长廊相连，让女性性工作者们小碎步审来审去，方便行淫。有一婢女生得粉嫩娇俏，老许就收了房。他儿子也觉得不错，于是"子昂烝之"——"烝"的本意为儿子把父亲遗下的姬妾收了房，唐时开放，在这种事儿上"子承父业"也属寻常。可老许还没死，许昂就烝上了，那还了得，许敬宗暴怒之下就把那女的废黜，不解气，又上表将儿子流放岭南，过了好些年才让他回来。孙子彦伯倒没有隔代"烝之"，可还是因为某婢女的一句谗言把孙子也流放几载。老许辅国可以，修身齐家实在是糟之糕之。

　　八十一岁，许敬宗卒。负责拟定谥号的袁思古说，许敬宗把儿子流放，把女儿许配给蛮夷，就叫"缪"（作者注：通谬，荒谬、错误之意）吧。许彦伯反对，上表说袁思古和许家有过节，他定的谥号不算数。最后皇恩浩荡，给许敬宗定了个"恭"，比"缪"好听多了。但彦伯从此根上了袁思古，就在半路截了薅着袁就打，袁思古忙说：我这不是为你爸报仇吗，你还揍我？彦伯停了手，面露惭色，心想也是，我爷爷干的那点事儿也确实挺不地道的，咦？我为什么要说"也"呢……

李义府

唐·李义府 【度心术】 民所求者，生也，君所畏者，乱也。无生则乱，仁厚则安。民心所向，善用者王也。人忌吏贪，示廉者智也。

李义府，瀛洲饶阳人，生于今四川盐亭，家世家境都很一般。先天优势有两点：一是好学，据说八岁能诗；二是人长得白净漂亮，是个风神俊秀的美男。这两大优势后来都用上了，倒也不算浪费资源。

昔日唐朝大预言家袁天罡到四川旅游，见到了未成年的李义府。预言家观其貌，甚奇之，就说：此郎贵极人臣，但寿不长耳。少年李义府冰火两重天，为仕途喜为寿命忧，忙问，老神仙我能活多久？袁天罡捻须道，五十二岁之后，我就算不出来了。

多年以后，客死西昌的李义府将会想起袁天罡给他相面的那个下午。李义府死于乾封元年（666年），死时五十二周岁，老袁算得贼准。

《全唐诗》中收有李义府诗八首，两首是写鸟的。李义府将及弱冠，剑南巡察李大亮赏识他的才华，推荐他到宫里当了门下典仪的小官。其后又逢机缘，得到当时权臣刘洎、马周的联名推荐，才有了面君的机会。某日风和日丽，李世民带着群臣游园，闻鸟鸣啾啾，就命臣子们即兴赋诗。李义府马上口占一决："日里飏朝彩，琴中伴夜啼。上林如许树，不借一枝栖。"说明他不仅有捷才，心理素质也过硬。这诗里有条馋虫探头探脑，很明显就是跟皇上讨官做，李世民很阔绰地笑了，说整棵树都给你，一枝哪够啊，还嫌不够就由你去乱砍乱伐。随后火线提升李义府，并派到晋王身边听差。这"鸟人"就此登上了最有潜力的一枝——你知道的，晋王李治这棵小树，长着长着就长成了唐高宗。

到得晋王府，李义府没闲着，作了一篇《承华箴》，内容是提醒太子三省其身的。李治觉得不错，就拿给老爸看，李世民拍大腿而叫绝，为得到一栋梁美得什么似的，当即赏帛四十匹，还让他参与修《晋史》。

高宗即位之后，李义府官运亨通，入弘文馆学士，改修《国史》。长孙无忌和刘洎等人不是混一个社团的，看不上后者推荐的人，就挑了个毛病上表把李义府贬为壁州司马。地方官远离权力中心，有悖李义府"我要飞得更高"的远大理想，因此心急如焚，就找相好的王德俭问计。王德俭和他舅父许敬宗一样，也是个擅阴揣帝私的人，就让他附耳过来赠了李义府一套富贵，他说：武昭仪和皇上如胶似漆如糖似蜜如酥似髓如鱼似水，早想立其为后，苦于长孙和褚遂良的阻拦，一直没敢，你现在上表支持立后，今后你前途似锦封侯拜相跟闹着玩儿似的。

仿佛被人提了一壶冰水灌在脑顶，李义府顿时灵台清明，连夜上书，高度赞美了武媚娘，并条分缕析严肃论证了武氏母仪天下的必要。文末，顺便带着李治展望了一下美好未来，说武则天当了皇后，一定是"苍生仰其德，史册书其美"，读得李治心旌摇曳，哆嗦着吩咐宫人赏李义府珍珠一斛，且官复原职。

"鸟人"这诨号，是我封李义府的，做不得数。其时唐人都叫他"猫人"或者"李猫"，比鸟人似乎可爱多了。当今男人喜欢女孩娇俏温顺，就将其比作喵星人。可唐朝时猫这种动物在人心中相当不可爱，甚至被目为妖物。至少武则天不喜欢猫，萧淑妃被武瞾害死前，咬着牙说"愿阿武为鼠，吾作猫儿，生生扼其喉"——就为这句话，武则天把长安的猫都快宰绝种了。

可李义府不同，他是武则天最宠爱的人猫，《新唐书》说李"笑里藏刀、柔而害物"，干起坏事来别人无防备，跟猫猎鼠时小步走似的，悄无声息。这一猫科动物特性恰好可为武则天所用。

武则天封后之后，李义府的官越做越大，同中书门下三品，兼太子右庶子，封了侯爵。能活活把九泉之下的李广将军再气死一回。

李义府钟鸣鼎食权倾朝野。钱权都有了，人猫思春的季节就到了。时有一复姓淳于的女子坐奸犯事，估摸着罪过不小，说不定还牵扯到了某些高官，故而当作大案要案交由大理丞审理。李义府听说这女人貌美如仙，就找到大理丞毕正义，毕不敢得罪李义府，遂私放女犯。李义府另置了一处宅子，和那淳于妹整日鱼水情。金屋藏得了娇，却藏不住丑闻，有人检举弹劾，因为牵涉私纵待罪之人，李治也不得不派人核查。查来查去，大理丞毕正义畏罪自杀，一时间朝野哗然，暗地里都说是李义府逼死的。

侍御史王义方就此事上奏一本，指李义府当初因为长得不错，被刘洎和马周召为男宠，才被二人举荐。这份奏折可能是太写实了，李治读之如读耽美小说，便反说他言辞猥亵涉嫌诽谤。王义方告了三次被皇帝骂回来三次，最后被贬为莱州司户。至于李义府的事，李治却当没发生过，"狱女门"事件就此息鼓偃旗。某日李义府遇上王义方，不无得意地问：王御史你虚构得不错啊，如今我屁事没有，你说你告我状就不觉得羞愧吗？王义方答：是挺惭愧的，当年孔子当了七天鲁国司寇，就诛杀了少正卯，我这御史当了六天，却除不了你这奸佞，我惭愧的就是不能宰了你。

王义方，"为人有义方"。早年魏征很欣赏他的忠耿，想把夫人的侄女嫁给他。没承想王义方敬谢不敏。魏征死后，这小王却上门提亲，把那姑娘娶回了家。旁人问，他说："初不附宰相，今感知己故也。"三十岁刚出头，王义方又被贬到琼州，此君乐天，竟在那蛮荒之地办起扫盲班，比苏轼在海南开办文化补习班还早了四百多年。

"狱女门"事件后，李义府毫发未损，反而帝眷日隆，擢升为公爵，拜为尚书右仆射，升为宰辅，"诸子虽襁负皆补清官"，他儿子还没脱离尿布呢就封了官，皇恩浩荡啊。

想必是这场风波耗费了不少银子，李义府财政吃紧，开始卖官鬻狱——卖了实缺卖虚衔，犯了法进了监狱的，只要肯送钱翌日就还你自由，悍然干预司法公正。朝野之中，因为李义府"怙武后之势"，没人敢说话。这样的没本儿生意，自然火得不行，李义府干脆让老婆孩子女婿儿媳都加入了他的卖官托拉斯，一时"门如沸汤"。

然而有一天，李义府悲哀地发现：金钱并不是万能的。比如他想给儿子娶个望族的女儿为妻，却被七姓氏族排队打了脸。交代一下背景：初唐时门阀依然高不可攀，七大氏族之间几乎不与外姓通婚。李义府虽然拜相封爵，贵族们还是看不上他的布衣出身。李义府受了伤，就找人修了一部《姓氏录》，把自家名号列入，以为这样就贵族了。结果是招来缙绅之家的嗤笑，人家不仅不认，还把这新版"贵族检索"撕了。李义府伤得更厉害了，就把老版本的氏族录搜来烧掉。可是焚书并不能解决他儿子娶贵族媳妇的问题，就上奏一本，从此七姓之间再也通不了婚。

请随我穿越至十七世纪的英国。哈代有个小说，财主彼特利克的妻子临死前告诉丈夫，孩子其实是侯爵的。彼特利克先生又沮丧又窃喜，心想虽然绿帽扣顶，可自己家族也许因为这个私生子而跻入贵族之林了。结果却是，医生证明彼特利克夫人患了妄想症，侯爵大人也不具备"作案"时间，儿子还是彼特利克先生的儿子。于是这位先生大发感叹：为什么一个儿子不能同时是自己的，而又是别人的呢？

这么说出身问题给李义府大人与彼特利克先生制造的痛苦，不分中外，一样一样的。

李大人的下坡路始于庙堂之上的一次争吵。某日李治叫他密谈，说你儿子女婿干的那点龌龊事如今沸沸扬扬，朕都给你当了好多好多次保护伞了，爱卿你有空也管管。你看，这皇上是真不拿李义府当外人啊，结果呢？结果李治热脸蹭上了冷屁股，李义府不但不叩谢皇恩，反而青筋暴露声色俱厉地回问皇上，谁告诉你的！高宗脸上也挂不住了，"何必就我索其所从得邪！"话音刚落，李义府扭头就走，连个再见也不说，真的把屁股给了唐高宗。"上由是不悦"。

这之后李义府不知收敛，卖官卖到了长孙无忌的孙子处，败露后李治派股肱元老李勣亲自审理，判决很快下来了，李义府流放西昌，儿子女婿流放海南、广西等地。判决下达后，朝廷诸公奔走相告，皆曰"除了四凶"。有人还拟了一份布告张贴于市，"破铜山大贼李义府"，把他比作强盗，看来此人不是一般的招人恨。乾封元年（666年）大赦，惟独判流刑不准还，李义府气得要死，就真的死了。

祝钦明

清·曹去晶【姑妄言】 那神指着一个峨冠博带的人道："此祝钦明也。"王微哂道："五经扫地者尔耶？你为人之师范，那一番高丽舞真可谓面甲千重，亏你如何做得出。"踌躇道："他尚无大罪，只善媚耳。此等人，如今天下皆是也，罪不得这许多。还许你去做一个的资郎，配你一个淫悍之妻，也足报你了。"又想了一想，道："好好，那上官婉儿是你同时的人，就把他配与你罢。"

祝钦明，京兆始平（现陕西兴平）人，和三国猛男马超是老乡。《新唐书》中记载其父名祝絑。另有一说祝钦明是初唐大儒祝东山的长子，不是太靠谱。祝东山是个宿儒，思想守旧，接受不了女人当政，不仕周，八顾茅庐都不去。此老还占诗一首，把周叫"伪唐"，把武曌叫"牝鸡"，搁现在会被极端女权主义者揪了胡子示众。先不说这祝老抱持的观点对不对，气节还是有的。祝钦明就不一样了，侍奉韦后如忠犬护主，跟传说中的他爹相去甚远。不过还不足以否定两祝的血缘关系，基因突变也不是没有可能。

唐中宗祭天，韦后也想跟着，不是把自己当猪羊三牲给献了，是强烈要求一个祭天名额。祭天和封禅，在古时是帝王的大事。顺序是先帝王后宰辅，叫一献二献，参与者都是爷们儿，女的没资格。韦后就授意国子监祭酒祝钦明，祝部长遂上表称有皇后跟着的先例，一番波折后韦后心想事成。睿宗时这件老案子被翻出来，御史中丞亲自弹劾，祝钦明被贬为申州刺史。欧阳修和他的修史工作组给予恶评，把祝钦明比为辱没礼法的少正卯和庄周。没这么夸人的。

《朝野佥载》中寥寥数语，把祝钦明勾勒得要弹将出来，为什么说弹呢？因为祝钦明长了个皮球身材，体态肥胖浑圆，人称之为"媪"。媪在这非指老太太，而是肥软肉球。干宝的《搜神记》中有这么一段，说秦穆公时，有个陈仓农民种地挖出个怪物，似猪似羊，有五官，会人言。上述特征祝钦明都有，故而得名。《笑傲江湖》里有个叫"老头子"的高手，我脑海中的祝钦明差不多就是这副模样。

休要小觑了这肉球，这唐朝死胖子蛮有些舞蹈才能。某次唐睿宗李旦组织饭局，请列位臣工喝酒聊天。祝钦明喝high了，主动申请要给皇上和群臣跳"八风之舞"助兴，皇上也想欣赏一下这团肉球的舞姿，于是祝钦明就当众摇头晃脑地跳将起来，"据地摇头眄目，左右顾眄"，皇上和群臣笑得下巴掉了一地。连名声很差劲的卢藏用都看不上了，说他这一跳，"《五经》扫地尔"。《资治通鉴》里这段有个批注，云祝氏之舞不是春秋时的八风舞，而是"借八风之名，而备诸淫丑之态也"。不禁令人遐想当年胜景，如果拍成视频，一定点击率超高。祝氏舞蹈还入了诗，元人仇远的诗中有这么两句："应笑趋炎人，奴颜八风舞。"可怜祝钦明，好心愉悦大众却落了个如此不堪的名声，纵做鬼，也不幸福了。

到了近代，陈炯明讨袁，请文人张启琛写了一篇《讨袁檄文》，广征博引义正辞严朗朗上口，也没忘了把祝钦明拎出来，"冯道无其耻……祝钦明无其劣"，搬出几个历史上的坏蛋，举例说明这些人都坏不过袁大头。形象上倒也差不多，袁世凯也是个胖子。

清朝大毒草《姑妄言》中借城隍之口透露了祝钦明的来世。城隍把他领到阎王跟前介绍，阎王对老祝的历史问题很清楚，张口就说，是《五经》扫地那位吧。随后羞辱一番。念他无大罪，只是善媚而已，竟然把色艺双绝的上官婉儿配给了他，羡煞了诸鬼，不过细想一下也未必是好事，上官那么高智商一女人，有老祝受的了。

宗楚客

唐·张鷟【朝野佥载】 宗楚客造一宅新成，皆是文柏为梁，沉香和红粉以泥壁，开门则香气蓬勃。磨文石为阶砌及地，着吉莫靴者，行则仰仆。楚客被建昌王推得赃万余贯，兄弟配流。太平公主就其宅看，叹曰："观其行坐处，我等虚生浪死！"

宗楚客，字叔敖。蒲州人。其名和字搭配合理，名声最好的楚国人，"举于海"的孙叔敖被他爹拿来做了宗楚客的字，孙叔敖若是得知，肯定气得爬出坟给自己改名儿。宗楚客有一兄一弟，兄名秦客，弟名晋卿，这哥仨的老爸当初起名时颇费了一番心思，比给孩子起名叫国庆的父母又负责任又有文化。

宗楚客的爹叫宗岌，不光会给儿子起名，为儿子选妈更有远见。宗岌的老婆是武则天的堂姐，所以宗楚客兄弟一落生就有了个不凡的身份：武则天的堂外甥。可以说这个血统为兄弟三人做"客卿"打下了坚实的基因基础。

三兄弟中佼佼者是宗楚客，人长得漂亮，"明晰美须髯"，身材修长，皮肤嫩白天然锁水，还生了一部好胡子。诗也作得不错，《全唐诗》中收有六首，都是"奉字头"诗——奉旨填词，比如皇帝游上林苑见下了雪，高兴，就命他咏雪；再比如安乐公主的独栋花园别墅落成，他又弄一首诗道乔迁之喜。不过这不算什么，进士出身的文人写马屁诗的又不是就他一个。

当户部侍郎那几年，宗楚客没辜负这肥缺，贪了不少，被弹劾后和他哥宗秦客一起被贬到岭南。后来活动了活动宗楚客又回朝廷做官。武则天执政期间，宗家兄弟谀事张易之张昌宗，后又当了武三思"五狗"之一，等中宗上位，又转投韦后和安乐公主门下。几十年间宗楚客几乎没有远离过权力中心，官也做到了中书令。当了大唐国家总理，搜刮钱财太方便了，不需伸手自有人送。彼时的宗楚客富可敌国，家里的装修是超豪华标准，用上好的文柏做房梁，这种木料据说历千年不朽，刷墙的涂料是身毒（作者注：古印度）运来的沉香和红粉调和而成，所以一开门就香气四溢。

可以说宗楚客家就是长安城的大香囊，只要去过宗府的人，返程时都如同熏了香，逾七日不散。地板和台阶都是玉石玛瑙打磨出来的，来客穿靴而入，进了门就有"仆街"的危险，没办法，太滑了。宗楚客因腐败被贬之后，朝廷组织重臣们去参观作为反面教材的宗府。太平公主里里外外转了一圈，回来后就瞧不上自家的装修了，又是羡慕又是牢骚，跟身边人说，你看你看宗楚客他们家，大户型、朝向佳、采光好，超豪华装修，地板滑得可以直接溜冰，屋里连香都不用熏，别看我是个公主，哪有人家会享受啊，这辈子算是白活了……

《朝野佥载》中称，宗楚客发迹于两卷传记，传主就是武则天的男宠薛怀义，俗家名冯小宝的便是。当时的薛怀义是大周第一性学大师，连大秦性学前辈嫪毐也比不了。据说嫪毐可是个能拿那话儿挑起车轮当呼啦圈转的，薛怀义不知转过什么，但本事绝不输于嫪毐。小薛本是个混迹长安市井卖大力丸的小贩，被城管发现作为人才推荐给太平公主，公主孝顺，又献给了母亲。总之身份微贱，上不得台面。这时大诗人宗楚客挺身而出，揽下了这活，大笔如椽把薛怀义比成释迦转世，观音重生，这次下凡显圣担负着普度众生的艰巨任务，他为人民谋幸福，是大周人民的大救星。可是没多少年这两卷传记就成了禁书，《新唐书》中白纸黑字记载，杀薛怀义的，其中就有宗楚客的老弟宗晋卿先生。你想啊，这书宗楚客还能让它存世吗？

神龙三年（707年）的夏天，太子李重俊诛杀武三思、武崇训后逃到终南山避祸，宗楚客派果毅军追捕，并上表称抓住李重俊后最好砍成几截来祭奠武三思，够阴毒。这个建议被采纳了，碎成几块的李重俊被摆在太庙的祭坛之上，半空中的武三思和地上的武氏余党都挺满意。

待政变平息，宗楚客升为宰辅，及时从死鬼武三思处跳槽至韦后身畔，和纪处讷搭档做了许多有意义的坏事，时人合称"宗纪"。景龙三年（709年），御史崔琬弹劾宗纪，说二人"潜通戎狄，受其货赂，致生边患"。这桩公案证据确凿，基本是没法赖的。奈何宗楚客仕宦多年，修炼得好口活，在朝堂之上唾沫横飞地辩论，把自己描摹得忠诚耿直忧国忧民，即便是比干屈原复生也不如他，还反咬一口告崔琬诬陷。崔琬当然不认，也据理力争。最后只能请皇上评理了，然则李显身为最高领袖，不去派人调查取证，竟然攒了个饭局，让宗楚客和崔琬在朝堂之上拜了把子，这样一来检察官和嫌疑犯成了哥俩儿，"通狄受赂"也就没人提了。

有混蛋皇上和韦后罩着，宗楚客既无后顾之忧，就有了非分之想。某日可能是酒精上脑，居然跟手下说，没当宰相的时候想当宰相，当了宰相又想当皇帝，哪怕面南背北一天死了都值了。不过这宏愿没实现，李隆基干掉了韦后，顺便把宗楚客宗晋卿一帮人也灭了。

有本《历史感应统记》的迷信书，说宗楚客家养的狗某一日突然能直立行走了，还戴上了宗楚客的官帽，在宗家客厅里踱着方步抖着官威。"人模狗样"这个成语据说就这么来的。

宗楚客见状就骂：畜生学人样，越了本分，该杀！不想这狗并不示弱，张狗嘴就说：你人学畜生样，更越本分，也该杀！

照惯例八卦一下，据说李白最后一任媳妇娶的就是宗楚客的孙女，李白还为鼎盛时期的宗家写了首赞美诗，所以别迷信诗仙，诗仙也是肉做的，也拍人间马屁也食人间烟火。

阎知微

唐·张元一 【叙可笑事】朱前疑著绿，逯仁杰著朱。阎知微骑马，马吉甫骑驴。将名作姓李千里，将姓作名吴栖梧。左台胡御史，右台御史胡。

阎知微，唐朝雍州人，出身望族。祖辈都是艺术家，他亲爷爷叫阎立德，官至将作大匠，相当于建设部长。其建筑作品计有唐高祖皇陵、长安城外城和玉华宫等等。贞观十八年（644年）征高丽，阎立德遇山修路遇水搭桥，无一垮塌，"兵无滞碍"，保障了大军顺利推进。这么说吧，这老阎堪称初唐第一工程师，凡经他手的建筑，无一豆腐渣，所以你还可以叫他"大唐建筑业的良心"。

阎知微还有个爷爷，就是阎立德的弟弟，大名鼎鼎的画家阎立本。阎立本工程方面的才华不如其兄，可丹青是一绝。如今谁手里要是有他一幅画，换了钱可以在太平洋买个小岛当岛主。但《大唐新语》记载，阎立本是深以画技为耻的，子曰"君子不器"——古时画画基本可归入奇技淫巧，不如诗书高贵。阎立本曾警告儿子别学画画，说明还有尊严，不像后世的画师以为帝王描摹美化为荣。某次李世民和群臣游春苑，见鸳鸯戏水天鹅起于碧波，心旷神怡，就让臣子们吟诗。又觉眼前有景道不得，便差人传阎立本把美景入画，宫人就喊：传画师阎立本——只见阎画家一身臭汗地跑来，铺上纸提起笔，趴在池边吭哧吭哧地画，心里憋屈得不行。阎立本当时任主爵郎中，是专门给高官封爵的官，绝对实权派，却被人呼为"画师"，还当着同僚的面作俯身撅臀献菊花状，越想越觉得丢人，回家就跟儿子说，"唯以丹青见知，躬厮养之务，辱莫大焉"。并告诉儿子，"汝宜深戒，勿习此也"。后来他儿子果然没学画，可也没挡得住阎姓后代给祖宗丢人。

给老阎家丢了大人的，就是阎立本的侄孙阎知微。要命的是，这个阎知微干的事不止丢人这么简单，整个阎姓一族都因他而死，远房亲戚里根本不认识阎知微的，也一并咔嚓了。武则天处死阎知微的手段很有新意，不砍头不腰斩，而是将之绑在柱子上，让百官练习射术，官小的没有练习资格。据说河内王武懿宗退后七步射了三箭，居然无一中的，一说是吓得手哆嗦，所以三发皆脱靶；另一说是阎知微那时已形同豪猪，箭头都挤不进去了。

《旧唐书·阎立德附阎知微传》中说，阎知微死后，"乃剐其肉，骨断臠分"，百官只要职位到了一定层次的，都分了几块"阎肉"吃，据说这是英明领袖武则天的命令，想不吃都不行。

初唐人文艺活动还蛮多的，喜欢开个沙龙唱歌跳舞，假如一曲终了，你歌词还没唱完，叫"族盐"。阎知微死后，有人马后炮了一下，说天哪天哪天哪，"族盐"不就是"族阎"嘛！就是说阎知微被夷族这事早有预兆。皆愚夫愚妇之语也，否则我也可以这么胡呲：杨广年号大业，业与咽同音，就是要咽气嗝屁的意思，所以被宇文化及弄死了。非常不可信。

"族阎"之前，阎知微有两次出使。听过评书的人都知道"两国交兵不斩来使"，假的，杀使者的事中国历史上太多。所以说出使这种活不好接，辱了使命回国交不了差，死；不辱使命就辱了外邦，死的概率也很大。阎知微第一次出使突厥，副手是田归道，阎知微一见突厥首领默啜，就跳起了舞蹈唱起了歌，然后还跪在地上捧着默啜的靴子嗅啊嗅的，可能是觉得味道不错，又伸舌头舔了几舔，弄得突厥王的狗都不乐意了，心想这不是抢我生意嘛。

田归道则只是长揖不跪，默啜被舔舒服了，遇到不肯舔的心情就很不好，要杀田归道，被手下拦住，说大国来使，别轻易就宰了。田归道方得以活命。随后默啜提出条件，要地要钱粮要武器要农业技术，并且要和大唐皇室宗亲"和亲"。消息传到，朝臣各执一词。阎田二人回来后在武则天面前争执，田说和亲也没鸟用，一定要防备突厥人，阎知微则认为自己舔靴子的行动能感化夷狄，默啜低头一看靴子锃亮就不忍心对泱泱上国用兵。

商议的结果是许了突厥诸般好处，并把武延秀当作皇子送来和亲，默啜一验人气坏了，太小瞧人了吧，我要姓李的，你拿个姓武的糊弄我，遂发兵犯境，致中原百姓涂炭。阎知微却被封为南面可汗，他带来的人也都封了三品五品。这回随阎同来的是监察御史裴怀古，默啜封官裴坚辞不受，只一心求死，被囚。后得一机缘逃了出来，被果毅军所救。武则天那边则是一边应战，一边搞文字游戏意淫，把默啜改名"斩啜"。令人怀疑她就是阿Q的祖宗。

突厥人战事顺利，默啜遣阎知微到赵州招降，在城下唱着"万岁乐"和突厥人手拉手跳踢踏舞，城头上的守将陈令英都替他脸红，就说：你说你官当得也不小了，"乃为虏蹋歌"，你那张老脸还要不要啦？阎知微一边跳一边答：嘿嘿，不得已，万岁乐。

翌年，狄仁杰帅兵把突厥人赶至漠北，默啜弃赵州放了阎知微，这老先生却浑不知死之将至，居然就回来了，于是就成了箭猪。唉。

窦怀贞

唐·刘肃 【大唐新语】韦庶人乳母王氏，本蛮婢也，怀贞聘
之为妻，封莒国夫人。俗为奶母之婿阿奢，怀贞每因谒见及
进奏表状，列其官次，署曰"翊圣皇后阿奢"。时人鄙之，
呼为"奢"，怀贞欣然自得。

  窦怀贞，唐代雍州人，因为要避韦后父亲韦怀贞的讳，改名窦从
一。韦后一党被李隆基杀干净后，本想从一而终的窦从一不得不又复
名怀贞。

  窦怀贞的父亲叫窦德玄，名声比儿子好。唐高宗李治封禅路经濮
阳，问随驾这个地方为什么古名"帝丘"，窦德玄说我不知道。许敬
宗博闻广见，赶上卖弄的机会当然不能错过，就掉了一番书袋。许敬
宗事后跟人聊天，把窦德玄鄙视了一番，说大臣没什么也不能没学
问，皇上的问题答不上来，我都替老窦臊得慌。窦德玄听说后，坦然
曰：人各有各的牛逼，在我不牛逼的领域，我不能装逼。

  多好，多坦诚。

  不装的优良品质遗传至窦怀贞这儿有些变味。他当御史台一把手
的时候，手下有个监察御史叫魏传弓的要弹劾安乐公主的内侍，窦怀
贞知道这事之后赶忙阻拦，说这太监是安乐公主跟前的红人，权势非
你我可比，一句话就能决人祸福，你还敢弹劾他？不要命啦。魏传弓
硬邦邦地回答：我告的就是这种擅权的家伙，要是能宰了他，弄死我
都值！窦怀贞吃了下属的噎，也知无可辩驳，就暗自把状子压了下
来，那阉人继续横行无忌。

  那时韦后跋扈，安乐嚣张，太平公主势焰熏天，三个女人的门下

走狗都横着膀子走。窦怀贞唯恐得罪了这帮"无机物",每有案子,先观察两边的原告和被告,有胡子的判败诉,没胡子的判胜诉,两边都有胡子的就秉公执法一回。赶上两边都没胡子的比较难办,那就得把无须人的主子比比大小了。还好后一种情况比较少见。

史书上评价窦怀贞"每谄顺委曲取容",官当得极其窝囊,最窝囊的一次是被手下撅了。他当雍州刺史的时候,手下司户李元纮接了个案子:太平公主和寺庙的和尚争水碾。当时的高官都想喝纯净水,就私自安装水碾,侵占水源顺便开磨坊。想必是庙里的和尚没水吃,否则又怎么敢把太平公主这样的大人物诉诸公堂。李元纮调查完就把水碾判给了和尚,窦怀贞闻听两股战战,逼着李元纮改判,结果又被邦邦硬地顶回来,李说:你就是把南山挪了窝,这判决书也一字不动!爱咋咋地。

从此和尚们就有水吃了。太平公主也没找李元纮的麻烦,这个故事说明,维护主子利益这种事,走狗远比主子更积极。

窦怀贞的一生最有喜感的是他的二婚。唐中宗李显是个大玩家,平日就喜欢捉弄太监宫女,兴致高了还让大臣们拔河玩。景龙二年(708年)除夕,也不知是谁出的馊主意,李显毫无先兆地跟窦怀贞说:听说爱卿你媳妇死老长时间了,爷们儿家家的老憋着不好,干脆朕给你找个媳妇,俗话说呢选日不如撞日,明天就大年初一了,我看今晚上就给你把喜事办了吧!

是年老窦四十出头,还算龙精虎猛,一听还有这好事啊,皇上亲自保媒,再一想圣上阅美无数,这媳妇肯定差不了,赶忙谢主隆恩。说时迟那时快,只见帷幕挑动,几个宫女扶着一女子颤巍巍走来,两把香罗宝扇挡着脸。依大唐婚俗,新郎官得吟几首"却扇诗",新娘子才让你一睹花容月貌,这活儿窦怀贞干得,到底是文化人,立马就诗了几首。诗脚尚未走远,但见罗扇轻分,露出鸡皮鹤发浑身下垂一老妪,见状李显和在场的所有人爆笑如滚雷,只撇下个新郎官呆若木鸡。也难怪，幸福来得太突然的时候都这反应。

老窦瞅瞅老新娘，跟这老大妈一比自己还是小窦呢，一想自个儿竟成了膏老牛之吻的一蓬嫩草，险些悲从中来当场落泪。转念又一想，这大妈可不是凡人，正是韦皇后的奶妈，娶回家去自己的身份就成了皇后的奶爸，似也不太吃亏，脸上便绽出一朵讪笑。

想得开的人总是幸福的。

把货真价实的"老婆"领回家后，窦怀贞彻底想通了。此后每次上表落款都写"翊圣皇后奶爸"，旁人也讥称他为"国家奶爸"，窦怀贞没觉得有什么不好，反觉挺美，面有得色。媳妇不媳妇的放一边，自己身居高位，性生活总是不难解决的，这老太太分明是皇上钦赐的一座靠山啊。

也该窦怀贞倒霉，不久韦后死于李隆基手，老窦的危机公关应对神速，提刀就把奶妈的脑袋割了下来，拎着人头上殿请罪。无巧不成书，走到大殿门口碰上一人，汴王邕，手里也拎着一只人头，同样也是媳妇的，韦后的妹妹。"这么巧?""是啊，真巧。哈哈哈。"

人头呈上，窦怀贞死罪得免，贬官外放。这之后窦怀贞否极泰来，被太平公主看上了，与美男子崔湜二马同槽悉心侍奉。每次下朝后，窦怀贞必先至太平公主府上请安。

李旦即位后，要给两位公主修道观，魏知古等大臣都极力反对，窦怀贞却主动接了活儿，在长安城选址，少不得还要强行拔出大唐钉子户，房子说推就推了，墙上连个"拆"字都不写。窦怀贞又是设计又是监理，耗巨资仅以数月之功就把道观盖成，两公主去验收，一看这哪是道观啊，分明是宫殿嘛，太利于修行了吧，于是少不了在父皇面前美言。居然就因此升侍中，同中书门下三品，在大唐这相当于宰相之职了。过了几天有术士说，"公居相位，必遭刑厄"，窦怀贞害怕，就想辞官，没想到才过几日又加封了左仆射，也就不以为意了。

这之后的历史就不陌生了，太平公主党羽被李隆基派人杀尽，她慌乱之际躲进一座寺庙，随即被找到并赐死。窦怀贞逃无可逃，上吊而死，尸体被剁成了肉馅。昔年武则天改王皇后萧淑妃姓为"蟒、枭"，李隆基依样画葫芦，改其窦姓为"毒"。台湾现在还有姓毒的，只是发音为"老"，据说很可能就是窦怀贞的后人，只是据说啊。

卢 杞

宋·刘克庄 【杂咏一百首·卢杞】僭伪蟠宫阙，忠贤血贼庭。相君无喜愠，面色只蓝青。

卢杞，字子良，出生在河南滑县，祖籍则在范阳。范阳是卢氏郡望，在隋唐四大郡望里排在第一。卢杞的爷爷叫卢怀慎，当过李隆基的宰相，因为拒腐蚀，把自己搞得很穷，老婆孩子都跟着饥寒交迫。某次卢怀慎得了病，宋璟去探望，见卢家的大门连漆都没刷，再进屋，只见一张破床上铺了条单薄褥子，别说躺着了坐着都觉得硌屁股，弄得宋璟心里和屁股双重不舒服。要说卢怀慎工资不算低，但都散给了穷亲戚，到死也没积蓄，还是皇上出钱给办的丧事。绝对大唐廉政典型之一。

卢怀慎的儿子卢奕官至御史中丞，安史之乱洛阳破城，别的官员都跑路了，惟独卢奕不跑，宁死不屈痛骂反贼最后被割了大好头颅。因此卢杞是货真价实的忠良之后、烈士遗孤。这身份根正苗红，所以卢杞不用跟别人似的寒窗苦读准备高考，而是顺利"荫官"，出仕就当刺史，然后御史，最后当上了宰相。这个人的经历告诉我们，有个显赫的爷爷当个将军不在话下，碰巧再有个好爹，当个宰相也没什么好意外的。

由此看来卢杞少年时也不会穷到哪去，到底是官宦世家，怎么也比老百姓强。不过唐人卢肇编的《逸史》中有段传奇，说卢杞幼时穷得叮当响，生了场大病，幸亏邻居有个满脸麻子的老妪照顾才没死。这老太太叫麻婆，每日喂饭悉心护理，卢杞大概是吃了麻婆豆腐才痊愈的。话说这麻婆不是凡人，跟机器猫似的，某一天她掏出个剖成两半的葫芦当飞行器载着卢杞飞到了天宫。一个叫太阴夫人的美女神仙接见了卢杞，让他三选一，A. 留在天宫做神仙，可以长生不老，可以跟美女神仙睡觉；B. 回到人间做地仙，但随时可以到天宫自助游；C是最差的，给个人间宰相当当。卢杞不假思索选择了A。天宫使者问他，你确定吗？不改了吗？

卢杞想想还是当宰相实惠，犹豫片刻后改选了C。

可把个太阴夫人气坏了，呵斥麻婆领着卢杞哪来的回哪去。

这故事相当有料，有飞行器，有克服地心引力，还有一道深具哲学意味的选择题，以及一个现实主义者在梦想与现实之间的踟蹰。后来卢杞真的做了宰辅重臣，所作所为也确实能把神仙活活气死。苏洵有一篇著名的文章，叫《辨奸论》，说卢杞之奸，虽然奸到了"倾国倾城"的程度，可是这家伙长得一点吸引力都没有，语言能力也达不到骗了人人家还帮他数钱的境界，都是因为唐德宗太二，卢杞这种人才有了用奸之地。

假如老苏洵分析得有理，那么卢杞的经历证明：一个坏蛋的成功，与一个混蛋上司提供的平台是分不开的。

卢杞还只是个御史中丞时，郭子仪就对此人做出了准确评价。那时郭子仪已是誉满天下，虽然谁都承认他是挽大唐社稷于既倒的第一功臣，这老人家却还是时时如履薄冰，不惜以日日吃喝玩乐纵情声色来自污，以避免主子猜忌，"趴体"隔三差五地办，筵席是三天两头地摆。老郭接客的时候，他家的女眷从不避席，一块聊天喝酒跳舞唱歌，直到有一天卢杞上门……

门童禀报后，郭子仪果断并毅然命令女眷们回屋躲避，并以从未有过的严肃叮嘱：来客不走万万不可现身。

卢杞进来了，卢杞又走了，这中间郭子仪和他谈了什么史无记载，我想以老郭的政治智商，应该是跟卢杞聊了聊"今天天气哈哈哈"之类的问题。卢杞走后，女眷们好奇地问：为什么让我们回避呢？郭老答：此人那副德性丑到家了，你们女人呢又爱笑，跟一群鸭子似的。钱锺书曾指出：有鸡鸭的地方，粪多；有女人的地方，笑多。你们一瞧他长那样肯定憋不住笑，一笑可就把他得罪了。这人将来有了权，我这一大家子人就危了……

　　一个人丑到什么程度才会让女人忍不住笑呢？请看清代禁毁小说《玉楼春》中卢杞亮相的描写：只有二尺七八寸长的身材，脸如黑炭，左半边又生得古怪，浑如青靛染成。黄髯数茎，浑似铁丝出地；黑麻满面，却如羊肚朝天……不是武大郎重生今日，定是柳树精又下凡尘。《旧唐书》里说，卢杞"貌陋而色如蓝，人皆鬼视之"。我知道唐时人种比较乱，有黑人有白人，还有昆仑奴那一类的马来人，倒是没见历史记载有蓝胖子或蓝精灵莅临过大唐。总之既然卢杞长成这样，其血统看来相当复杂。

　　总之郭子仪做对了，卢杞权倾朝野后努力害人，却没害郭汾阳，相反还挺尊敬。读到这个故事后，大家的收获应该是：见到长得出乎意料的人决不能表现得出乎意料。

　　别看卢杞长得惨不忍睹，唐德宗李适却喜欢得不得了，可能是李适对长得有创意的人多有好感。真正原因应该是李适觉得自己是个英主，自我感觉一贯良好，而卢杞所擅的，就是维护李适自我感觉之良好。比如领导的决策永远是高屋建瓴的，领导的目光永远是高瞻远瞩的，领导的姿态永远是高居深拱的——类似的话卢杞一定没少说，这样的下属现在也吃香啊。

　　不过李适总还不是个聋子，也耳闻好多人说卢杞不是个好鸟。李适想不通，就问名臣李勉，都说卢杞人性差，怎么我就没觉得呢？李勉说："天下皆知卢杞之奸邪，独陛下不知，所以为奸邪也。"可李适还是没被说服，相反还给李勉做了双小鞋穿。实际上是他不肯相信而已，这个道理其实非常简单：全世界只有一个人说好的鸟一定不是什么好鸟。

升任侍郎、同中书门下平章事，也就是当了右相的卢杞，开始收拾他看不顺眼的人和看他不顺眼的人。

杨炎和卢杞是同事，职位一样。此人属于看卢杞不顺眼的人，杨炎每看见卢杞一次都像是进了一回茅房，到家就吐，弄得自己每天下班都跟怀了孕似的。另外卢杞学问太差，杨炎羞于跟他同朝为官，听卢杞说不着四六的话就搂不住火。卢杞就跟李适奏了一本，说杨家的家庙规格修得僭越，有篡逆嫌疑。李适就贬了杨炎的官，半路上被卢杞的人勒死。有个叫崔宁的大臣则是卢杞看不顺眼的，因为崔宁跟皇上一聊起时事新闻就掉眼泪，怜我世人，忧患实多。卢杞泪腺不发达，哭不出来，无法表现得更忧国忧民，就上表称崔宁和反贼有勾结，于是崔宁再也不会哭了。

接替杨炎的张镒耿直，李适很是器重，卢杞很是吃醋。当时侍御史郑詹跟张镒交好，经常等卢杞昼寝的时候去跟张镒聊几句，卢杞就假寐，偷听郑和张的谈话，还故意"醒"来跟张镒说有重大事件商议，张说郑御史在这，卢杞便阴阳怪气地说：我们说话历来不让无关人等听啊，你怎么让他来了呢？张镒气得没话说。不久卢杞找了个理由把郑詹杀了，张镒也被罢了相。

对郭子仪客气，对另一位大唐功臣颜真卿，卢杞就不客气了。他害死的人里头，以颜真卿最有分量。这颜老和他兄长一样有副"颜常山舌"，人品好、骨头硬，说话也不拐弯抹角，学问书法又实在太优秀，这让卢杞倍感自卑。就想方设法把颜真卿外放，颜当然不高兴，就说：你爹卢奕当年被叛贼砍头，头颅送到我手里，这般英雄唯恐失敬，我都没敢拿布擦他脸上的血，而是伸出舌头一点一点舔干净的，如今你想怎么收拾我呢？把他的烈士爹抬出来，卢杞只有作揖感谢的份儿，不过可不是良心发现，而是越发恨颜真卿了。

不久，李希烈藩镇造反，卢杞等来了机会，上表推荐颜真卿去说降李希烈，赞扬颜真卿忠烈耿直，非这样的老臣不能说服反叛青年云云。颜真卿走之前给儿子遗书一封，仅区区六字：奉家庙，抚诸孤——说明老头头脑清醒得很，知道此去必死。见到李希烈后，李很想利用颜真卿的声望和影响力，欲封之伪官，颜抵死不受，一年后被李希烈绞死。谥"文忠"。

传说中的捉鬼将军钟馗也是卢杞逼死的，话说书生钟馗文章锦绣高中状元，却因为相貌奇丑被褫夺功名，卢杞就是钟馗的主考官。这多半是给卢杞栽赃，你想他都长成那样了，好容易来了个跟自己有一拼的，为什么不留下呢？

除了祸害人，卢杞在经济学上还有两项发明，一曰"税间架"，一曰"除陌法"，前者是两根房梁算一间房，每间房交税多少钱，搞得大唐的业主人心惶惶，恨不得把房梁拆了，反正拆房是砸死缴税是饿死，横竖都是死。"除陌"类似增值税，不管是工资还是做买卖，只要赚一千钱就得上交官府五十钱，以物换物别以为就能躲了，照样折价算钱。这么重的税赋，自然民不聊生烽烟四起。造了反的藩镇借此打出口号标语，"我军不税间架不除陌"，百姓一听，自是纷纷归附。眼见压不住了，又有节度使李怀光上表弹劾卢杞，李适才贬了他的官，又给自己下了罪己诏。又几年，卢杞死，众皆称快。

王及善

明·冯梦龙【古今笑史】 王及善才行庸鄙，为内，时谓"鸠集凤池"。俄迁右相，无他施设，惟不许令史辈将驴入台，终日驱逐。时号"驱驴宰相"。

王及善，邯郸人。有个很拽的老爸，叫王君愕，封为大将军，跟随李世民征高丽，死了，封为邢国公。所以王及善一生下来就是个小公爵。长大后，太子李弘提拔他当了个左奉裕率的闲官。李弘对杂耍很有兴趣，可是专业杂技演员的表演看多了也腻，就提议让在座的大臣们挨个儿"掷倒"。"掷倒"估计就是倒立，俗称拿大顶，对于没有受过专业训练的人来说，有些技术难度。可是太子殿下想看，谁都不敢拂逆。想象一下：平日或子曰诗云或议论朝政的大臣们，此时斯文扫地纷纷大头朝下绝对是非常有喜感的一幕，太子看得一定乐不可支。

轮到王及善了，死活不肯，反而跟太子李弘很不客气地说：拿大顶这种活儿是伶人应该做的，不是我们这些国家干部应该做的，我们都大头朝下了，还有脸帮太子您做大事吗？李弘听了也觉得不好意思，就"拯诸臣于倒悬"，手一挥说：诸位爱卿，都正过来吧。

王及善勇拒太子不肯拿大顶的英雄事迹传到了高宗李治的耳朵里，李治觉得此人有种，下旨赐绢百匹。后来越看王及善越喜欢，就把他叫到身边听差，升为三品。另有一待遇独有：别的大臣若是不召见是不能进李治卧室的，惟独王及善可以佩刀陪在皇上身边。到武则天执政期间，王及善看不惯张易之哥俩，屡次上表要武氏约束着点，弄得武则天很不高兴，心想你个老东西也敢干涉老娘的性生活，就说王爱卿你年纪大了，就不用每天来上班啦。王及善很郁闷，跟狄仁杰他们说，你说有我这样的宰相吗？连天子的面都见不着。说完就上表乞骸骨。不许，相反还让他当了文昌左相。活到八十二岁才死。

新旧唐书中均记载，王及善这人水平不高，都说他是"鸠集凤池"。当时管中枢叫"凤凰池"，意思是人才聚集之地，把王及善比成斑鸠，就是损他腹内没料，不够格。不过此人史书中说他为官清正，有大臣节。《朝野佥载》中说，王及善做中书令的时候，在国家大事上没什么作为，只是对考勤抓得比较严。他规定手下官员不许骑驴进城上班，那时王及善都一把年纪了，长安城的居民时常见到一身穿朝服的白胡子老头追着驴满世界跑，搞得全城的驴见了他都紧张，神经脆弱的驴被这老头追了几回就疯掉了，搞得长安城风雨如晦驴鸣不已。官员们不敢找驴代步，又怕点卯迟到，只好鸡鸣即起，私下里就叫他"赶驴宰相"。

当时狄仁杰尚未拜相，很瞧不上王及善和豆卢钦望这二位上司。某次听到王和豆卢二人当着下属玩虚伪，说"某无材行，滥有此授"，狄仁杰嘴损，就调侃道：二位大人"长行"玩得很地道啊，怎么能说没材行呢？太谦虚了。王及善和豆卢相视苦笑，赶忙说今天天气……哈哈哈……

"长行"是风行唐朝的赌博技法，彼时众多王公大臣玩这个上瘾，"辍饮食、忘寝休、废庆吊"，所以有时皇上上朝却连人毛都见不着半根，就知道大臣们都去玩长行了，转身回宫，把妃子们都喊来，说："今天不用上班啦，咱接着玩！"

冯 道

五代·冯道 【天道】 穷达皆由命，何劳发叹声。但知行好事，莫要问前程。冬去冰须泮，春来草自生。请君观此理，天道甚分明。

冯道，字可道。生于唐末，卒于后周，瀛洲景城（现沧州一带）人。算起来是我的河北老乡。不过这门子乡亲不攀也罢，这位自号"长乐老"的政坛不倒翁名声实在不佳。对此，我有个同学一定持反对态度，他姓冯，恰是河间府人氏。当年聊起各自的姓氏渊源，冯同学就说他是冯道嫡系后人，有家谱为证。像这样家世显赫的朋友多年以后又遇上一位，我的朋友潘采夫，俗家姓李，曾透露自己乃李大总管莲英苗裔，如假包换的宦门之后。

再说冯道，此人素好学，有诗才，修史者对他的文化水平是认可的。未出仕时就曾做一首诗励志，其中有"但教方寸无诸恶，虎狼丛中也立身"一句就是他的座右之铭。但我猜多半是后人伪作，你想啊，假定这首诗真是冯道写的，他侍奉过的五朝十帝非虎即狼，搞起文字狱来想必在行，个个力可族人，长乐老是别想了，短命鬼倒大有希望。何况冯道为人谨慎处事圆通，绝不会犯傻留下这种辱圣犯上的证据。

冯道的本事自不必说，后世有人称其为"史上最佳职业经理人"，因此颇有些现代人将冯氏的处世哲学奉为圭臬，如今跳槽超过五家以上且职位薪水越跳越高者，多半得了冯道真传。《资治通鉴》中有两句话点出了冯氏哲学的精髓："临难不赴，遇事依违两可，无所操决，唯以圆滑应付为能事"——这种处世哲学贯穿了他的一生，可供冯氏当代信徒参详，如果还不知其中三昧，抓一条泥鳅来问计也行，这种生物据说就是冯道转世投胎变的。

有两件生平事迹可以证明泥鳅和冯道的基因传承关系。一是他被石敬瑭派去辽国出差，辽帝耶律德光想挖"儿子"石敬瑭的墙脚，顺便落实知识分子政策以笼络南朝士子，没承想冯道的拒绝方式都令人空前舒服，他说北边是爹，南边是儿，一家人不说两家话，都是给咱自个儿家打工，有啥区别呀。耶律德光周身通泰无话可说，于是赐金赏银礼送回家。

这第二桩是他和耶律德光的著名对话，后者轻松灭晋，冯道爽利投降，辽太宗问你干啥来见我？答：无城无兵，安敢不来。耶律德光心说你倒老实，就又问：你这老小子算是什么东西？冯道说：又无才又缺德，我就是一全无用处的老帮菜。这一问一答辽帝就爽歪歪了，见过不要脸的，没见过这么不要脸的，遂下旨封他为太傅，位列三师，你瞧，还是高干。

宋朝的欧阳修和司马光对冯道评价很差，欧阳指责冯氏无廉耻，司马更狠，说冯道是奸臣中的尤物，没有更奸只有最奸，老冯不奸则天下无奸。连当代大师秋雨都不耻冯道为人，含泪说此人是"小人"，吓得我赶紧去翻史书瞅瞅姓冯的是不是也干过"石一歌"式的脏活儿。

司马光的宿敌王安石就不一样了，他的点评是"屈身以安人，如诸佛菩萨行"，认为冯道之所以甘当连三姓家奴吕奉先都自愧不如的八姓家奴，是为了慈航普度。明人李贽也为冯道积极平反，说他之所以"历五季之耻"，是不忍生灵涂炭，是为人民卧底，因此即使遭遇锦衣玉食位列三公这样的屈辱都得忍着，形而上得离天三尺三。倒也不意外，李贽先生从来都是语不惊人死不休。

说起来冯道对教育是有贡献的，他监制刊印《九经》，对宋以后的出版业影响巨大。即便是骂冯道最起劲的欧阳修，算起来也受过冯氏遗泽。冯道还教后唐明宗背过一首诗，版权是聂夷中的：二月卖新丝，五月粜秋谷，医得眼下疮，剜却心头肉。我愿君王心，化作光明烛，不照绮罗筵，遍照逃亡屋。

明宗此后对冯道更为器重。另外"谷贵饿农、谷贱伤农"也出自冯道之口，可以说，身为宰辅，冯道对三农问题相当在行也是持续关注的。

历史的吊诡之处总是凸显在子孙身上，冯吉是冯道之子，不好读书，却喜欢弹琵琶，冯道认为这爱好上不得台面，比不了读圣贤书习御龙术。然而冯少爷就好这口，屡教不改，冯道就羞辱他，让儿子在宾客面前弹琵琶，完事还煞有介事地打赏，但冯少面色如常。苦于当时没有电刑，没有戒瘾机构，所以冯道帮儿子戒琵琶瘾的想法破产。不过据说冯吉弹琴的造诣很高，柴荣常请他到宫内演奏，因琴声悠扬响亮，相当雷人，时人称之为"绕殿雷"。现在再看，此冯吉不是凡人，或者是看惯了官场，又自忖学不来其父的泥鳅秘笈，干脆以优伶伎自污，反倒保全了冯家一脉香火。

七十三岁那年，冯道病故。时有人说，哇塞，跟圣人同年，原来这样就可以当圣人啊。圣人不圣人就不废话了，有冯道这条底线在，后世的文人骨头怎么软貌似都不算过分了。

吾国历史上最缺钙的年代，大概要算是五代十国了。有蜀后主的花蕊夫人诗为证：十四万人齐解甲，更无一个是男儿。冯道生于斯时长于斯世，最终呈现在历史长河一个变形虫的形象，当有其必然性。一个很有些才学的文人，软如涕、韧如丝，如滚刀之肉，似蚶骨之蛆，换主子跟换衣服那么轻松，不管谁家天下，冯道都有官做、有肉吃，如此样本仅此一例，可称为"冯道现象"，很值得研究。也就真有不少的史家研究。

譬如葛剑雄老师特能理解冯道，他认为乱世陷沼，朝代频更，文人若是死节尽忠，没有十条命是自杀不过来的。这话不能抬杠，猫也只有九条命，况人乎。可再往下葛师就露出了"尾巴"，他说冯道行径实为"曲线救国"，是"为了人民利益的大前提"，这论调怎么听都耳熟得紧，纲举目张地令人发指，说白了就是目的正确即可，手段大可不择。

历史的老脸是供后人涂抹的，根据需要被打扮成当政者希望看到的样子，于是冯道就变身忍辱含垢的道德楷模，于是宋玉就成了郭大诗人笔下卖师求荣的无耻之徒。对冯道，陈寅恪的观点则是"理解，但不同情"，窃以为这是真正的史家态度。是啊，假如滥好心到同情的程度，就难免忍不住效仿一下，许多人就是这么干的，再加上软骨病传染性极强，自五代肇始，由两宋承袭，这个国的不举之症从此祸延千年。

大致盘点一下，史家对冯道的评价是"私德无损，大节有亏"。先说私德，众所周知，为官之道，戒贪最难，这点冯道做得不错，其父死冯道丁忧回乡，正赶上家乡遭灾颗粒无收，冯道便散了家财，资助乡党度过难关，得赞一个。再说品行，曾有部属把掠来的女子送给冯道，冯道却把女子花钱寄养在尼庵，等亲人失物招领，不肯趁人之危，非常柳下惠。

不过这些似乎还算不上大义，义之大小与乌纱大小是成正比的，所谓能力越大责任越大，身为一高等文官，冯道大多唯唯诺诺，唯一一次直谏还是在他七十岁之后——彼时北汉犯周，世宗柴荣要御驾亲征，冯道说不可去。柴荣说唐太宗能亲征我为什么不能？冯道说你能比唐太宗吗？这时柴荣已经面有愠色了，忍着气说，他们乌合之众而已，我军打他们，就跟大山压碎鸡蛋那么轻松。此时顺从得令人发指了一辈子的冯道居然又顶一句：你能跟大山比吗？柴荣大怒，但还多少保持了风度，没把冯道怎么样。但从此这老冯成了"狗不理"，不久郁郁而终。这也是成功学大师冯道极少数不成功的一次。

章 惇

宋·苏轼 【苏轼集·与章致平】 某与丞相定交四十余年，虽中间出处稍异，交情因无所增损也。闻其高年寄迹海隅，此怀可知。但以往者更说何益？惟论其未然者而已。主上至仁至信，草木豚鱼所知也。建中靖国之意，又特以安。又海康风土不甚恶，寒热皆适中，舶到时四方物多有，若昆仲先于闽客川广舟中准备家常要用药百千去，自治之余，亦可及邻里乡党。又丞相知养内外丹久矣，所以未成者，正坐大用故也。

章惇，字子厚，北宋福建浦城人。据说他妈生他的时候有算命先生路过，闻婴啼而打冷战，尿湿了裤腿。算命先生就到章家晾裤子，跟章惇他爸说此子不祥，啼声中隐隐有刀兵气象。老章迷信，抱起小章要按水桶里溺死，被他娘亲死命夺回，章惇才得以保命。

我当过几年医生，据我分析多半是那个算命先生有类似前列腺炎之症，猛然听洪亮婴啼，膀胱括约肌一松弛，崩不住了。算命先生湿了裤裆，心情想必不好，所以代表前列腺发言，顺便骗点小钱买条新裤子。假如章惇的混蛋老爸真把儿子溺死，就部分改变了中国历史，一个在宋朝赫赫有名的人物也就不复存在，而这一切皆由某人的膀胱决定——南美丛林一只蝴蝶扇了扇翅膀，大宋一个算命先生的膀胱松了一松，哼哼，都有改变历史的可能。

青少年时的章惇很用功，书读得不少，每次模拟考试成绩都数一数二。嘉祐二年（1057年）参加高考中了进士，侄子章衡跟他是同一批考生，竟然考中了头名。章惇这个当叔叔的名次不如侄子，很没面子，居然不受敕，回家复读去了。后来又去考，进士甲科高中，这才受敕出仕。从这事可以看出，章惇是个狠角色。

当官后的章惇遇到两大恩人，先是得到欧阳修的赏识和推荐，随后又得到王安石的高度赞扬，王跟神宗说小章"吏文粗疏，然有机略，胜王韶"。王韶是嘉祐进士出身，北宋文武全才的人物，他提出的少数民族政策都被宋神宗采纳，最大政绩是平定羌族叛乱，切断了这些部族与西夏的联系。所以王安石对章惇的评价不能更高了，所以章惇成为新法的坚定支持和执行者也就是必然了。

十岁的哲宗即位，宣仁太后垂帘，起用司马光，新政尽废。身为王安石一党的章惇开始倒霉，不过以章的狠劲，倒没像其他人似的倒向司马氏，反而骂司马光是个农民——"村夫子，无能为"，除了歧视农民这点不好，作为持不同政见者，倒也硬气。

不过这样干的后果显然好不到哪去，须知司马光不光会砸缸，砸大臣的饭碗也很在行，所以很快章惇就被黜为汝州知州，后来见他嘴巴还不老实，干脆把章惇轰回老家反省去了。

章惇东山再起的机会始于哲宗亲政，这小皇上被他奶奶禁锢得要疯，十五六岁正值青春期，高太后却派了二十个朝阳区大妈级的宫女服侍，他奶奶高太后这么干一是防止他贪恋女色，二是随时接受大妈们对孙子的举报，所以把皇宫内院弄得跟居委会似的，哲宗对他祖母的恨可想而知。所以赵煦亲政不久即起用了章惇蔡卞等新法旧臣。从此章惇和哲宗达成共识，开始收拾元祐党人。虽然有太祖圣训哲宗不敢诛杀文臣，但流放总可以吧，所以章惇就把苏轼哥俩、黄庭坚、刘安世等人逐一流放。对待异己，放逐是除肉体消灭之外第二好的办法，可起到肉体和精神上双重打击的功效。

作为文人，章惇在流刑上有一大发明：流放地跟被流放者的名字挂钩。比如苏轼字子瞻，就被流放到儋州；苏辙字子由，贬到雷州，原因是"雷"的下半部分和"由"类似；黄庭坚字鲁直，流放地是宜州，"宜"和"直"长得差不多是吧。刘安世是有名的"殿上虎"，敢谏，脖子硬，据说命好，不那么容易死。章惇就说你不是命硬吗，那就去昭州吧。昭州就是现在广西的平乐县，漓江荔江茶江交汇之地，山清水秀的，但宋朝时可是蛮荒瘴疠之地，刘安世是河北大名府人，到广西想活下来难度比较大。不过刘安世南北通吃非常争气，居然活到了七十八岁，在那时绝对高寿了。

对昔日死敌司马光，章惇恨他死得早，干脆给哲宗上书要剥夺赠谥开棺戮尸，哲宗同意了前一个没同意后一个，没满足章惇想当伍子胥的愿望。另一说是哲宗要挖司马光的坟，言官们说这事太缺德，容易导致未来的皇子们没屁眼，才作罢。

哲宗赵煦二十四岁就死了，没留下子嗣。话说章惇这次因为看人太准而再次倒了霉，他说"端王轻佻不可君天下"，结果端王知道了，赵佶被向太后、曾布等人推上皇位后想起了这茬儿，所以章惇被一贬再贬，最后死在湖州，活了七十一岁。修《宋史》的元人脱脱写到这段感慨了半天，替大宋遗憾得要命，说要是听了章惇的话不选赵佶当皇上，也就没什么"靖康耻"了。当然，也就没岳飞《满江红》和秦桧了，再推一下，连袁腾飞和《两宋风云》也没有了。

《宋史》把章惇列入"奸臣传"的主因是害苏东坡，这点恐怕翻不了案。不过早期这二位是铁哥们儿，"三旨宰相"王珪当年拿着苏轼一首诗，诗里有句"此心唯有蛰龙知"，王珪说这是对皇上的大不敬，隐隐有另立新君的意思。这解释太狠了，分明是想把东坡居士往死了整。章惇这时在神宗面前跟王珪理论，说又不是皇上才能称龙，人臣也能称龙，恐龙还叫龙呢！神宗爱惜苏轼才华，也说，是啊，诸葛亮还叫卧龙呢，刘备也没急眼啊！

因此王珪罗织苏轼这事基本告吹，退朝后章惇跟王珪说，你是不是存心想把苏轼全家都整死啊？王珪心虚，赶紧推脱责任，说这是舒亶的话，不是我说的。章惇听了说了句特解气的话：舒亶的唾液你也吃，他要拉屎你吃吗，也不嫌丢人！

以上对话出自王巩的《闻见近录》，他提到的对话记录者是王安礼，王安石的弟弟，所以非常靠谱。王安礼为苏轼也说过话，"自古大度之主，不以言语罪人。轼以才自奋，谓爵位可立取，顾录录如此，其心不能无觖望。今一旦致于理，恐后世谓陛下不能容才。"意思是，一个英明领袖怎么能搞文字狱呢？把敢说话的文人抓起来，就不怕后世的人骂你吗？非常振聋，相当发聩。

　　早年章惇与苏轼过从甚密，经常结伴出去游山玩水，是一对玩得很好的驴友兄弟。宋人笔记《高斋漫录》中有这么一段：苏轼和章惇骑马到南山玩，到仙游潭苏轼不敢走了，只有一根横木架在潭上，下面就是万丈深渊，苏轼恐高，且热爱生活，所以君子不立危墙之下。章惇却下了马，拽根藤就荡了过去，跟人猿泰山似的，然后徒手攀岩，还在峭壁上留下一行字：章惇苏轼到此一游。再荡回来时，气色如常呼吸均匀步履稳健，把个苏东坡看得目瞪口呆，苏说：子厚你将来必能杀人。章惇问，你从哪看出来的？苏轼说：你自己都这么玩命自然能杀人。章惇大笑。
　　苏东坡评价章惇的话有点朴素的古代人权道理，拿自己的命不当事儿的人，多半拿别人的命也不大当回事儿。当然也不能以偏概全，有的人很惜命，但对其他人的命满不在乎的也大有人在。比如波尔布特出行的时候带着一大堆保镖，美国中情局都认为他是"不可接触者"，却并不妨碍他把二百万人的金边"减少"到五万。
　　还有一次两人在山寺跟老和尚喝酒谈禅，听说这山里近日有大虫出没，武松那时刚出生还在吃奶，所以没人敢靠近老虎。章惇就撺掇苏轼去看虎，可苏轼远远看见老虎吓得够呛，拨马就往回走，章惇却下马拿了面铜锣在石头上敲，居然把老虎吓跑了。有这份胆量垫底，多年以后章惇收拾号称"殿上虎"的刘安世，自然相当简单。
　　章惇恨上苏轼，除了政见上的不同，大半原因是出于文人的嫉妒。以苏氏昆仲的才华，章惇回炉重新读上二十年书也赶不上。且苏轼被贬到惠州后，还乐呵呵地写诗，其中有两句"为报诗人春睡足，道人轻打五更钟"——章惇一看，心想你老苏也太气人了吧，连牛鼻子老道都是你粉丝，打更都轻轻地打，唯恐吵醒，我家附近的更夫三更天就把我吵醒了，TNND，不知道老子也是诗人吗？越想越气，把苏轼又贬到昌化了。

轻佻的、不能君天下的端王君天下后，章惇被贬到雷州，当年他贬苏辙去的地方。章惇的儿子章援是苏轼当年做主考官时录取的，有师生名分，章援怕苏轼复职后整他爸，就给苏老师写了封信求情。苏轼看完后感叹万分，当即回书一封，"某与丞相定交四十余年，虽中间出处稍异，交情固无增损也"，不仅表态不会干落井下石的事，还托付章援给章惇捎些药去，除了自用，剩下的药还可以救助当地百姓。

林语堂先生读了这封信，感动得要掉泪，赞这篇文字是中国历史上少有的人道主义文献。话说这封信确实把章惇父子比成细菌了，愈发凸显苏轼之大——

大宋苏东坡，千古纯爷们儿，不得不赞。

沈 括

宋·沈括 【梦溪笔谈】余在中书检正时，阅雷州奏牍，有人为乡民诅死，问其状，乡民能以熟食咒之，俄顷脸炙之类悉复为完肉；又咒之，则熟肉复为生肉；又咒之，则生肉能动，复使之能活，牛者复为牛，羊者复为羊，但小耳；更咒之，则渐大；既而复咒之，则还为熟食。人有食其肉，觉腹中淫淫而动，必以金帛求解；金帛不至，则腹裂而死，所食牛羊，自裂中出。

　　沈括，字存中，号梦溪丈人，北宋杭州人。弱冠之年就承父荫当了个沭阳主簿的小官，在任上显示了其出众的水利才能。二十三岁中进士，在大宋国家图书馆谋了个职位。宋神宗时，王安石获最高领袖重用，大宋的总设计师开始推行新法。王氏新法涵盖范畴极多，亟需各领域的人才，这时他发现了沈括，一个可向多领域劈腿的章鱼型人才。

　　假如活到今天，沈括绝对是国宝，天文历法农桑水利医学军事工程地质数理化，无一不懂，属于不世出的通才，肯定赐院士衔，享受政府特殊津贴。像这种一千年也出不来一个的人，不愁没人供着，也不愁没人暗杀。怎么说呢，沈括就相当于大宋的牛顿加爱迪生加诺贝尔加伽利略，再搭上个李四光黄老邪什么的，差可拟。当年沈括出使辽国，辽主尚不知这个南人的价值，若是知道了，能留就留，留不下一定给宰了，不能便宜了大宋啊。

　　单从军事层面来看，沈括就有大用处，他对弓弩瞄准器"望山"的研究与革新如果为辽所用，大宋早就被灭了。据说沈括还发明了一种史上最早的"防弹衣",强弓硬弩也射不穿,可以说随便用上哪项沈氏专利都可能改变历史。然而别说辽人,大宋的赵官家也没这眼光,在那个时代,沈括肚子里的东西,大部分都被目为奇技淫巧。置身一群诗人中间,或许沈括都未必看得上自己一肚子的科学。沈诗读过几首,感觉比张打油的成就略高,在东坡居士面前实在拿不出手,这大概也是沈括后来告发苏轼的原因之一,嫉妒。沈大科学家也是可怜,生不逢时,放今天你用得着跟人拼诗吗?

假如活在当代,沈括和苏轼的庙堂地位就可能倒过来。以苏轼的脾性,不大可能混成含泪大师,沈括这样的科学家就好得多了,一定是个什么元勋。除了在科学领域的贡献之外,需要的时候还可以帮着论证一下亩产万斤。不过公平地说,沈括一生还是抱持严谨的科学态度,在他生活的年代,倒也没在科学层面忽悠过谁。

然而王安石一定不这么看,一度齐心戮力一起推行新法的沈括,在王被罢黜之后风向转得飞快,立刻起草万言书一份,从政治经济学及自然科学的角度论证了王安石新法之荒谬之祸国。新任宰辅吴充瞧着心里都堵得慌,心想这样的人能用吗,有朝一日我要是下台了呢?这种事想想都一身鸡皮疙瘩,忙呈送皇帝,你想皇上看了龙颜能悦吗,随即沈括被贬。王安石从此都不称呼沈括的名字,而是叫他"壬人",所谓壬人,就是见风使舵的奸佞之徒,俗称小人。

苏轼是个胖子,比王安石的肚子和肚量都大。史料记载,沈括在杭州与苏轼聊天吃酒,临走求了苏轼近期的诗文,回家就拿了放大镜逐字逐句地审查,挑出来几首诗,以朱笔勾注,掉头就告苏轼心怀不满讪谤朝廷。沈括拿到的苏诗中有这么两句:"根到九泉无曲处,此心唯有蛰龙知"——沈括的注解是,龙不就是圣上吗?圣上好端端地在龙椅上坐着呢,你苏子瞻还去九泉找龙,啥意思啊你。

这是"乌台诗案"之始,后来搞苏轼最起劲的李定等人,也都从沈括那得了灵感,于是诗有达诂,罪从诗出,苏轼之后又有多人以诗获罪。万幸是宋神宗还不算太混蛋，把苏轼所谓的狂生气打压了打压，又被苏轼给苏辙那首诗感动得唏嘘一番，最终放了人。这之后的沈括向世人展示了他的脸皮厚度，再去见东坡，谈笑若常，就跟使坏的不是自己一样。

王安石的支持者、哲宗朝宰相蔡确对沈括的评价是："首鼠乖剌，阴害司农法。"说沈括首鼠两端见风使舵，还爱玩阴的。这九个字入了《宋史·沈括传》，洗白已是不可能。再回头看看他对王安石和苏轼干的那些事，蔡确的评价真不过分。总而言之，作为自然科学学者的沈括是一成功人士，作为人文学者和政治家的沈括是一失败者。以蔡京名声之臭死后还有门人立碑撰铭，沈括死了却连个墓志铭也没人给写，他这一生可称"杯具"，这杯具盛满了科学，却缺了些别的有硬度的东西。

沈括的另一"软"是源于他老婆的"硬"，这位沈夫人是续弦，官僚张刍的女儿，非常河东，非常狮子吼。平日对沈括又打又骂又拧又咬，不避子女。沈括的孩子们不忍见老爸被打，齐刷刷跪下磕头告饶。没用，张氏照打不误，某次打得兴起，还把沈括的胡子连皮带肉扯了一块下来，留胡子的人一想这惨状下巴都哆嗦。张氏得病死后，沈括不庆祝解放和家暴的终止，反而痛不思食寝不安席，还差点跳河殉情，迹象种种说明这位大科学家还有点SM倾向。也恰是在此期间，《梦溪笔谈》成书，这又说明——悍妻不仅是哲学家的催化剂，也可以是科学家的培养基。

说点闲话，科学的文字看了头大，我倒是对《梦溪笔谈》里沈括记载的超自然事件感兴趣，比如他描述的飞碟造访大宋，还有他记录的一种神奇魔术：一个黥面小兵能把沙石放在手里揉搓揉搓就变成了碎银子，整个一宋朝刘谦啊。沈括说他是亲眼所见，看来还是近景魔术。您信吗？有时候科学家也会带我们走进伪科学。这种事现在也不少见。

蔡 京

蔡京，字元长，福建仙游最著名的历史人物。第二著名的也姓蔡，叫蔡襄。有人说苏黄米蔡的蔡原本是蔡京，后来因为蔡太师名声太臭蔡襄才得以入替。不过中国人讲长幼有序，蔡襄大了蔡京足足三十五岁，比苏轼米芾黄庭坚都大，没理由叨陪末座，可见老版本的"苏黄米蔡"确实是有蔡京份儿的，换人一说靠谱。后世评价称蔡京的书法正经是上品，不过我不懂书法，就只能人云亦云了。反正米芾这个宋朝雨人曾跟蔡京说，当今书法你排第一，你弟蔡卞排第二。蔡京问：那你呢？你排第几。米芾说：我老三。这米癫子不发癫，看来是真服气。

蔡京二十三岁那年，和他弟弟蔡卞高考双中，昆仲双进士。哥俩的名字似乎起倒了，卞京一准是汴京的谐音，但京是哥哥卞是弟弟，有点怪异。在仕途上弟弟也比哥哥爬得快，蔡京当上中书舍人的时候，蔡卞已在此职位上干了好些年。话说中书舍人是给皇帝起草诏书的官，最高领袖的秘书，品阶不能说高，但好在能随侍皇上，蒙圣眷升迁的几率极大。

中国的官僚排名制度是以任职先后为序，蔡卞不好意思排在他哥前头，就主动跟皇上要求殿后。蔡卞的上书起到了绝佳的炒作效果，一时间哥俩名声大噪。汴梁城的孕妇们都羡慕得不行，回家加强胎教，盼着终有一日也能生俩皇办秘书。

王安石推行新政期间，看中了蔡卞，收为东床快婿。蔡京多多少少也因了这层关系和王相走得很近，不过主要原因或许是蔡京对王安石新法的认同。哲宗即位，太后垂帘，司马光得以重新上台，元祐党人的春天来了，归属于王派的蔡京日子不那么好过了。不过蔡京脸皮与神经俱强韧，暗自吟诗给自己加油：冬天既然已经来临，春天还会远吗？

司马光掌权柄后复辟旧制，命各司限期五天恢复差役法，各级领导牢骚纷纷，都说时间太紧完不成任务。唯独蔡京，"悉改畿县雇役，无一违者"，搞得司马光都不得不表扬他。可表扬归表扬，毕竟蔡京站过王安石的队，不久他还是被贬了官。

太后薨，哲宗亲政后，保守派一下子冻毙，蔡京的春天果然来了。章惇得势，蔡京辅佐其变法得力，居然升上副相的高位。不过好日子只有六年，哲宗一死，保守派又卷土重来，蔡京被削爵在杭州赋闲。正是在此期间，宦官童贯来杭公费旅游，蔡京忙着三陪，带着童贯两人一鸟游西湖吃大餐，又送童贯古玩字画若干，部分字画经童贯之手转赠给了徽宗赵佶，赵佶本来就特喜欢蔡京的诗词书法，这下弄到真迹美得不得了，没多久就调蔡京入京，封了左仆射的官。

这一点跟传说中的高俅发迹史有几分像，不过高俅比蔡京就差多了，前者虽然踢得一脚好球，但也就是弄个太尉级国脚当当，蹴鞠，小技尔，哪比得上诗词歌赋的大手笔。你看有个皇上粉丝，蔡京的官运不亨通才怪。

作为书法家的蔡京传世作品不多，然而在其主政期间的北宋，全国都可以看到他的墨迹。只不过蔡太师的墨宝大都镌刻在石碑上。此人干的最下作的事之一就是亲笔写下元祐党人的名字，铭碑竖之，供不明真相的群众唾弃，从精神层面予以差辱。最后连宋徽宗都看不下去了，加上迫于反对声音日隆，赵佶不得不罢了蔡京哥俩的官。

宋人罗大经有本笔记小书《鹤林玉露》，里面提到了蔡京。说有一官吏买了个妾，这妾自称前职业是蔡太师府里包子厨的厨师。某天这位官人想吃包子，就命小妾给他蒸上一笼，妾说我不会。大官人又饿又气，骂小妾，你不是说自己是太师府里蒸包子的吗？怎么又不会包了，给个解释！小妾说：妾乃包子厨中缕葱丝者也。Oh my god，这分工也太细了点吧，闹半天这位妾当初只管择葱，连切葱丝都不管，照此推理，蔡京吃个包子至少需要七人，择菜的、切菜的、剁肉的、调馅的、和面的、生火的、负责蒸的，这就七个了，还不包括最后负责端上来的服务生。只知北宋经济发达国民生产总值高，还不知道行业细分细到这种程度。

假如罗大经所记不虚，蔡京的豪富可想而知了。《水浒传》里的花石纲项目就是蔡京负责的，宋江方腊的揭竿而起跟这项目多少都有点关系。这说明，庞大的国家项目是大有油水可捞的，同时也是容易激发民变的。《水浒》里有关蔡京的还有一章，宋江刺配江州，江州知府叫蔡九，是蔡京的第九个儿子，但史书记载蔡京只有八子，所以这蔡九是施耐庵让蔡京超生的。后人说这是影射蔡京的八子蔡绦。

蔡京晚年已经不怎么管事，横行不法的权力基本交给了幼子蔡绦，据说这位蔡八爷上朝时都带着几十个小弟，相当嚣张。蔡八后来被流放广西白州，期间写了本《铁围山丛谈》，据说是本很有价值的笔记小说，记录了从宋太祖到高宗近二百年的掌故，书写完后贫病而死，结局跟他爹有一拼。

有关蔡京的野史还有这么一段，《两般秋雨盦笔记》中有写：蔡京欣赏吴伯举的才华政绩，将之从苏州太守的任上调到汴梁做京官，后来因为吴伯举不贪不腐拒腐蚀，没和老领导保持一致，又被蔡京贬了官，发配地方了。蔡京的态度是：既做官，又要做好人，二者可兼得耶？读到这典故时我脑海中顿时浮现出前些年郑州逯副局长发型帅气的形象以及他的名言：你是替党说话还是替老百姓说话？

元人脱脱修的《宋史》，多被后世诟病，说这史修得不靠谱，传与传之间相抵牾的很多，时间地点人物等五个W紊乱，有失客观的添油加醋也不老少。比如蔡京的列传，通篇找不到个好词，事实上蔡京推行的新法还是有些可取之处，甚至可以说在某些方面相当超前。比方说蔡京废科举，设太学，拓宽了士子们的上升渠道，朝廷取材途径也相应变得不那么单一。思维够超前吧，要知道这两件事到现在还没办成呢。

另有一桩可夸的是办慈善，蔡京动用国帑办了居养院和安济房，这两个机构一个相当于养老院，另一个相当于救济站，当时北宋的孤寡老人、穷苦人以及乞丐大都有了安身之所，免除了成饿殍的危险。这点在今天看起来都很难得，花了钱又动了脑子，没有找兵卒拿个喇叭到处喊：请自觉抵制乞讨和卖艺行为——不得不说，蔡京这政策，挺人性的。

不过话说回来，蔡京对有可能对其构成威胁的人就狠得多，元祐党人就不是一般的惨。老蔡专权后，曾布下台黄庭坚也倒了霉，被罢黜流放的人以百计，算上家属就上了千。最损的是，蔡京宣布一禁令，元祐党人子女均不得任职，想出仕是没戏了，经济状况自然窘迫。蔡京还嫌不过瘾，把元祐著作一把火烧了不少，宋朝焚书不多，蔡京烧得占了大半。其弟蔡卞还差点把司马光的《资治通鉴》禁毁，亏得太学博士陈莹中，在考题中引了宋神宗给《资治通鉴》写的序，蔡卞投鼠忌器，终于没敢下手。蔡氏兄弟以"诏述"之名行挟仇报复铲除异己之实，又是"钓鱼"又是"文狱"，知识分子们人人自危。如你所知，一个动不动关押知识分子的政府肯定不是个好政府。

蔡京之死传得很邪乎，《挥麈后录》中说："初，元长之窜也，道中市饮食之物，皆不肯售，至于辱骂，无所不至。遂穷饿而死。"

据可信些的史料记载，蔡京被流放岭南，带了一车金银细软，外加若干仆从和美女三枚。美女据说被金人强抢了去，为此老蔡还作了首诗以表达自己是多么舍不得三个美妾白白便宜了女真人。不管怎么说，蔡京有的是钱，宋朝的商家不大可能全抵制老蔡，谁跟钱有仇啊，你恨蔡京你成倍涨价就是了，宰他一刀又赚了银子又解了气，何乐而不为呢。所以说大宋商贩都齐了心不肯做蔡京的买卖，致使其冻饿而死，是艺术加工，是以矫饰历史真相的方式来释放情感，是后世官方捏造的假新闻。也不奇怪，中国有这个传统，今天你还可以频频看到给下了台定了性的坏人扣屎盆子的，非只一端。

老蔡死前填了首悔过词，原文录此，供当今诸贪参详：八十一年住世，四千里外无家。如今流落向天涯。梦到瑶池阙下。玉殿五回命相，彤庭几度宣麻。止因贪此恋荣华。便有如今事也。蔡京的门人吕川卞给主子写了个墓志铭："天宝之末，姚宋何罪"——拿姚崇和宋璟比蔡京了，嘿嘿。

最后再八卦一下，洪迈在《容斋随笔》里有这么一段，说蔡京死后四十二年迁坟，挖出来后皮肉都烂了，唯独胸口上隆起一个"卍"字，这字可是佛陀如来的注册商标，这么一个大奸大恶的蔡京，身上怎么会长出象征祥瑞的"卍"字呢？洪迈说，以大奸误国之人，而有此祥，诚不可晓也，岂非天崩地坼，造化定数，故地产异物，以为宗社之祸邪。灵异吧。

万俟卨

【宋史·万俟卨传】 岳飞宣抚荆湖，遇卨不以礼，卨憾之。卨入觐，调湖南转运判官，陛辞，希秦桧意，谮飞于朝。

构陷天才万俟卨

万俟卨，南宋开封阳武人，如今他家乡叫原阳。原阳历史上出了一大堆名人，武的有周勃、周亚夫父子，文的有唾面自干的娄师德和两脚狐杨再思，加上万俟卨，这三位都当过宰相。

万俟是复姓，北魏鲜卑拓跋氏后人。我的中学历史老师疑似上大人孔乙己后人，为了证明他识字多，曾在黑板上写上"万俟卨"三字让我们猜。同学们踊跃，有念"万唉窝"的，还有念"万矣锅"，轮到我，我说老师这三字念"万挨剐"，惜乎没蒙中，总之无一中的。吾师面带得色，笑曰：嗯哼，这人还真是该千刀万剐——最终以我的答案最解气而独享表扬。虽说不会念，但我和我的同学们认得此人，刘兰芳评书《岳飞传》里那个叫"莫齐泻"的便是。这个翻译我认为非常信达雅，生产止泻药的企业可以拿来做药名。

没去过杭州的也都知道，西湖边上的岳王庙里跪着四个铁人，其中之一就是这位万俟卨。此人于政和二年（1112年）登上舍第，时年二十九岁。宋朝太学三舍，外舍二千人，内舍三百人，上舍一百人——这说明万俟卨高考成绩相当不错，是个尖子生。后来任职枢密院编修，说明万俟卨还拥有不错的编辑和写作能力。万俟卨在沅州时，当地的盗匪成了气候，骤突而至攻城略地，万俟卨领着一帮草根百姓死守城池，来匪久攻不下，带的饭都吃没了只好退走。这说明万俟卨还有那么点墨子的道道儿。

不过以上才华显然不能跟万俟卨揣摩上意的本事相比，比方说赵构和秦桧忌惮武将欲收兵权，万俟卨就出了好大力，搭茬说这些丘八们早该治治了，谁打了败仗就宰了谁，要不他们哪知道什么叫怕死啊。不过，万俟卨的主要"功绩"还是帮赵构和秦桧弄死岳飞，恰好张俊有构陷岳飞的需求，和秦相爷勾搭成奸，秦就吩咐中丞何铸罗织罪名，何铸不愿意生个孩子没屁眼这种事发生在自己身上，死活不接这活儿，于是秦桧就喊升职心切的万俟卨来干。

万俟卨不辱使命，先是捏造了个岳飞写信给张宪以虚假军情吓唬最高领导人之罪，编完了审视再三发现连他自己都说不服，就又换了个罪名，诬陷岳飞淮西"逗溜"延误军机，结果大家都知道了，岳飞岳云张宪都死了，具体是躲猫猫死喝开水死，还是鸩死和"拉胁"死，史书上说法不一，反正是死了。据说岳飞临死前写了八个字：天日昭昭，天日昭昭。翻译过来就是：这世道还他妈有天理吗？

天是天子的天，时任天子叫赵构，构陷的构。

岳飞刚被非法拘押在看守所的时候，很多文武官员都气得要死，胆大的就去找秦桧，胆不怎么大的就去找万俟卨。不过万俟卨正值螃蟹横行时，有秦桧和赵构罩着，谁也奈何不了他，因此这一幕在宋朝堪称是河蟹和草泥马的战争，赢的当然是万俟这只蟹。大理寺卿薛仁辅和他副手李若朴以及何彦猷等人欲为岳飞做无罪辩护，结果反被万俟卨弹劾贬谪。词人刘洪道听说了岳飞的遭遇，急得搓着手恸哭，万俟卨见了，说让你哭让你哭，哭岳飞也是罪。就真的治了刘的罪。

万俟卨恨上岳飞是有原因的。他在湖北当大宋提刑官时，曾见过岳飞。《宋史》里说，岳飞很不待见万俟卨，至于怎么不待见，你可以想象一下真汉子见到猥琐男的情形，比如嵇康看见钟会的情形。总之这次"邂逅"给岳飞种下了祸根，猥琐男万俟卨深觉自己是个人物，提刑官啊，那可是负责核准死刑的官，权力老大了。你岳鹏举一介武夫怎么这么不识抬举呢，我我我再也不当你粉丝了。

既然秦相爷说过是"上意"，这事就好办了。所以多年以后的岳飞站在行刑队前，将会想起路过上天竺寺的那个下午。那天最不幸的事是他偶发诗性，题了首诗在寺内粉白的影壁墙上。站在岳飞身前奸笑的万俟卨说：相公既不反，记得游天竺日，壁上留题曰："寒门何载富贵乎？"万俟卨的手下们连忙添油加醋：既出此题，岂不是要反也！话说深文周纳对付文人最是好使，这监狱的"狱"字大有学问，左右各一条狗恶狠狠蹲踞，看着中间一个"言"，岳飞虽然是武人，却也有吟诗作赋的雅好，万俟卨之流自然有漏洞可抓，诗无达诂的原则在他们这旮旯是无效的。

有关万俟卨的构陷才华还有一桩可说：处死岳飞之前，万俟卨看到岳飞脊背上的刺字"尽忠报国"，左看右看上看下看，竟看得眼球都哆嗦起来。万俟卨哆嗦的原因假如你不明白的话，可以联想一下即将被拆迁的民宅墙上的领袖像和万岁字样，岳飞背上的四个字就有类似作用。贸然杀之，万俟卨觉得自己不免也有被深文周纳的危险。此时他显示了杰出的化学才能，回家配了一种药，把岳飞深入肌理的刺字一洗了之，这样杀起来就安全多了。不过这段极不靠谱，我不信万俟卨有这本事，此人再贼，也就是个搞暴力拆迁的，只要上面想拆了，你在墙上写什么挂什么都没用。

就这样，赵构和他的手下们拆除了南宋为数不多的钢筋最粗、最不豆腐渣的一座大厦，当然，官方说法是：岳飞是违建。

收拾完岳飞之后，万俟卨下一步的工作计划是帮秦桧收拾张浚，此张浚非彼张俊也，乃汉朝留侯张良后裔，当过宰相的老臣，彼时已寓居长沙，早就不怎么参政议政了。

万俟卨这次构陷采用的手段不一样，但打的旗号相同。比如构陷岳飞是说他诗文里有谋反的苗头，诬告张浚则是说他在长沙正在建的房子"逾制"，要照着皇城正门五凤楼的样子盖，反了反了，这还了得。关于逾制还可以打个比方，譬如皇上的房子若是三室一厅一卫，做臣子的，住的房子就最多只能是两室一厅一卫，面积装修以及配套设施都有标准，超过了就是逾制，就涉嫌谋篡，就有颠覆大宋政权的可能。至于旗号，就是不管整岳飞也好整张浚也好，皆是出于维稳的需要。万俟卨深知，只要一扯上皇权和稳定，这事就大了，当事人就吃不了兜着走了。因此可以想象，张浚家的房子如果真逾了制结果会怎样。

还好一个叫吴秉信的官儿刚刚从长沙出差回来，得知这事后就赶紧跟赵官家汇报，说张浚家的房子我刚参观了，没万俟大人说得那么邪乎，跟一般领导干部的规模没啥两样，一般中产都盖得起。张浚才逃过一劫。

绍兴和议后，万俟卨升了官，除参知政事，还被委派为特使出了趟国，金国。回来后秦桧叫万俟卨谈话，让他写篇千字奏章呈递皇上，内容是金国人怎么夸秦相爷是一朵奇葩。万俟卨觉得自己翅膀硬了，当秦桧鹰犬的日子该结束了，就给拒了。另一回是秦桧让万俟卨签名，把听话的孩儿们都悉数拔擢，万俟卨开始阴阳怪气，说：没听皇上提过这事啊！又把秦桧拒了。秦桧气得要疯，跟这位昔日爪牙再不说话。随后找了个机会把万俟卨罢了官。

秦桧死后，万俟卨因为提前划清了界限，施施然当了宰相。授金紫光禄大夫，活到七十五岁，寿终正寝。谥号是，你可别吐啊，谥号居然是"忠靖"。这种奇异现象就是：修桥补路瞎双眼，杀人放火儿孙多，你到西天问我佛，佛说：你新来的吧。

秦　桧

清·蒲松龄 【聊斋志异·秦桧】青州冯中堂家杀一豕，燖去毛鬣，肉内有字，云："秦桧七世身。"烹而啖之，其肉臭恶，因投诸犬。呜呼！桧之肉，恐犬亦不当食之矣！

　　秦桧，南宋江宁人，就是现在的南京江宁区，也有抢的，说秦桧是安徽黟县人，是真不嫌臭。秦桧字会之，所以很会罗织，这一先进事迹本篇有述。秦桧他爹叫秦敏学，不算敏但好学，考了个功名，但官当得不大，一县之长。搁现在县长的公子也了不得，一准是个九〇后正科，必被组织上当后备人才重点培养，可秦桧那时候没这么优越，所以秦敏学对儿子们的教育抓得挺紧的。

　　据说秦桧幼时奸狡，证据是古人编的段子，说南宋初年的奸相汪伯彦尚未登科时，受秦桧老舅祁门县令王本之托当过秦桧的塾师。某日上完晚自习后，秦桧、秦迪和老师汪伯彦一路回家，黑灯瞎火地走错了路，走在前面的秦桧"扑通"掉进一粪坑。之后秦桧表现出了异于常人的一面：不喊臭亦不挣扎更不出声。接着秦迪也步兄后尘，昆仲同臭。后面的汪伯彦听着不对，就问发生了啥事体？秦桧在稠密的黄白之物中艰难地把手伸向弟弟掐了一把，秦迪遂不敢作声，秦桧悄悄说：粪坑不大，你挪挪，给恩师腾个地儿。然后大声喊：没事啊老师，我们哥俩这儿等您老呢！然后，然后汪老师就入了徒弟彀中，共沐芬芳。

　　《宋史》载汪伯彦曾阻止宗泽抗金，又力主赵构逃跑，虽然学识不错，可也算不上优秀士大夫。所以汪秦师徒自是臭味相投。另一个传说肯定是秦桧家里人编的，要不就是马屁精编的——说当年祁门有个预言家，称"祁山小邑，一书院有二宰相在焉"。就是说汪伯彦的英才小学将出产两个丞相，后来汪秦师徒果然都当了南宋总理。汪伯彦当过集英殿修撰，真才实学是有的，以秦桧的天资，青出于蓝是肯定的了。到后来秦桧的议和政策和乃师汪伯彦差相仿佛，不对，是有过之无不及。

秦桧和蔡京一样都是书法家，都是因为名声太不堪而不大被承认的书法大家。不过也有不少书法界人士认为宋体字就是秦桧发明的，是以赵佶的瘦金书为蓝本改造的变体，之所以后来没叫"秦体"的原因就不用解释了吧。假如真有这回事，秦桧的鬼魂看到八百多年后的报纸上的标宋一定会很自豪的：切，这专利是老子我的。

至于诗词，秦桧留下的我只见过一首半，这在遍地词人的大宋也是个怪现象，即使蔡京也留了好几首呢。合理的解释只能说与人品有关。鉴于此，后世的文人大师们得小心了，别看你现在著作等身，百年后谁知道能留下几个字呢？

"若得水田三百亩，这番不做猴狲王。"这半首诗据说就是秦桧早年在老家教书时写的。当时还没参加高考的秦桧也跟恩师汪伯彦一样，坐馆教书，赚点束脩贴补家用，日子过得也就刚温饱的水平。所以写出来的诗也没啥气象，志向更谈不上远大，觉得哪天能有三百亩水田种点水稻，除了交公粮还能卖点，当个小地主，够吃够花就行，反正是不愿意当这破老师了。

这表明秦桧有过当民办教师的历史。民谚说：家有五斗粮，不当孩子王——这话八成就是由秦民办的诗变来的。如你所知，民办教师这工作太朝不保夕，不在正式编制之内，说不定哪天政策一来就给清退了，这种没天理的事区区一民办教师是徒呼奈何的，只有受着。

孩子王秦桧改变命运的方式和后世无数农家孩子一样，参加高考。大宋的高考制度还算不错，穷富都能参考，高级领导的子孙也得通过考试来博取功名，不像唐朝，当官的百分之八十是门阀子弟。而且考上了还不用掏学费，纯特权阶层。

进了太学之后，秦桧得了个绰号"秦长脚"，这是因为他乐于为豪富之家出身的同学跑腿儿，让干吗干吗，不过背地里使坏的本事他也没丢，所以这"长脚"也不是什么好词。《水浒传》里宋江杀人放火受招安后，跟几个梁山余孽喝酒，越喝越郁闷，施耐庵给他配了首诗，"当时羞杀秦长脚，身在南朝心在金"，贬秦桧之奸而褒宋江之忠。其实宋江以兄弟们的性命换来个芝麻绿豆官的前程，比秦桧也好不到哪去。宋公明不明，看不清形势，最后落了个蓼儿洼；秦会之却很会钻营矫饰之术，比如现在就有人说秦桧和岳飞都是民族英雄，甚至比岳飞的英雄成色还足，其理论基础就发轫于秦桧的名言：中国人但着衣吃饭，徐图中兴。翻译成人话就是：现在还是大宋的初级阶段，先有吃有穿，想强大不是不可以，但是得慢慢来。看上去挺有道理的，先隐忍着，先进行经济体制改革，等国力雄厚了再图王道。

政和五年（1115年），秦桧中进士，正式步入仕途。靖康耻未发生之前，秦桧被上峰委派给张邦昌办事，出差议和，秦桧上表称："是行专为割地，与臣初议矛盾，失臣本心。"辞了三次才批准。秦桧确实比同侪看得远，知道有些靠山是靠不住的山，话说得也漂亮，貌似坚守原则。此后的事实也证明，跟金国的儿皇帝张邦昌划清界限是一个多么正确的举动。

汴京破城后，赵佶爷儿俩"被出国"，留守的大臣唯恐灭族，不敢不听金人吩咐，准备立张邦昌为帝，此时的秦桧说出了一辈子最硬的话："割两河地，恭为臣子，今乃变易前议，人臣安忍畏死不论哉？"貌似死活都要说话，死活都要捍卫赵宋正统。很汪精卫吧，刺杀载沣被捕时的汪兆铭。

不过另一句话却把秦长脚本色露出来了——"桧尽死以辨，非特忠于主也，且明两国之利害尔。"秦桧说了，我这么不怕死不是忠于皇帝老儿那么简单，我是想跟你们谈谈利害。他说的利害是什么东西呢？再看这几句："桧不顾斧钺之诛，言两朝之利害，愿复嗣君位以安四方，非特大宋蒙福，亦大金万世利也"——此时的秦桧已经想到了多年以后，大宋的存在，必长过张邦昌伪楚的存在，后者没有政权合法性啊。而只要让宋苟活着，你大金就有岁币拿就有地来割，最重要的是：我秦桧也就有发迹的平台。

以上秦氏言论很有代表性，在文学上可归属于环状结构，能说圆，能滚动。乍看锋芒毕露似匕首，实则圆转如意如太极。于宋是忠，屈事张邦昌的事他是不肯干的，做伪官不如不做官；于金是媚，完颜氏责怪起来也不怕，我可是说了为大金万世利啊。事后金国把秦桧掳到北国，果然也没让他受什么女真十大酷刑，秦桧还发挥秦长脚的优势为粘罕尽心办差，且在最短的时间内攻克了女真语，沟通不成问题自然获取了信任，最终毫发未损地回到老家。这说明，精研母语和掌握外语对于一个有志成为极品坏人的坏人，是何其重要。

话说秦桧的回归之旅比奥德修斯安全多了，只是在涟水上岸时遇到了点小惊险。南宋水寨统领丁祀的士兵巡逻把他逮住了，见他和王氏两口子穿的都是北人服饰，就要当细作宰了。秦桧赶紧解释：你说我不是男人都行，可我的确是南人，不信你听我这一口南京萝卜腔！军士不听，还是要宰，秦桧忙又说：我是大宋的御史中丞秦桧啊，官老大了，不信你找个秀才问问。恰好有个王秀才一旁看热闹，此人就忙上前施礼，说中丞大人辛苦，您老可回来了！于是军士收了刀，派人送秦桧去了临安。其实那秀才根本不认识秦桧，装认识的原因和孔乙己认识"回"字的四种写法差不多。

做个假设，如果王秀才不经过涟水岸边，宋兵就把秦桧宰了；如果王秀才经过涟水岸边但是不肯装逼，宋兵还是会把秦桧宰了，中国历史就因此而改写。所以说，小人物改变历史是真的，不信你去网上搜一下"丘处机如果不经过牛家村"的著名推理。

照社团的惯例和常理，从敌占区回来的人是要经过严密审查的。

秦桧之南归，他自己的说法是"杀金人监己者"夺舟而归。史书上只有聊聊数语，很不过瘾。假如秦桧的话是真的，这一幕情形应该是跌宕起伏险象环生，付诸笔端就是一部传奇。秦桧是文化人，能手刃虎狼金兵，把老婆仆人奴婢老妈子一个不少地带回祖国，奇男子，绝对的。这种情形我仅在美剧《24小时》里见过，秦大人简直就是中国的鲍小强啊。

这么传奇的事不能不令人起疑，另一处疑点就是与秦桧一起困在金国的宋臣非他一人，还有孙傅、张叔夜等四五位，怎么就他一人全须全尾地回来了呢？不好解释了，但后世的史学达人有给古人翻案之癖，说秦桧不过是与金人虚以委蛇，骗金人放他南归，好谋大业。不过这案翻得叵测，一切历史都是当代史，该砸孔家店的时候孔子就成了孔老二，该歌唱和谐的时候孔子就成了和谐祖师爷，今天之需求决定历史之面目。无奈官方信史记得板上钉钉，"盖桧在金廷首昌和议，故挞懒纵之使归也"。

《鄂王传》里则描述了金国王子兼大将兀术与秦桧的伟大友谊，得知秦桧要回南宋，席间居然有女真贵戚娘们儿唧唧地哭了起来，女真豪杰兀术也忧伤加惋惜地叹息：汝辈安得比秦中丞家。能时不时地到金国皇族兀术家里喝酒聊天，秦桧还能被认作忍辱负重，你当是演谍战剧呢。

可以说几乎不存在什么审查关，虽然朝中多人质疑秦桧的回归，但他中央有人，宰相范宗尹和枢密院的李回跟秦桧关系都不错，联名举荐，跟赵构说此人是经天纬地之才，想要中兴就得靠他了。袁腾飞老师对赵构评价不低，据他研究该皇帝绝不是昏庸之君，秦桧有关南归的叙述漏洞百出，赵构不是看不出来。真正让赵构接纳秦桧的，是后者在金国侍奉的第二任主子，金国的皇子，权臣挞懒，《说岳全传》里的名字叫完颜昌。完颜昌"有谋而怯战"，后来主政期间想把陕西、河南还宋，目的是诱使前者称臣。

这么看来，完颜昌的对宋方针从他纵秦桧南归就定了，一直没变过。更重要的是，他的想法和赵构基本对榫。因此秦桧把完颜昌的议和书信一呈上，赵构就美了，范丞相举荐秦桧给皇上当经筵讲师，高宗嫌官小，直接给他弄去了礼部。赵构夸秦桧忠朴过人，还说得一佳士，兴奋得都失眠了。"忠朴"两字颇有喜感，假如不是赵构，这两个字若是非要跟秦桧发生关系，得下多大功夫啊。

有关秦桧怎么构陷岳飞就不啰嗦了，卖菜的大爷都能给你讲上几段。剔除《说岳全传》演义的成分，有一个细节不好忽略掉。秦桧、万俟卨等人"莫须有"了岳飞之后，上报宋高宗。本来岳飞义子岳云的判决是流徙，赵构审阅后给改成了腰斩。这个细节可以让某些善良人醒醒，比如看见黑砖窑孩子，就说开砖窑的坏；看见结石宝宝，就单只说造奶粉的坏；看见毒疫苗宝宝，就单只说造疫苗的坏——长这种脑袋的人太适合被奴役了。

胡铨是南宋的一枚硬物，对领袖这种东西看得比今人还清楚些。他的《戊午上高宗封事》（作者注：民间都称之为《斩桧书》）就相当不客气地把赵构也骂了。看这句，"堂堂大国，相率而拜犬豕，曾童孺之所羞，而陛下忍为之耶？"——给金人磕头作揖的，即使小屁孩都觉得丢人，你当皇帝的怎么能这么不要脸呢？够狠吧，所以该表一上，不光秦桧，连赵构都被戳中了痛处，秦桧要治胡铨的罪，赵构当然就大力支持了。"狂妄凶悖、鼓众劫持"，这是秦桧给胡铨安的罪名，其中说到点子上的是"鼓众"两字，这样一针见血的文章，举凡有点头脑的看了都能明白真相，政权合法性就没了，身为独裁者的赵构当然很怕。不过苦于祖宗赵匡胤不杀士大夫和上书言事人的祖训，也不敢弄死胡铨，只得开除软禁了事。

然而胡铨这篇文章影响力太大了，到底还是传了出去。连金国当局都听说了，花千金从黑市买回黄龙府拜读，读完就傻了，感叹：南朝还真是有人才呀！

胡铨被软禁在新州还不老实，照样写诗。秦桧最怕文人乱写，就培植了一些文字审查员，发现并上报一条就给五钱银子，所以文人们管这些人叫"五钱党"，相当于传说中的"五毛"。话说有个五钱党得到了胡铨的新诗，就密报秦桧，秦桧一看就抓狂了，两前肢踞地，仰着脖子望月长嚎——"欲驾巾车归去，有豺狼当辙"，豺狼当辙，这不是说我吗？于是秦太师震怒，这回把胡铨干脆发到了海南岛。

有个叫汪藻的也被秦桧文字狱了一道，不过此人人品太差，他被罗织完全是拍马不慎导致。这个汪藻有点缺心眼，举国都骂张邦昌的时候，他给张写了封《雪罪表》，差点被溺毙在南宋人民的唾液里。他开罪秦桧，是因为秦桧的儿子秦熺高考考了个第三，汪藻赶紧写了贺表，其中两句是"一举而首儒科，盖东阁郎君之未有"。秦桧一看就火大，心想我儿子那两把刷子我还不知道吗？你他妈这纯粹是话里有话呀！随后就把汪藻发到湖南去了。这说明拍马屁是个技术活，不是说你够贱就可以拍得好，至少要够春晚导演的水平。

聊聊秦桧媳妇王氏。按说王氏也是大家闺秀，神宗朝宰相王珪是她亲爷爷。王珪的大女儿嫁给了文人李格非，就是李清照的老爸，李大才女和王氏还是表姐妹的关系。李清照名冠古今，王氏却连个完整的名字也没留下，弄得跟王婆一个待遇。原因当然跟她家先生有关，一小部分人说她是遇人不淑，绝大多数人说她比秦桧还坏。两种说法都不客观，也没法客观。考证一个在历史上只留下姓氏的女人，不是太难，根本就是无可能。

持王氏遇人不淑观点的，证据是，开禧二年（1206年），宋宁宗追夺秦桧王爵，籍没家产，没提到把王氏怎么样，按说王氏也是有国夫人封号的，如褫夺，史应有载。这很好解释，史应有载的多了，比王氏更有资格入史的帝王姬姜假如都写上几笔，记得过来吗？另外别忘了男尊女卑，历代史官也是秉承这四个字的。说句废话，我觉得王氏可能没那么坏，但也好不到哪去。清笔记《椒生随笔》里有个很有恶搞精神的段子，很值得玩味，说是河南汤阴岳武穆庙里也跪着四尊铁像，有一天人们发现秦桧两口子身上各贴了一个纸条。秦桧身上贴的一句话是，"咳！我纵丧心，有贤妻必不若此。"王氏身上是："啐！妾虽长舌，无鄙夫何至于斯。"弄得跟两口子吵架似的，很搞。活脱脱一副工对，再加个横批就浑然天成了，我力有不逮只能瞎来，比如"彼此彼此、老鸨与猪、你侬我侬"什么的，将就使吧。

佛教传说里说王氏前世是女土蝠，二十八星宿之一。某日如来讲经，女土蝠憋不住放了个屁，大鹏金翅鸟不幸闻之，对这种污染课堂空气的行为极为愤慨，有辱斯文又增加了碳排放，就给生生啄死了。后来女土蝠转世为王氏，金翅鸟投胎成了岳飞。秦桧的前世是一条虬龙，因为老玩水引发水灾殃民，也被大鹏金翅鸟收拾了，所以这三人上辈子就有仇。顺便提一下，秦桧的跟班万俟卨是团鱼精转世，团鱼就是鳖，所以万俟卨就是中华鳖精，据说在上世纪九十年代曾为马家军夺金牌做出过贡献。

《说岳全传》里的因果更好玩，关于宋金之争完全归咎于宋徽宗赵佶的笔误。某年元旦赵佶祭玉皇，结果这位大书法家把祭表上的玉皇大帝写成了"王皇犬帝"。玉皇看了气得要挂，破口大骂："王皇可恕，犬帝难饶"，派了条红胡子龙转世成了金兀术，专门去祸害大宋以示惩戒。佛祖听说了这事急得要做狮子吼，赶忙派大鹏金翅鸟投胎河南汤阴岳家庄，以岳飞拮抗金兀术。这个传说可以拿来给搞文字工作的人比如编辑、记者、校对、排版员提个醒：把领导人名字弄错的后果，相当严重。

明宪宗朝，江宁抓了一个盗墓贼，盗的就是秦桧墓。据说"货贝巨万计"，墓里的珍宝富可敌国。这事应该靠谱，《续金陵琐记》里有相关记载。因为挖的是秦桧墓，盗墓贼还被从轻发落，原因无他："恶桧也。"

秦桧的身后名不用多说了，西湖边上的四尊铁像已经说明了一切。前几年去岳王庙，已经不允许冲铁像吐痰了，那四坨跪着的生铁已具文物价值。也有硬要吐的，罚款50RMB，据说有主动交罚款的，据导游讲某次一土大款拿出钱硬塞到她手里，豪气干云地说，"大妹子钱你先拿着，让我吐五百块钱的"，证明商人不惜钱，以及他的唾液和他本人都相当正义。

清朝笔记小说有一段关于这四尊铁像的故事，乾隆年间，游人到此都不闲着，吐痰那算是轻的，厉害的直接拿板砖砸拿锄头刨，还有拿铁像当马桶的，秦桧王氏四人的惨状可想而知。于是在物理和化学的双重作用之下，秦桧四人没多久就生锈了就缺胳膊断腿了。钱塘县令报告当时的中丞熊学鹏，请他给拨款铸几个新的，继续供人泄愤。熊中丞比较理性，认为岳武穆哀荣尽享，已然是浩气长存了，不需要再靠那四个铁家伙来烘托其伟大，至于铁家伙，仅仅是让人抒愤之用，干脆任它们锈蚀就完了，等成了铁球再重铸不迟，又不是什么要紧的政务。结果晚上就做了个梦，梦里秦桧两口子对他千恩万谢的，说幸亏大人您否决了，否则要是又铸了新的，我们还不知道要受忍辱含垢多少个世纪呢！熊中丞猛然惊醒，出了身冷汗，心想我成了你们二位的恩人那我成什么人了，他奶奶的，立马就铸！于是马上传钱塘令拨款重铸，越快越好，雕塑材质选的是精铁，千年万年都锈蚀不了的那种。

蒲留仙的《聊斋志异》里有个冯中堂，他家杀猪，屠夫给猪褪毛后发现猪皮上有五个字：秦桧七世身。《姑妄言》则白纸黑字写着秦桧在明末转世成了马士英，该是那头猪的曾祖。这么看来秦桧的转世工程一直没停，至于现在转成了什么东西就不知道了。

如上传说，也如那位熊中丞所言，出于民间抒愤的需要，再有就是对后世为官者的警醒。可是效果并不怎么样，此后文人还是不缺无行的，官吏还是频出贪墨的，可见冲铁像吐痰撒尿和让秦桧转世为猪并不能解决问题。

王珪

宋·王珪 【依韵和元参政喜雨四首 其四】 君心常与下民忧，嘉应为霖讵一州。梦绕金人云气满，笑回玉女电光流。已成沃野千箱望，岂事灵坛屡舞求。边粟定储三百万，皋兰何必豫防秋。

王珪，字禹玉，北宋成都华阳人，后来跟他叔叔王罕迁到了安徽。王珪幼年失怙，全靠他叔叔王罕抚养成人。后来王珪官越当越大超过了王罕，王罕怕侄子膨胀，每次写信都嘱咐"以盛满为戒"。事后证明王珪很听话，谨慎得都有点过了，以至于得了个"三旨宰相"的诨名。

王珪又是个早慧儿，某日堂哥王琪看了他写的赋大为惊叹，说"骐骥方生，已有千里之志，但兰筋未就耳"，夸这兄弟有千里马的潜质。"兰筋"指的是马眼上的筋，这条筋长得好马就跑得快，《相马经》里是这么说的。二十出头王珪居然考中了榜眼，外派扬州通判。当时扬州百姓和小吏都觉得王珪太年轻，不拿他当领导看待。有个校官跟王通判臭牛逼，结果被收拾得挺惨，余众都老实了。又过了些年，王珪上调做了京官，大学士，相当于秘书长，帮赵官家起草诏书。

嘉祐末年，朝廷都风传仁宗要立太子，中书省官员就让王珪起草诏书，王珪不肯，说这么大的事，我得跟皇上脸对脸聊下，领了圣旨再写。事实证明王珪的谨慎很有必要，历朝历代，在立储这种事上死人不少，王珪当然不想站错队。仁宗下旨之后，王珪才回去拟诏，他师父欧阳修听说了直竖大拇哥，说：真学士也。这么谨小慎微不越雷池的臣子，宋仁宗自然喜欢，每次皇宫派对之后，都赏王珪一堆笔墨纸砚，御用的。英宗继位后，有人拿王珪当年写诏书的事添油加醋，说他原本并不支持英宗上位，人言无锋，却可杀人——形势对王珪很不利。但不久，宋英宗就当着众人的面赏赐给王珪一个盘龙金盆，意思就是朕不怀疑你，你是朕的好盆友。尔等也就别再说三道四了。王珪感激涕零，说皇上您要不是圣主，我不死也得扒层皮啊。越想越后怕。

当了宰相的王珪，属下有什么事需要他找皇上批示，他去之前就说待我去"取圣旨"，皇上批准后高呼"领圣旨"，回来跟下属布置任务前必说"已得圣旨"，是个程序正确的典范，一般人还真抓不住王珪的把柄。

王安石得势时，王珪跟介甫公关系不错，小王拍老王马屁的功夫一流。某日两人同上朝，王珪看见有只肥胖虱子从王安石的衣领里蠕出来，顺着胡子攀援而上，皇上也瞧见了，抿嘴偷着乐。退朝后王珪指着已经登陆王安石嘴角的虱子给后者看，王安石赶忙让随从捉虱。王珪说不忙，王安石不解，王珪说："未可轻去，辄献一言以颂虱。"老王很好奇，就等着王珪赋诗后再捉虱，王珪吟道："屡游相须，曾经御览"——王安石当时就笑喷了，那只被皇上龙眼检阅过的虱却被吹出去老远，另找栖息之所去了。

钱锺书的《谈艺录》里提到过王珪，说他的诗词是"至宝丹体"。所谓至宝丹，本是医药名词，功用是清痰开窍、解毒醒脑。成分是龙脑麝香金箔银箔牛黄玳瑁之类，这几种原料都挺贵的。后人说"王禹玉诗黄金必以白玉为对，多使珍宝"，每首诗都金碧辉煌的，搞得极其奢侈，珍珠翡翠白玉汤似的，故有至宝丹体之说。

王珪总共服侍过北宋四个皇帝，一辈子光干起草诏书国策的事，想不豪华也难。"人言居富贵之中者，则能道富贵语，亦犹居贫贱者工于说饥寒也"——有兴趣的可以找全宋诗来读读。另有一好处是：读王诗大抵相当于读郭敬明的感觉，前者是满纸黄白之物，后者是满纸的LV，"城乡接合部"的杀马特朋友读了很是励志。

　　总的来说，王珪的名声还不算太坏，至少好过他两个儿子王仲山、王仲嶷。建炎三年（1129年），这两兄弟一个在临川一个在宜春先后献城降拜，连金兵都觉得这胜利来得不可思议。王仲山有个女儿就是后来的王氏，当时她还不是生铁的，是肉做的，嫁给了秦桧。这桩婚姻是王家一笔最划算的投资。秦桧专权后，把王仲山、王仲嶷兄弟档案里不光彩的部分都抹去了，王仲嶷这个投降派居然继续做官，致仕后还有退休金拿，当然是托了侄女婿秦桧之福。

　　王仲嶷的另一"历史功绩"是当越州地方官时，把东汉会稽太守马臻的心血——鉴湖，由一个可"溉田九千余顷"的水利工程生生改造成了农田，鉴湖调蓄能力尽失，最终导致大旱，鱼米之乡也不复存焉。陆游曾激烈反对过鉴湖围垦工程，结果如你所知，澜沧江大坝是怎么建成的，鉴湖就是怎么消失的。陆游这种文人的痛苦就是：总有一帮御用科学家论证资源的可开发性，环保理念永远战胜不了对眼前利益的贪欲。

　　王仲山有个儿子叫王昹的，是秦桧老婆王氏的兄弟，一直依附他姐夫。据说秦熺就是王昹的私生子，后来过继给秦桧。另有一个叫王会，是王昹的弟弟，官做得仅次于其兄。秦桧死，秦熺被宋高宗强迫致仕后，竟然对赵构提出一个非常二的请求，让王会和建康（南京）的知州对调一下，好让王会帮着办秦桧丧事。御史汤鹏举立刻上书，说秦熺要王会调任有图谋不轨之心，赵构不傻，心想别说你爸是秦桧，你爸是李刚也不行！本来正发愁没理由收拾秦党余孽呢，既然往枪口上撞何必不成全呢，于是不仅不准，还顺便把王会罢黜了。从此秦王两家就彻底不举了。

黄潜善

清·毕沅【续资治通鉴】 时军民怨黄潜善刻骨，司农卿黄锷至江上，军士呼曰："黄相公在此。"数之曰："误国害民，皆汝之罪。"锷方辨其非，而首已断矣。

黄潜善，字茂和，北宋福建邵武人。十八岁擢进士第，宣和初年当了左司郎中。黄潜善履新不久，陕西、山西两省就闹地震，徽宗赵佶派他出差去考察灾情。黄潜善回来后把震级、烈度都往小里说，倒塌民房和死难人数报了还不到三分之一。

赵佶拿到数据后说，这也叫地震？这不就是土地爷挠了挠痒痒嘛。就拔擢黄潜善为户部侍郎，给皇上省了赈灾拨款还不升官?！黄潜善匿报灾情的原因史书上没记，不过也不难猜，人祸成分太大，地方官怕查出来降职背处分，少不了要给钦差大人好处。至于灾后重建工作就好办了，号召灾民自救，告诉他们多难兴邦，新房子，会有的。

靖康元年（1126年）金兵兵临城下，各地守军大都出兵抗金，黄潜善当时知河间府，保持观望按兵不动。康王骑着"草泥马"渡江逃跑，可能是这种马太颠了，搞得失去了生育能力。这说明泥马救命可以，但也有让皇族断子绝孙的副作用。但赵构那时候最缺的就是能护驾的，听说黄潜善的队伍保存得最完好，就急调他带兵驰援，并委任副元帅之职。此举说明黄潜善不轻易浪费资源，很明白好钢用在刀刃上的道理。

李纲显然不如黄潜善聪明，刚刚被新皇上提拔为左相就上书要收复失地，迎回二圣。后边这四个字是赵构最不愿听的，收复失地赵构所欲也，迎回徽钦二帝非赵构所欲也。可李纲态度那么坚决，又有人望，说不定两件事就都能办成。赵构显然不想二者得兼，因此自然倾向于主和的黄潜善和汪伯彦。黄汪秉承赵构的密旨，把李纲的奏折留中不发，创纪录的是宗泽的《乞回銮疏》，整整被驳回了二十四次。

如此恶劣的政治气候之下，李纲的左相仅仅当了七十来天。这直接导致了一场学运，太学领袖陈东上书要求给李纲官复原职，还历数黄潜善、汪伯彦的若干罪状，请求宋高宗将二人撤职查办。黄汪二人怕了，这叫陈东的很不好惹，靖康年间就带着几百学生伏阙上书请诛以蔡京、童贯为首的六贼，居然事成，可说是很有号召力。坊间亦有说法，把太学称为"带发头陀寺，无官御史台"，头陀寺是说学生们清贫苦修，生活乏味，后一句不用解释了，足以证明太学生们参政议政的话语权及影响力。

于此同时，布衣欧阳澈也上书，这位更狠，以屁民身份指摘朝政，连最高领袖都没省着，批评赵构不思进取沉湎女色。借此机会，黄潜善和汪伯彦一合计，就把欧阳澈的话也栽到陈东身上，两人一块杀了。

多年以后，赵构对批准杀害陈东、欧阳澈这事后悔得不行，至少是让人看着貌似后悔得不行，既违背了太祖"不杀上书言事人"的圣训，又担了个镇压学运的千古骂名，于是就给两人平了反，又封官又送田产，倒也没敢公然抹去这段历史。清朝有笔记记载，明朝嘉靖年间的丹阳还有宋朝学生领袖陈东的祠，门前跪着两个铁像，一个是黄潜善，另一个是汪伯彦。比岳飞墓前那四位早了好多年，秦桧集团是清嘉庆时才跪下的。

还有一个人的死也不得不记在黄潜善头上——建炎三年（1129年），金兵攻陷扬州然后屠城，赵构刺溜刺溜就跑了，司农卿黄锷跑到江边，刚要过江就被军民逮住，有人大喊，这孙子就是误国误民的黄潜善！黄锷还没来得及张嘴辩解就成了肉块。唉，不明真相的暴民。

张邦昌

宋·丁特起 **【孤臣泣血录】** 初七日辰时，张邦昌即皇帝位。是日，金人使使命五十余人，乘骑数百从之持册文，邦昌自尚书省恸哭上马，至阙庭又恸哭，及幕次更帝服，少顷，北面再拜谢恩，金使跪进册命国玺，再拜谢。

张邦昌，多难兴邦的邦，繁荣昌盛的昌，挺吉利的名字。字子能，翻译成白话就是"你能"。金人灭了北宋掳走徽钦二帝后施行汉人治汉的政策，需要找个冤大头当傀儡皇帝，徽宗朝当过太学官的宋齐愈也不说话，提笔写了仨字：张邦昌。于是所有人都不能更配合了，纷纷说：你能你能你能。

锁定张邦昌后，汴京城的最新流行语诞生：如果你爱一个人，就选他当皇上；如果你恨一个人，就选他当皇上。

徽宗赵佶执政期间，张邦昌官至礼部侍郎，最大的贡献是组织各地献来的祥瑞PK，然后把最神奇的祥瑞画下来印在旗上或者弄成雕塑供着，此举很讨文青兼艺术家皇帝赵佶喜欢。钦宗上台后，张邦昌因为力主议和，就有大臣跟钦宗说，他不是力挺议和嘛，干脆就让他当割地使吧。结果张邦昌陪着康王赵构被扔到金国当人质。这说明张邦昌后来被宋齐愈下套不是偶然事件，表演太逼真了不是什么好事。

张邦昌被黑之后气得要死，这对一个矢志当影帝的人来说是个致命打击。他赶紧上书，求皇上亲手写个保证书，别改割地协议，没批准；又上一道书，求皇上把加盖玉玺具有法律效力的书信送达河北，要不谈判没法谈，结果还是没批准。这时粘罕派兵来侵，有大臣告张邦昌跟金人私通款曲，遭罢黜。这之后的事都知道了，宋齐愈、王时雍、范琼等人联手把张邦昌推上了伪楚王位，中国历史上坐着最不舒服的龙椅。没有之一。

上位之前，外统制官宣赞、舍人吴革不愿意了，异姓称王哪行啊，得弄死老张。吴革召集几百号人，先把自己的老婆孩子宰了，以表示不走回头路。楚霸王那样的狠角色也不过是凿个船砸个锅，这位却拿妻儿不当人，所以你想这种没人性的能成事吗？果然被范琼带人尽数杀了。

再说张邦昌被锁定之后，寻死觅活不肯登基。他知道入戏太深掉脑袋还算小事，留个千古骂名就惨了。然而反对无效，金人的应对办法简单粗暴，你不当是吧，你想死国是吧，行，你死你的，我先宰了你们这些大宋余孽，再屠个城，如何。唉，哪有木偶不听摆布的道理，你当自己是匹诺曹吗？

完颜氏狠话一撂，张邦昌不得不从，全城的百姓也不用死了。无论如何，他关键时刻的抉择够得上万家生佛。给一个人扣汉奸帽子很容易，可你见过救了几万条人命的汉奸吗？

《宋史》记载张邦昌登基的那日天昏地暗飞沙走石，跟猪八戒空袭高老庄似的。众大臣的脸色也极力配合天色，如丧考妣惨不忍睹。只有王时雍、范琼几个少数派掩饰不住内心的喜悦，满脸的开国元勋出席开国大典时的志得意满。

至于履新的大楚皇帝张邦昌，面色如土灰，不似登基倒像服丧，穿上龙袍之前难以遏制地大哭两次。这种样子，就是一切被命运摆布的人应有的样子。

在那把钉板龙椅上坐定后，张邦昌就进入了影帝的暮年，当时的人和后世的人都说不清楚他是在演戏还是本色演出。比如：他从来不肯称"朕"而是自称"予"；下诏不叫下诏，叫"手书"；还比如不穿黄色的龙袍穿赭红袍，以此传达给其他人自己并没有发动"颜色革命"的意思。此外，张邦昌还把大内的房屋贴上封条，每个封条上都写上"臣张邦昌谨封"，以此表示没有把赵官家的不动产"共产"了的想法。"开国元勋"王时雍总是有事没事地叫他陛下，被张邦昌臭骂了好几回。

综上所述，张邦昌这个皇上当得痛苦不堪，甚至还不如当今一个乡长舒服。接下来发生的事让他愈发地不舒服，碰上学运了。因为旧臣死的死逃的逃，还有的不肯屈事伪楚，造成朝廷公务员严重不足。张邦昌就让教育部的大臣找来太学生参加考试，结果学生们面对试卷诡异地笑，没人动笔。张邦昌不忍动用杀伤性武器针对学生，就让他们交了白卷回宿舍了。再后来就有学生绝食的，张邦昌听说了也派官员去抚恤劝慰。到了春天，太学里得病的学子十之八九。有人梦到一个金甲神坐在学校门口，指挥一群人扛着铁锹去往东南方向，做梦者在梦里问神仙：这些人扛着铁锹干吗去啊？神仙答：葬太学之士。又问：死了多少？神仙答：一半。后来果然有近一半的学子病死。在这件事上，张邦昌很人性，不仅没镇压，还送钱送药送御医给学生诊治，学生死也不是他下令弄死的，算是个温和的统治者。

当上大楚皇帝的第三十三天，张邦昌请元祐皇后垂帘，自己退居二线。此后回到已是宋高宗的赵构身边，张邦昌请死没准，可见赵构多少也是理解他的。后来张邦昌的死除了李纲逼着赵构杀他之外，主因是一桩绯闻。这么说吧，张邦昌死于那不堪回首的三十三天里唯一的一点慰藉。皇宫里有个李氏，不知道是赵佶还是赵恒的妃子，可能是瞧着张邦昌凄苦，就天天给他送御花园出产的无公害水果吃。某天张邦昌喝闷酒喝大了，李氏就搂着他呢喃，告诉他妾身我知道您是多么的满腹委屈，张邦昌一听就泪奔了，啥都不说了，引为红颜知己。之后李氏还把养女，一个姓陈的小洛丽塔送到张邦昌身畔。这大概是张邦昌三十三天皇帝生涯中最旖旎的人生碎片。

张邦昌被赐死的地方是潭州（作者注：今长沙）的天宁寺，上吊的楼叫平楚楼。楚皇帝死在平楚楼，呜呼，这叫死得其所。

李邦彦

明·冯梦龙 【智囊】李太宰邦彦父曾为银工。或以为诮，邦彦羞之，归告其母。母曰："宰相家出银工，乃可羞耳。银工家出宰相，此美事，何羞焉？"

李邦彦，字士美，北宋怀州人。李邦彦他爸叫李浦，擅打造银器，开了个作坊，因为手艺好买卖红火，算是当时的乡镇企业家。宋代商贾地位不算低，比如在《水浒传》和《金瓶梅》里，大药材商西门庆的人脉都非同一般，通吃黑白两道。不过没功名还是上不得台面，否则西门庆就被尊称"西门子"了。

开银铺的老李也有这个遗憾，自己这辈子是没指望混成文化人了，就把希望寄托在儿子小李身上。李浦认为再穷不能穷教育，仗着家境殷实很早就给李邦彦请了塾师，《宋史》里说小李"为文敏而工"，说明李浦在儿子身上的投资不算亏。顺便说一下，李邦彦是小帅哥一枚，"俊爽，美风姿"，长得漂亮又年少多金。

在市井长大的李邦彦口才非同一般，年纪轻轻斗嘴骂街讲黄段子整个怀州罕有其匹。不过他真正玩出境界的领域，第一是蹴鞠，据说脚法细腻花样繁多，堪称大宋的梅西。有人考证高俅的原型其实就是李邦彦，说真正的大宋国家队队长姓李而不姓高。《挥麈后录》中有写，高俅当时是驸马王诜的跟班儿，因为被派去端王府送篦子，偶尔露了几手球技被赵佶看中。另有一说送篦子的是李邦彦，某年他路过山东武城，当地出产的篦子有名，就买了几把，他和家里人用了都说拿这个梳头能有效抑制头皮屑，就上书皇上将此地的篦子列为贡品。从这两件事的高度重叠来看，再加上正史里高俅的记载甚少，即便不是高俅的原型，后者身上也少不了李邦彦的痕迹。

李邦彦的第二项才华是写荤段子，因为在市井坊间长大，收集俚语笑话很方便，他就把这些鲜活的语言入词，不管是唱还是诵都朗朗上口，所以"人争传之"。这说明，少年李邦彦很早就尝试进行白话文改革，基层文化普及工作干得还不错。所以但凡他写了新段子，就有老鸨和大茶壶来排队买版权，怀州李师师们唱给客人们听了，门槛挤爆，所以一时怀州纸贵。可说是在这地方凡有井水处必歌李词。

过了青春期后，李邦彦开始思考人生。当时经常有河东举子进京赶考，路过怀州时就被李邦彦拉去吃酒，吃饱喝足了还免费提供宿处。李邦彦的银匠老爸不仅不埋怨儿子败家，还干脆提前打烊陪着举人老爷们吃喝玩乐，后者出发之前还附送路费川资。时间一长，举子们都知道怀州李家人傻钱多，不吃白不吃不拿白不拿，宁可绕路都到怀州逗留几日。话说举子们到了京城少不了帮他们做点宣传工作，说李氏父子有孟尝遗风。事后证明，李氏父子这笔广告投入，超值。

投资在赶考的举子身上，这不是一般人能想到的，李邦彦一定熟知吕不韦的成功学。每个举人都可能是潜力股，比如一百个举人受过李家的恩惠，但凡有一个高中做官，李邦彦父子就等于有了后台，小李爬往仕途的梯子就算是搭成了。

不久，李邦彦果然被荐入太学，成了宋朝大学生。大观二年（1108年），以上舍高材生的身份登科，授秘书省校书郎、试符宝郎。前者的具体工作就是校对，给皇家典籍改错别字、过滤敏感词。符宝郎更关键，负责掌管宝玺，虽说职阶不算高，但干这活每天都要跟宰辅级别的高官照面，升迁的机会大，官们也会给他几分面子。就好比如今机关办公室管公章的，你敢轻易得罪吗？

以李邦彦的聪明和少年时练就的好口条，高官们非常受用，都夸小李能干，可以列入组织重点培养对象。《宋史》中说李邦彦"善事中人"，所以太监和皇上的近臣们"争荐誉之"，很快就被举荐为中书舍人，向最高权力中枢渐渐趋近。至此，银匠李师傅的投资成本不但收回，收益还翻了番。宣和五年（1123年），李邦彦登上左丞之位，银匠家出了个大宋国家总理，这还了得，所以当年李浦就很满足很满足地死了，没什么可等的了，毕竟儿子不能顶了赵官家自己当皇上。

当了宰相之后，李邦彦颇以自己的老爸是个小手工业者为耻，恨不得改个出身。史上姓李的倒不缺名人，因此准备换个祖宗。李邦彦的老妈知道了把宰相儿子臭骂一顿，老太太说："宰相家生银匠乃可耻耳，银工家出宰相，此美事，何羞焉？"李邦彦一想老妈说得在理，才绝了换祖宗的心。放在当下看，李老太太的理论也是政治正确，部长和总理的儿子们出个开手工作坊的，这种事绝无可能，当个封疆大吏才是正常。至于高官们的老爹是土匪流氓还是贩夫走卒，无损令名。

宋徽宗赵佶也很喜欢李邦彦。某次赵佶在皇宫里办堂会，李邦彦亲自下场和优伶一起演出，玩到high处李邦彦说：皇上看我给您show一个——说完就脱了袍子无上装表演，露出一身燕青似的花绣展示，还时不时地讲个黄段子，把同僚们逗得七仰八歪。赵佶觉得有失体统，就提了哨棒追李邦彦，要他穿上衣服。李邦彦身手不错，凌波微步了几下就蹿到树上，捏着嗓子学粉头跟皇上贫嘴："黄雀偷眼觑，不敢下枝来。"这一幕君臣和谐的景象恰好被皇后目睹，皇后咬着一口银牙低声斥骂：宰相都这德性了，这鸟国不亡才怪！

这段典故出自《大宋宣和遗事》，"宰相如此，国焉得不亡"这句话应该是显肃皇后郑氏说的，郑氏是太师郑绅的女儿，后来死于金五国城，现在的黑龙江依兰。

徐梦莘的《三朝北盟会编》里记载，李邦彦的口头禅是"赏尽天下花，蹋尽天下球，做尽天下官"。徐梦莘是南宋赵构执政早期的进士，他记下来的东西基本靠谱，应该没有妖魔化"浪子宰相"李邦彦。

从前两句来看，李邦彦是个大玩家。赏尽天下花说明他酷爱旅游，热爱大自然，不过花的意思你知道，远没那么单一，比如打高尔夫的老虎伍兹也算是赏尽天下花，就不展开说了。踢尽天下球说明李邦彦喜欢蹴鞠运动，假如改一个字可以送给中国男足，"踢进天下球"，非常励志，当然更励志的是残酷的现实，老一代男足，加上仨足协副主席都进局子了，你们还不好好踢。

跑题了，回到宋朝，做尽天下官这条心愿李邦彦也达成了，身为宰辅手握重权一人之下万人之上，如果不提身后名的话，此人的人生也太成功了点。

李邦彦一生中最大的两个敌人，一个是王黼，另一个是李纲。他先是联合梁师成和蔡京的儿子蔡攸，一块进谗罢了王黼的官，后来又用相似手段让赵桓把主战的李纲和种师道免职。李纲在《靖康传信录》里记了一笔，这篇笔记里的自序里有一句话很提气：……虽使寇退，亦岂易支吾哉，故余于此录其实而无隐，庶几后之览者有感于斯文——通俗地说，史籍的作用就在于让后人读到的时候清醒一点、脸红一下，否则历史就毫无意义可言。前几天读到张鸣老师的遗憾，他说现代人多不读史，至于善于遗忘更是中国人的共性了。看来李纲盼的"后之览者"实在不多。种师道就是《水浒传》里鲁提辖提到的小种经略相公，北宋名将，比较能打。李邦彦挤对这两人，是经过赵桓默许的，赵桓与其父一样，都想一门心思构建和谐社会，能不打就不打。

李纲和种师道的被辞职，激怒了太学生陈东，于是一场学生运动爆发。陈东带领太学生伏阙上书，把登闻鼓都敲了个洞。去上班的李邦彦被太学生们发现，揪住就揍，李宰相幸亏是足球运动员出身，以当年踢前锋的速度甩掉了愤怒的学生，保得性命。钦宗有太祖祖训压着，不敢派兵弹压，只得下旨让李纲和种师道复职，对李邦彦也不得不降职处置。然而十天之后，李邦彦又被起用任命为太宰，开封百姓大为不满，巷议纷纷，为了避免发生群体性事件，宋钦宗无奈之下只得罢免了李邦彦，左迁邓州。

　　建炎初年，李邦彦被贬到广西，没几年就死了。如今桂林龙隐岩还有他的题字，落款是"河内李士美"，如果越南没叫这名的，基本可以肯定就是他写的。我不懂书法，看不出写的有什么好，感觉跟爱到处题字的领导干部们水平差不多。

　　此外李邦彦还在《金瓶梅》里出现过，小说第十八回，西门大官人犯事被通缉，就给李邦彦送了五百两银子，后者收钱好办事，便把海捕文书上西门庆的名字改成了"贾廉"——这名有点意思，廉洁这事确实没什么真的。另有人考据，说这个贾廉影射的就是大明朝一代权相徐阶，就是后来被海瑞告发乱占耕地的那位。

汤思退

宋·汤思退 【西江月·被谪怀感】 四十九年如梦，八千里路为家。思量骨肉在天涯，暗觉盈盈泪洒。玉殿两朝拜相，金旨七度宣麻。番思世事总如华，枉做一场活靶。

汤思退，字进之，南宋浙江青田人。这地方雨水丰沛土地肥沃，弄个小书僮埋在土里，无需浇水施肥，第二年就能长出个宰相来。单是大宋一朝，青田就出了仨宰相，富弼、朱胜非和汤思退。到明朝又出产了一位刘伯温，大国师，被朱元璋誉为"张良式"的好干部。

小汤同学幼年在南明寺的僧房里读书，闲暇时与僧人们打打机锋谈谈禅，和尚们都说不过他。诗文也清丽，所以在家乡一带小有文名。绍兴十五年（1145年），汤思退考博学宏词科，一试即中，开始其仕宦生涯。那时他还年轻，天下还是秦桧的天下，汤思退不傻，秦相爷的门肯定是要"进之"的。不过那秦相爷府，"进之"容易"思退"难，因此终其一生汤思退都被视为秦党，即便他不承认也洗不清了。

《宋史》载秦桧就快挂掉之际，把副丞相董德元和汤思退叫到身边托付身后事。此举部分表明，秦桧是把汤思退看作自己人的。董德元不必说，秦桧的副手，以五十三岁高龄会试高中，当时写的文章核心内容就是建议朝廷构建和谐社会，与金议和。秦桧和赵构看了都满意。病卧床榻的秦桧嘱咐汤董二人一定要将自己的政策贯彻到底，还拿出两千两黄金分赠二人。董德元"虑其以我为自外，不敢辞"，汤思退"虑其以我期其死，不敢受"——面对一大坨黄金，两人态度各异，很值得玩味。董觉得不要金子的话，秦桧肯定想"闹半天你不是我的人"，假如不死，少不了有小鞋穿。汤思退的顾虑是，你说我要是收了他的金子，秦桧说不定会认为我盼他早死呢，假如不死，少不了有小鞋穿。两人的共同点是都惧怕秦桧，都知道秦桧父子有批发小鞋的传统。这二位心态相同但选择迥异，很有心理学上的研究价值。

事后证明汤思退赌对了，就因为拒收秦桧黄金，组织上便认定他跟秦桧不是一头的，升了官。又几年，擢升左仆射。不过毕竟是有案底的人，侍御史陈俊卿告他舔过秦桧秦熺父子两代屁沟，所作所为也都是以秦桧为榜样，这种复制品绝不可用。

另一位侍御史汪澈也上表，说秦桧虽死，但以汤思退为代表的秦党余孽仍然把持朝政背公营私专权植党，还把朝野流行的段子说给皇上听，"知不知，问进之；会不会，问思退"。这下起作用了，汤思退被罢相，但赵构还是给他留了个观文殿大学士的职位，工资待遇还是很高的。没有把他一撸到底的原因其实不难猜到，在对待金国的问题上，汤思退一贯"思退"，和赵构的基本国策保持高度一致，没站错队的大臣，不管其政绩如何，总有重新起用的机会。

隆兴元年（1163年），张浚的部队在符离溃败，一心想帮祖宗雪耻的宋孝宗泄了气，又把汤思退推到了相位上。谏议大夫王大宝、侍御史周操都觉得这个人有问题，司谏陈良翰更直接，说"思退奸邪误国，宜早罢黜"。宋孝宗却说汤思退"警敏"，先用着，以观后效。

后效是这样的：金国来信要海、泗、唐、邓四郡，不给就打。请示孝宗后，汤思退就派卢仲贤去谈判，实际上就是拿土地换和平。走之前孝宗觉得不太甘心，就又嘱咐汤卢二人，视具体情况而定，别轻易就把四郡许了金人。卢仲贤到宿州后，被金国元帅布萨忠义吓得半死，不仅答应割让四郡，每年交岁币，还保证宋以后管金叫叔。这样金叔叔很高兴，宋侄子很恼火，张浚的儿子张栻上书告卢仲贤丧权辱国，孝宗就治了卢的罪。

在割不割地的问题上，张浚和虞允文、胡铨等人坚决反对，汤思退说动孝宗的话很有杀伤力，他说你们这么说是因为率土之滨不是你们的，站着说话不腰疼，爱国者的美名都让你们得了，皇上的龙椅要是被异族的屁股坐了去，谁负责！一提到龙椅问题，孝宗就坚定了，明确支持汤思退。此间朱熹也三次上奏折表示反对，无果，心灰意冷之下辞官回到老家婺源"存天理，灭人欲"去了。

隆兴二年（1164年），张浚建议孝宗迁都南京，这样借助地利优势稳固政权，再跟金国较量。孝宗又动了心，把正在出差路上给金国送岁币的王之望召回，把辱国的卢仲贤发配郴州。汤思退见议和大计要完，赶忙跟皇上说万万不可，劝孝宗继续求和维稳。其实金国也未必想跟宋动刀兵，但他们的维稳目的有别于宋，吸血鬼对被吸血者恐吓以及让其保持冷静克制，目的只有一个：能长久地把血吸下去——金人看上的，是大宋的土地和资源。

身为宋臣，汤思退看得很清楚，好奴才的成就感来自于主子的平安，是故既不在乎土地，也不在乎岁币，更不在乎叔侄的辈分。但这次宋孝宗没听汤思退的话，反而从未有过地严厉申斥：现在非秦桧时可比，你这么干连秦桧都不如了！汤思退害怕了，不敢再跟皇上顶嘴，转而私下对付主战派张浚，派龙大渊、王之望两人掣张浚的肘，并搜集证据打小报告。居然收效，张浚罢官下狱，最终孝宗同意割让四郡。

宋孝宗赵眘的特点是容易反复，果然不久又后悔，觉得还是抗金好。汤思退便秘密派遣孙造告诉金国以重兵犯境，逼孝宗回到主和的路上，此事不知真假，《宋史》也未必靠谱。靠谱的是布萨忠义随即率军渡过淮河一路烧杀。于是主战的宋臣都说，这是汤思退撤去守备造成的，所以他不思退也得退了，夺其相印贬老汤到永州跟永州之野的异蛇做邻居。太学生们也上书，要求严惩汤思退团伙，最好是杀之后快。老汤听说自己引发了学潮，就心梗了，就死了。临死前留了首词，最后一句是：番思世事总如华，枉做一场活靶。

朱 熹

宋·朱熹【水调歌头】不见严夫子，寂寞富春山。空余千丈危石，高插暮云端。想象羊裘披了，一笑两忘身世，来把钓鱼竿。不似林间翮，飞倦始知还。中兴主，功业就，鬓毛斑。驰驱一世豪杰，相与济时艰。独委狂奴心事，不羡痴儿鼎足，放去任疏顽。爽气动心斗，千古照林峦。

朱熹，字元晦，又字仲晦，号有晦翁逆翁等一大堆。声明显赫的儒学大师，理学宗师。"存天理，灭人欲"是他的名片。《宋史》有载，朱熹四岁时候就开始仰望星空，某日问他爸朱松：天上都有啥啊？朱松回答不出来，觉得儿子相当不得了。

其实也没什么了不起，我三岁就仰望星空了，小时候我一流鼻血我妈就让我仰望星空。

传说朱松求过一签，签上写"富也如此，贵也如此，生个孩儿，便是孔夫子"。朱松乐了，原来我儿子是圣人转世，得好好供着。朱熹天分不错，跟发小玩的时候，别的小朋友往地上画王八，朱熹也往地上画王八，旁人定睛一看，却是八卦，又把他爹惊着了，赶紧延请当地名师教授，十八岁上小朱就中了进士。

说说他的师承，朱熹是李侗的入室弟子，李侗是二程的徒孙，最后理学由朱熹加了好些料，"发扬光大"了。到今天学国学的，朱熹还是绕不过去的一门学问，不过不叫"存天理，灭人欲"了，如今叫"反三俗"。

朱熹做官的时间并不算长，官声也还不错。但声名难说好，算不上狼藉也称得上狼狈。尤其与台州知府唐仲友的摩擦，给他降了不少印象分。有关唐、朱结怨的因由，笔记中有几种说法，《齐东野语》里说，唐仲友与陈亮狎妓，陈亮说要给相好的赎身，这姑娘一听，哇塞！梦想照进现实了，就开始憧憬着这一天。唐仲友却在私下里跟这营妓说，你真想跟小陈过？别傻了，他就是一穷鬼，哪有钱给你赎身，你要真铁了心跟他，得先做好喝风拉烟的准备。姑娘一听就撮火了，再见陈亮就不理不睬。小陈被冷落，记恨在心，便跟朱熹说，最近小唐说你根本就是一文盲，有啥资格当监司啊！朱子就急了，连写了六道疏弹劾唐仲友。这个说法有点靠不住，我想朱熹心胸不至于狭窄到这个程度。

另有一说是唐仲友放荡不羁，天天嫖妓，朱夫子看不上眼，决心反小唐的三俗。这原因还算靠谱，朱熹继承的是二程衣钵，一身武功专灭人欲；唐仲友是三苏的铁粉，不拘礼法无视世俗，属于潮男。因此二者想不当对头都难。

唐仲友也是一才子，黄宗羲对他评价不低。且此人有政绩加上不贪墨，朱熹告御状也实在抓不到唐的把柄。在这件事上，朱熹确有点小气了。宋孝宗得知这事儿后一针见血地指出："此秀才争闲气耳。"也就是说，笨如南宋一把手都看出来了，这不过是文人相轻——

爱掐架，爱撒娇，也爱动不动上访，更爱互数粉丝，你灭你的人欲，他存他的天理，你们都别嘚瑟，我不是信访接待办，别找死，我是皇帝。

洪迈是两宋第一小说家，魔幻主义大师，兼唐仲友的铁哥们儿，最有名的作品是《容斋随笔》。第二有名的就是《夷坚志》。这本书里有个短篇，写的是朱熹、唐仲友以及官妓严蕊不得不说的故事。

严蕊，传说本名叫周幼芳，幼年时也读了不少诗书，冰雪聪明色艺俱佳，后因家境贫寒不得已做了台州营妓，有三首词存世。这等档次的小姐，天上人间都找不到。所以彼时在台州艳名远播，不少富家子弟跨省来嫖。其实说"嫖"也不对，严蕊是官妓，属于卖艺不卖身的那种，按规定只跟官们KK歌、喝喝酒、弹弹琴，不提供私侍寝席。可唐仲友是豪放派的，不那么注意领导形象，先后花钱给严蕊等四个官妓脱了籍，一是怜香惜玉，二是再"侍寝席"也就不算违规了。谁知却碰上了理学怪物朱熹。

在洪迈的小说里，朱熹弹劾唐仲友无果，就把严蕊逮了起来，刑讯逼供让她招出与唐仲友的奸情。没想到严蕊一弱女子居然打死也不说。时任绍兴太守是朱熹的门生，见严蕊生得花容月貌，格物致知之后说：从来有色者，必然无德，给我打！这种推论相当混蛋。结果严蕊还是不招，她说你打死我也没用，按说和唐大人有一腿也没什么，姑娘我就是干这个的，可我们真没那事，让姑娘我凭空诬陷好人，抵死不从。

朱熹师徒都没辙了，不敢再上刑，关也不是放也不是。

不久人事调动，岳飞三子岳霖提点刑狱，又提审严蕊，见她谈吐不俗，当庭让严蕊作词一首，这就是那首著名的《卜算子》："不是爱风尘，似被前缘误。花落花开自有时，总赖东君主。去也终须去，住又如何住？若得山花插满头，莫问奴归处！"

洪迈这段估摸着是拷贝的曹子建，散发着煮豆子的味儿，相当不靠谱。王国维考证说这首词其实是唐仲友的表弟写的，跟严蕊一毛钱关系也没有。

除了《夷坚志》和《二刻拍案惊奇》，有关朱熹拷打严蕊的事其他典籍并无记载，基本可以断定是虚构。小说家洪迈跟朱熹有隙，后者给陈俊卿写墓志铭的时候也没忘了骂洪迈为奸佞，所以这就是一篇虚构小说而已，王国维说"宋人小说多不足信"，看来多半是洪迈借此抹黑朱老夫子。

严蕊的归宿还算好，出狱后被一个丧偶的赵宋宗室子弟收为姜侍，这位赵先生心地良善，把严蕊视为珍宝，也不续弦了，也不狎妓了，从此"王子和公主"幸福地生活在一起。

严蕊、唐仲友和朱熹的故事，剧作家们给编成了戏，经戏子之口唱遍大江南北，朱夫子的名声就又臭了几成。

另有黄梅戏一本，叫《朱熹与胡丽娘》，说的是朱子在四十出头的时候，有一妙龄寡妇叫胡丽娘，丈夫死后，村干部不许她再嫁，理论依据就是朱熹的天理人欲论。这年恰好朱熹来武夷山讲学，胡丽娘就上山以拜师之名跟朱熹辩论。辩论结果是人欲赢了，朱夫子抵挡不住如此美味多汁的小寡妇，两人就在圣洁的书院"三俗"了。事后朱熹怕了，唯恐半生名节毁于一夜情，就想了个法子，找猎户高价买了一只死狐狸，当众义正词严地说：她不是人，是狐狸精，附在丽娘身上来魅惑我。现在我把它弄死了，丽娘你可以放心回家守寡啦！

这招又猥琐又阴损，朱夫子自己也成了兽奸犯，但不得不承认非常有效。胡丽娘无计可施，只得回家早着，忧伤地望着自己蓬隆的身体干瘪下去。朱熹还不放心，又亲自题了八个大字，"妇德楷模，贞烈可风"——这等于压住齐天大圣的那道神符，胡丽娘再也别想翻身，不甘心也没用了，只能做齐天大剩女。

以上两出戏剧，被视为现代女性向封建礼教的控诉，被演绎后的朱熹成了反面人物。真实历史中的朱熹，算得上大节不亏，但也多有被诟病之处。比如他曾被监察御史沈继祖告了状，列出了十大罪名，很有效率。他不是沈继祖，简直是一个审计组。沈御史列出的罪状计有"为害风教""私故人财""不敬于君""不忠于国"，不过这些都不算什么，杀伤力最大的是"诱引尼姑二人以为宠妾，每之官则与之偕行"，最狠的还有一句，"家妇不夫而孕"，就是说，朱熹不仅养了俩小尼姑当外室，还把自己新寡的儿媳妇肚子搞大了，这哪还是教授啊，分明禽兽。所以沈继祖请皇上斩之为快。

后世有说"庆元党案"纯属诬陷，是韩侂胄授意沈继祖构陷赵汝愚一党，所以得先搞掉跟赵关系密切的朱熹。这个缘由肯定是有的，但一个监察御史，不大敢凭空构陷，何况皇上也不可能不管他要证据。因此，"不敬于君不忠于国"这些都是虚的，说你有你就有。至于以尼姑为宠妾，多半不假。否则以朱夫子的爱惜羽毛，不可能不辩。有封检讨信算是一证据，朱熹说："草茅贱士，章句腐儒，唯知伪学之传，岂适明时之用。"还表示今后要"深省昨非，细寻今是"，私纳尼姑也认了，但"爬灰故事"他没认。不过这等于告诉所有人：朱熹的儿媳妇跟人私通是肯定的了，至少也说明他家规不严，那时这也是一桩罪。

《宋史·胡纮传》中载，沈继祖告朱熹的状子是胡纮起草的。胡纮未发迹时曾去拜见朱熹，吃了顿饭就跑了，胡说：朱熹太不近人情了吧，一只鸡一壶酒山里头也不缺啊，妈的让我吃糙米饭。其实朱熹和学生们吃的都是糙粟米。因为没吃上一顿好饭就要搞朱熹，胡纮也太小人了。

好在宋宁宗是他学生，只是革了老师的职，又下了一诏：伪学之党，勿除在内差遣。自此，程朱之学受到重创，被称为"伪学"，凡是在考卷中提到程朱理学的，一律不取。朱熹黯然离京，据说两个尼姑媳妇不离不弃地陪着，一代鸿儒倒也不算晚景凄凉。

赵孟頫

元·赵孟頫【岳鄂王墓】 岳王坟上草离离，秋日荒凉石兽危。南渡君臣轻社稷，中原父老望旌旗。英雄已死嗟何及，天下中分遂不支。莫向西湖歌此曲，水光山色不胜悲。

赵孟頫，其字跟"念天地之悠悠"的陈子昂一样，不过这姓赵的子昂出身高贵，乃宋太祖赵匡胤之子赵德芳苗裔。顺便说一下，此赵德芳就是评书里最厉害的八王爷，在《杨家将》中担任清官保护伞，手里总拎着把瓦面金铜，上打昏君下打佞臣的，简直是正义的化身。然而历史上的赵德芳只活了二十来岁，即便是他主观上有争当正义化身的愿望，时间也不够用。

搁下评书不谈，赵孟頫比他那位英年早逝的祖宗有名得多，可谓名满天下谤满天下。名满天下是因为书法，后边那个满天下是因为他身为大宋皇室贵胄却做了蒙古人的官，被归入贰臣之列。赵孟頫做过元朝的大学士，死了被封为魏国公。这位皇室宗亲不到而立之年，宋亡，仗着家底殷实，在江南老家吟诗作赋沉湎鹅池。此间有人请他出仕，据说被小赵拒绝了五次，为大宋守节八年。那时"人有十阶，族分四等"，身为"劣等民族"，做到这步而且没让人弄死已经很不容易了。

六顾茅庐的人叫程钜夫，此人官至御史，人品文品也都不错，加上赵孟頫坐吃山空，此时出仕正好赚取俸禄养家糊口，就答应了。另有一说是赵孟頫的夫人管道升撺掇的，这位管女士是一薛宝钗式的才女，希望丈夫在仕途经济上有所作为，认为有了经济基础，才好"你侬我侬"（作者注：语出管道升的《我侬词》），因此在赵氏宗族骂声一片时她给予了老公强力支持，鼓励他为建设元朝和谐社会出一份力。有夫人力顶，赵孟頫毅然北上。

到了元大都，忽必烈一见就连呼"神仙中人"——赵孟頫是帅哥一枚，英姿勃勃，又兼生在江南，皮肤白皙细腻得不得了。忽必烈来自塞外苦寒之地，没见过皮肤这么好的男人，因此喜欢得不得了，顺手就把宰相叶李赶一边去，让赵孟頫坐在叶李上首。彼时元世祖建国不久，需要一份诏书洗天下之脑，就吩咐赵孟頫来写，赵挥笔立就。忽必烈阅后大喜，曰：得朕心之所欲言者矣！把皇上心里想说说不出来的都写出来了，说明赵孟頫的读心术很不一般。有人私下跟皇上说，这姓赵的是大宋皇族，其心必异，最好是别放在身边。可忽必烈是草原之子，心和胸都广袤，根本不听。于是赵孟頫创造了一个奇迹，身为低种姓，却能从龙身畔，羡煞一大堆江南士子。

对这分浩荡皇恩，赵孟頫还是很感激的，后来还写了些"兆山羡鬼"式的马屁诗——"天眷"降临之时，许多知识分子是没有抵抗力的，那时尚无独立之人格、自由之思想这种"疫苗"。

仕元几十年，赵孟頫做了不少好事。《元史》里赵孟頫的列传简直是一篇篇表扬稿的罗列。最著名的一次是某年北京地震，天塌地陷的，有含沙的黑水自地下喷出，现在想来有可能是原油。话说元大都的房屋颓坍无数，百姓死了数十万，皇帝也忧心忡忡，差点下了罪己诏。当时的宰辅桑哥却认为是"多难兴邦"，指示大元"发改委"不要因为遭了灾就停止征税征粮，搞得元朝屁民哀鸿遍野，活着的都约好了一块去自杀，狠不下心自杀的则跑到山里躲起来避税。桑哥就派人缉捕。此人权倾朝野，有人性的大臣们看着生灵涂炭也不敢说个"不"字。

此时赵孟頫英勇地站了出来，表示我反对。他跟皇帝说，黎民百姓死的死逃的逃，粮税肯定收不上来，这种时候理应抚恤百姓，追查豆腐渣，大赦免税好让百姓们休养生息，怎么能干横征暴敛逼死人命的缺德事呢？另一权臣阿刺浑撒里也是这么上表的，帝称善，遂大赦并免税，当时的北京人生在元朝还算幸运，震区百姓的日子因此好过了一些。

在收拾桑哥这一政治事件中，赵孟頫显示了少数民族没法比的、中原文人狡狯的政治智慧。桑哥势焰熏天，残民以逞，还是皇上的宠臣，这样的人，于公于私都该收拾。然而赵孟頫深知政治有风险，弹劾需谨慎，就跟刑部尚书彻里帖木儿说，皇上说贾似道祸国，我看这桑哥比贾似道坏多了（先定性），咱们做臣子的如果不向上反映，将来难辞其咎（然后晓以人臣大义）。不过我属于靠边站的，说不上话，说了话皇上也不听（不是我不去，是去了没用啊），满朝文武，只有您忠肝义胆，又为圣上器重（高帽一戴，神鬼莫摘），这事您老要是不去就没人敢去啦！彻里帖木儿听了立马就去找皇帝反映，结果遭"批颊"，挨了无数大嘴巴，口鼻喷血，面如猪头。好在游牧民族出身的彻里性子直骨头硬，血止住了再次"上访"，打不死就接着告，后来告桑哥的人渐多，皇上也觉得有问题了，就派人调查，这一查就查出罪行昭昭，就把桑哥宰了。

赵孟頫在济南府当同知时，曾接到个案子。一老翁抬着儿子的尸首击鼓鸣冤，告儿子的同事杀人。赵孟頫调查后得知，老翁之子叫元掀儿，在盐场干活。被告也在盐场，与元掀儿同为苦力，找不出明显的杀人动机，就把案子押下不审。过了几个月，元掀儿现身，原来是因为忍受不了盐场的艰苦，逃了。其父以为子死，想讹点钱养老，找了具尸首诬告儿子的同事，结果因儿子现身事发。

该案一结，人皆称赵孟頫是神仙，能预知人之生死。其实没那么神，说他取证谨慎，坚持程序正义倒是真的。

同样是名声不佳，但赵孟頫在书法史上的地位还是比蔡京强得多。蔡京原本列席苏黄米蔡的末席，却因为名声太臭被拿下了。后世的"苏黄米蔡"，蔡襄人替，书法造诣更高一筹的蔡太师被删除。这叫"薄其人遂薄其书"。赵孟頫则坐稳了"颜柳欧赵",如今学书法的仍然找来他的帖来临摹。

傅山傅青主早期对赵孟頫评价不高,嗤之为"熟媚绰约,自是贱态",管赵字叫"奴书"。后来傅先生赏玩赵的作品多了,又改了看法,说他"赵厮真足异,管婢亦非常"——捎带着把赵孟頫的媳妇管道升也夸了。不过以傅青主坚不仕清的气节,对赵孟頫的欣赏也仅限于书法,要不然也就不会用"厮、婢"两个字了。康有为对赵孟頫的态度更恶劣,干脆说"勿学赵、董流靡之辈",康南海多半也是基于对赵孟頫"当鞑子官"的不屑。当然,说是说做是做,一扭头康老夫子就走在给"鞑子皇上"当帝师的路上了。

见证宋朝灭亡的赵孟頫,也很清楚自己身后的名声好不到哪去,有他自己写的诗为证,先看这首诗的题目,《罪出》——已然把自己称作罪人,诗的头两句——"在山为远志,出山为小草",显然对自己的选择之后果明白得很,"古语已云在,见事苦不早"——这两句证明他后悔得不轻,"向非亲友赠,蔬食常不饱"——看来赵孟頫选择仕元的原因之一就是求个温饱。历代统治者都深谙此道——摆平不顺从的知识分子,最佳方案不外乎两点,一是投之以食,二是许之以官,让他们有产有闲有面子,能风雅得起来。你不是想做帝师吗,让你做,不过听不听在我。于是名士就成了弄臣,驯化过程就是这么简单。

驯化的动物生活都还算幸福,但赵孟頫毕竟不是猪,从他的诗中还是可以看出他活得并不那么舒坦。过了耳顺之年的赵孟頫写了一首《自警诗》:"齿豁童头六十三,一生行事总堪惭,惟余笔砚情犹在,留与人间作笑谈。"你看,比如今的文人都有自知之明,知道自己的一生将成为后人话柄,没心思亦无脸面以大师自居。而支撑晚年的赵孟頫活下去的,只剩下不会指摘他、訽骂他的笔墨和砚台了。

赵孟頫另有首题岳王庙的诗,"南渡君臣轻社稷,中原父老望旌旗"——前一句把自己的祖宗赵构以降都骂了,可见他一点也不糊涂，不过也就是替他们赵官家发发小感慨而已，让赵孟頫学谢枋得是学不来的，同样是脊椎动物，有硬有软有直有弯。谢枋得慷慨赴死，赵孟頫摧眉折腰，挺好，符合生物多样性。

留梦炎

【宋史·文天祥传】 积翁欲合宋官谢昌元等十人请释天祥为道士，留梦炎不可，曰："天祥出，复号召江南，置吾十人于何地！"事遂已。

留梦炎，宋末元初浙江衢州人，字汉辅。古人的字有时极不靠谱，比方说叫"汉辅"的不见得"辅汉"，叫"汉卿"也未必"丹心照汗青"，相反还可能不堪得没办法入史。这位字"汉辅"的南宋状元公，其仕宦生涯的后期改叫"元辅"就贴了。

宋理宗时，留梦炎高中状元，仕途还算顺，一直呈上升曲线。三十一年后拜右丞相兼枢密使，没过几个月又被擢升为左丞相总督各路兵马，握有虎符，官当得已经不能再大了，南宋的残破江山等于托付给了他。德祐元年（1275年）冬天，元军迫近临安，留梦炎果断地毅然地弃相印而去，跑到老家衢州，把个大好杭州留给忽必烈的铁骑。话说世上有一种人最可怕，这种人叫"所托非人"，以留丞相梦炎为代表，赵官家把江山社稷万千黎庶托付给他，当然不是为了有朝一日元军"和平解放"杭州。

元人一路上"渡人"无数，饷不够吃了就吃宋人的肉，因为人肉鲜美，吃了还想吃，就称之为"想肉"。当年金人吃宋人的肉更有想象力，在分类学上比元人缜密，譬如年轻姑娘的肉叫"不羡羊"，据说比清蒸羊肉都嫩，管小孩的肉叫"和骨烂"，老年人的肉叫"饶把火"，岁数大了筋骨硬化，看来不好炖，废柴火。总而言之，留梦炎这一跑路，宋人命运之凄惨可想而知。

避居老家衢州时，留梦炎居然有闲心保媒拉纤。时任衢州军事判官的孙潼发，是个大诗人刘克庄都"甚奇之"并推崇备至的少年俊彦。留梦炎瞄上了小孙，放下一张老脸亲自出面，强烈要求把亲闺女许配给他。按理说留梦炎虽然是个跑路宰相，可到底是钟鸣鼎食的显赫人家，换别人早就跪地磕头高喊岳父大人了，奈何小孙死活不答应，留梦炎灰头土脸嫁女未果。多年以后，当了元朝吏部尚书的留梦炎又想起了孙潼发，就向新主子忽必烈推荐，孙潼发还是死活不答应。原因史书无载，不过这还用说吗？对于某些人来说，认贼作父和认贼作岳父并无分别。

另一俊彦谢枋得被解送元大都后病倒，友人送他到悯忠寺休养。留梦炎算是谢枋得的老师，听说学生病了，为了大元帝国的人力资源事业，老留纡尊降贵跑到寺里，送来药品食物。没想到谢枋得跟孙潼发同是一副蒸不熟煮不烂的铜豌豆德性，立刻宣布绝食，以青白眼翻这昔日老师，道："吾欲死，汝乃欲活我邪？"说完抬手打了药钵掀了食盘，终不食而死。留梦炎的说服教育工作再次宣告失败。

多年前我曾在南横街附近暂住，去过法源寺也就是当年的悯忠寺，与寺毗邻的谢枋得祠早已拆除，只余断壁残垣。后世子孙不肖也就罢了，连这样一座不仅仅有文物价值，且还是货真价实的"爱国主义教育基地"都给"拆呢"了，心疼。

前阵子再路过时，连南横街也不见了。

留梦炎不成功的说客生涯止于文天祥。文天祥被捕后第一个前来劝降的是张弘范，文的回答是《过零丁洋》一篇。张弘范读后，叹了口气，自此绝了劝降的念头。留梦炎自以为和文天祥都是状元公出身，又同朝做过宰相，就报名前来统战。文天祥只说了三句话，老留就险些吐了血，回府后不久老疾复发，翘了辫子。据悉文天祥说他"三卖"——身为大宋重臣降元，此为卖宋；身为衢州人献城，此为卖祖；身为汉人弃汉节，此为卖身——文天祥说就你这么一个出来卖的、不知廉耻的玩意还跟爷做统战，滚。

文天祥一定性，留梦炎本就不堪的名声尽毁。也不能都怪文天祥，同样是宋臣仕元，王积翁等人的身后名就没他那么臭。就连新主子忽必烈也看不上留梦炎。某日赵孟頫陪忽必烈聊天，忽必烈问赵书法家叶李和留梦炎谁好，赵孟頫因为和留有旧，老留是他的父执，因此扬留抑叶，结果被忽必烈暴损，说叶李还敢弹劾贾似道，你那老留叔叔却没少舔老贾的屁沟。骂完还不解气，逼着赵孟頫写首讽刺留梦炎的诗，赵只好写了。宋人罗志仁也有一首讽留梦炎诗，比赵孟頫的好："啮雪苏郎受苦辛，庾公老作北朝臣。当年龙首黄扉者，犹是衡门一样人。"拿虽陷异邦却能守节的苏武和庾信说事儿，留梦炎恨得要死，"欲罗织之"，好在罗志仁及时跑路，免了一难。

到了明朝，留梦炎遗臭未消，史载明代明文规定，姓留的考生要先证明自己不是留梦炎的后人才有资格进考场，这种血统论和连坐式的政策当然荒谬，但这事也确实佐证了留梦言的遗臭未消。他同乡浙江人大有"我到坟前愧姓秦"的屈辱感，曾说："两浙有留梦炎，两浙之羞也。"以划清界限。

凌濛初的《二刻拍案惊奇》里提到有个叫宋彦瞻的，是留梦炎的同乡，此人人如其名很有前瞻性，留状元及第后，宋给留写了封信，摘最精彩的几句转帖在这儿——"是一身之荣，一乡之害也。其居日以广，邻居日以蹙"，也就是说，你现在是一乡的荣耀了，谁知道你将来不是一乡之害呢？邻居今天以你为荣，回头没准就因为你倒了大霉。

还真让他说中了。

很有前瞻性的宋彦瞻最后说："吾将入山林深密之地以避之！是可吊，何以贺为？"这位宋先生索性跑深山老林避祸去了，是啊，这根本就是件可悲的事，庆贺个屁啊！

果然再次言中，若干年后，留梦炎把故乡衢州城献给了新主子，昔日以之为荣的乡党死伤枕藉，成了他通往仕途的三牲。

方 回

元·方回【寄寿年提刑献之嶽】七十闲人两地仙，恰如同见
会昌年。诗名我愧刘宾客，心事君真白乐天。致仕元无官爵
累，藏书各有子孙传。磻溪淇澳可齐寿，入相封侯恐未然。
乃翁曾记脱靴亭，直节高风有宁馨。知命时年弃轩冕，传心
学问本家庭。饱餐霅水仍苦水，高揭文星更寿星。我亦七旬
乃雌甲，林惭磵愧负山灵。

方回，字万里，号虚谷，宋末元初徽州歙县人。跟万俟禼的战友
罗汝楫是老乡，罗是政和二年（1112年）的进士，方回是南宋理宗
景定三年（1262年）中的进士，时年三十五岁。当时进士分甲乙科，
本来方回高中甲科头名，结果被贾似道阴了一道，从甲级降到乙级，
成了乙科第一名。

野史记载，方回的老爸年轻的时候去岭南一带自助游，途中与随
行的丫鬟发生一夜情，旅游归来之后发现丫鬟的肚子大了，后产下一
子，所以取名方回，"万里"这个字就更好解释了，说明方回他爸这
趟走得挺远，不是周边游。

方回以乙科第一名的身份，换来个随州教授的小官。相当于教育
局长。By the way，"教授"这个词就是打宋朝才有的，最初的含义就
是老师，不过只有教皇室子弟的才能叫"教授"。后来基层管教育的
也叫教授，泛滥到"专家多如狗，教授满地走"的程度，所以方回这
个"教授"一点也不高级。当时贾似道权倾朝野，方回又吃过贾似道
高考舞弊的亏，所以很乖，时刻想着走走贾似道的门路。不过贾相爷
家啥都不缺，自己也送不起重礼，权衡再三之后，写了《梅花百咏》

献给国家总理贾似道，整整一百首都是咏梅花的，每首都不重样，把梅花都写吐了。不过这活儿没文化还真干不来。补充说明，贾似道除了爱斗蛐蛐儿，也喜欢梅花，他自己就写过几首咏梅诗。看到方回的《梅花百咏》之后，贾似道"梅开眼笑"，方回的升迁问题也就解决了。

以谀诗或者字画换前程，在古时叫"雅贿"。除了费了点脑子和支付点笔墨钱之外，方回严州知府的官也来得太容易。你看人家大宋朝买官简直便宜死了，一百首诗就能换个市长当，换今天你要拿着诗去跑官，不被领导踹出来算便宜你。

德祐元年（1275年），贾似道亲自督师在安庆与元兵遭遇，手下的将军夏贵早就准备投降了，自然一触即溃，导致贾似道回到杭州就被降职流放处分。方回在严州也听说了，"虑祸及己"，立刻上一道"贾似道十可斩之疏"，好跟老贾撇清关系。这"十可斩"分别是：幸、诈、贪、淫、褊、骄、吝、专、谬、忍——就不逐一解释了，都不是什么好词。最后的"忍"字，也不是忍耐之忍，而是残忍之忍。

古时效率低下，这道疏到宋恭帝赵㬎手里时，贾似道已死在监押人员郑虎臣手里。然而这位南宋前总理道行太深，死了死了还阴了方回一道。于是这一尴尬的时间差让方回"政治正确"的奏疏显得尤为不仗义，骤成笑柄，当时有人写了两句诗损他："百诗已被梅花笑，十斩空余谏草存。"你看，想跟失势的上级领导切割也得趁早啊。

德祐二年（1276年），蒙古大军逼近杭州。方回方知府向守城军民发表了慷慨激昂的演讲，大概意思就是保家卫国寸土不让驱除鞑虏捍卫大宋宁可战死绝不投降之类，总之很提气，军民听了都振奋，正待舍命跟蒙古人恶战一场时，发现他们的方大人不见了。守军四处寻觅未果，都认为方大人找了个僻静地方自杀殉国了，越发悲愤难抑。

不过这悲愤很快就不用抑了，严州军民没用多久就看到了方回，活的。再见时，方大人已是"鞑帽毡裘，跨马而还"，闹半天是跑出三十里地迎接蒙古"解放军"去了。返程时衣服都换成了Made in蒙古的真皮皮衣皮帽。不用说，肯定是新主子赏的，人家方大人这趟回来是当接收大员的，"郡人无不唾之"。周密的《癸辛杂识》里描述，方回带蒙古军队到杭州后，"见其跪起于北妓之前，口称小人，食猥妓残杯余炙"，把妓女剩下的饭菜饮料都承包了，倒也不浪费粮食。有个杭州老吏实在看不下去，就写了一篇文章出气，骂方回有"十一斩之罪"，超过其老领导贾似道"一斩"。除了斥骂方回叛国投敌贪污腐败，还有一条很三俗很搞笑，其"寓杭之三桥旅舍，与婢宣淫，撼落壁土，为邻人讼于官，淫也"，就是说他在杭州某旅馆住宿期间，整晚上和丫鬟嘿咻嘿咻，把墙上的土都震了下来，隔壁的旅客以为政府搞强拆，正要跑，却被坠土埋了。逃出来一打听，才知是方大人正在敦伦，一怒之下就把他告了。老吏最后总结道："使似道有知，将大笑于地下矣！"

有关方回的糗事，周密另记录了一则，说方回有两个宠婢，一个叫周胜雪，一个叫刘玉榴。听芳名就长得不赖。话说某次方回去南京玩，带那么多人不方便，就把两位姑娘寄存在周胜雪的母亲家，不料想却被一采花大盗拐走了肌肤胜雪的小周。方回得知后又心疼又吃醋，就写了首诗，又花钱刊印出来满大街贴，"鹦鹉笼开彩索宽，一宵飞去为谁欢。忍着衣裳辜旧主，便涂脂粉事新官"，所以全城都知道了，嘴快腿快的人就到处转帖：方老夫子被人扣了绿帽儿啦！

周胜雪劈腿之后，方回又买回一小萝莉芳名半细，宠爱有加。方老夫子带她出门每次都带一包零食，等他俩回来，方回的袖子里就装满了食余垃圾，回家再扔，特别环保。有一次半路碰上熟人，方老夫子作了个揖，结果从袖子里掉出半只鸭子，熟人问他："你鸭这是干吗呢？"小萝莉半细就在一边捂着嘴乐，弄得老方无比尴尬。

至元十四年（1277年），方回以降官身份北上，元世祖忽必烈亲切接见了他和赵孟頫等人，新君与贰臣相见欢，赏的顶戴方回当然涕零受之。被门生故弟骂得不轻，后来迫于舆论辞了官，在钱塘、徽州两地转悠。晚年著述颇丰，写了不少诗以及诗歌评论，收入《桐江诗集》和《瀛奎律髓》。

黄裳先生对方回的《瀛奎律髓》评价不高，认为他的评诗标准非常教条主义。比如方回认为诗人可以克隆，经过一段时间训练，就可以大规模生产。这个理论非常不值一驳，诗文是自由意志的产物，要是能用模具生产，那就不叫诗了，叫零件。清朝的纪晓岚把方回的作品收入《四库全书》，说不能因人废文，但他对方回的人品评价相当不佳，"文人无行，至方虚谷而极矣"，唉，其实纪晓岚自己的人品也难说怎么样，你还真以为纪大烟袋没事儿老跟大贪官和珅死磕呀，人家是忘年交。

方回的生平，《宋史》《元史》都没有，人生比较失败。现在能读到的有关方回的生平事迹介绍，大多来源于周密的《癸辛杂识》，不过读者从上两篇就可以看出，周密对方回实在是嗤之以鼻，基本没说他什么好。其实周密在南宋末年跟贾似道的关系比方回还密切，屁股未必那么干净，所以他记录的也未必客观。周密唯一够格揶揄方回的，就是蒙元建国后他没出仕，方回却当了元朝的官，建德路总管。方总管上任后，亲笔书写安民告示，帮助新主子维稳，被人写了句诗嘲讽："但看建德安民榜，即是虚翁德政碑"，"虚翁"就是方回，他不是号"虚谷"嘛。

明朝文人都穆有本《南濠诗话》，内有一段提到了方回，吴兴有个叫唐广唐惟勤的，平日喜欢翻看周密的《癸辛杂识》，读到方回不堪入目的事迹就愤愤不平，晚上做梦就梦到了方回，在梦里方回委屈地说：其实我哪有那么坏，那是因为周密和我有过节，就往臭里写我，你文笔不错，写篇文章帮我平反行不？第二天一大早，就有人给唐广送来一本《瀛奎律髓》，唐广乐了，嘿嘿好玩，莫非这是方老先生给我行贿来了？

纪晓岚在《四库全书》里也提到了这个诡异的梦，他说："使密果污蔑方回，不应有元一代无一人为回讼冤，至明而其鬼忽灵者。"是啊，怎么元朝没人出来给方回平反，到了明代方回的鬼魂才出来找人诉苦呢？

万 安

万安,字循吉,明朝四川眉州人,跟苏东坡是老乡。正统十三年(1448年)考中进士,二甲第一名,总排名全国第四,考完就选了庶吉士,担任皇家秘书兼高级编辑。

高考成绩这么好,说明万安的八股文水准极高,另一个利好就是该考生长得也帅,殿试时获得了印象加分。《明史·万安传》中说他"长身魁颜,眉目如刻画,外宽而深中",就是说这万安不仅高大魁梧,一张脸还棱角分明凹凸有致,不像传统汉人那么扁平,长出了雕塑感。据考证北魏鲜卑人有复姓叶万的,南迁后就改姓万了,所以万安有可能是个混血。

从遗传学角度说,混血儿不仅漂亮智商也比较高,是否靠谱不详,总之万安的脑子很好使,尤擅套磁。他有个同学叫李泰,时任詹事府一把手,比万安还小两岁,但万安会装嫩,非要认李泰当大哥。万安甘愿伏低做小的原因很简单:李泰另有个身份,宦官李永昌的干儿子。太监是皇帝身边人,当大太监养子的小弟,自然没什么坏处。话说李泰对这位比自己大的小弟还真不错,每有升职的机会,他都主动让给万安。李泰最讲义气的一次是内阁选拔,本来他入阁是铁定的了,却又让给万安,李泰还亲自奏疏举荐,弄得厚脸皮的万安都觉得不好意思了,要说这李泰真仗义,居然还安慰"小弟",说:"你走先,哥哥我还愁入不了阁吗?"

可李泰还真的没入阁，不久就死了，史载暴病而亡。后世有人怀疑是万安害的，这就有点阴谋论了，万安确实不是什么好鸟，不过这种卸磨杀驴的事大概还做不出来。

踩着李泰这个梯子入阁后，梯子死了，万安亟需再找个靠山。而高度和硬度兼备的，只有恭肃贵妃，最对榫的是这女人居然也姓万，简直是上天赐给万安的厚礼。于是万安就常常去内宫转悠，见了万贵妃就喊姑姑，比神雕大侠杨过的嘴甜十倍。

万贵妃，芳名万贞儿，跟元朝关汉卿的夫人同名。万贞儿比明宪宗朱见深大十九岁，属于姐弟恋，因备受宠爱，枕头风吹得疾劲，生生把皇后都吹废了。不过皇上再怎么宠爱也改不了她的出身，万贞儿她爸是县衙的清洁工兼看大门的，叫万贵，这种身份当皇上的岳父，皇上也觉得脸上无光。万贵死后，万贵妃找当时的大学士商辂给写个墓志铭，遭拒，气愤异常却也无计可施，正恨自己家没文化呢，万安主动上门了——哼，你姓商的跟我摆知识分子的臭架子，这回好了，万大学士成我大侄子啦！

傍上万贵妃后，万安水到渠成地跟贵妃的弟弟万通搭上了关系。万贵妃既然是姑姑，万安管万通就得叫叔叔。这叔叔万安是很乐意认的，万通叔叔司职锦衣卫指挥，有这么个特务头子叔叔，整起人来那叫一个方便。

不过后来万安遇到了一桩幸福的麻烦事：辈分有点儿乱。某日万通的岳母来京探亲，他媳妇就问：妈咪呀，小时候咱家巨穷，我记得有个妹妹卖给别人当小老婆了，你知道嫁谁了吗？她妈想了想说：好像是嫁给了四川的万编修。万通怀疑小姨子嫁的就是万安，就派人去打听。

万安听说此事，赶紧跑万通家攀亲，说没错没错，老太太，我就是四川人，那阵子我正当编修，又姓万，最巧的是我还真娶了个小妾，就是您闺女我婶婶的亲妹妹啊！

乱吧,咱来理一下这关系——万安既然管万通叫叔,万通的老婆就是他婶,那万安就得管万通的小姨子叫姑妈,可是万通的小姨子又嫁给万安作妾……推理结果很恐怖,也就是说,万安娶了个姑妈当小老婆,伦理啊纲常啊。

不过这难不住万安,内阁大学士不是盖的,毕竟没啥血缘关系,姑妈睡了就睡了,叔叔婶婶还照样叫,各论各的就是了。此后两家的女人常来常往,关系越来越铁。万通的媳妇不理宫禁,有事没事地往万贵妃宫里跑,回来就找万安的小妾传闲话,所以万安的消息那是相当的灵通,随时了解皇上的心思,拍起马屁来特别有准头,官位自然更稳了。

接下来要谈的万安事迹将证明他的信息渠道畅通到何种程度。通过万贵妃、万通老婆这条线,万安得知皇上有那方面的需求,就亲自秘送大明"伟哥"给明宪宗,朱见深和妃子们用了都说好,他好我也好,万安的地位就举而坚坚而久了。

其实万安并没有研究过房中术,他的药是一个叫倪进贤的小官进献的。清朝诗人李调元有本《制义科琐记》,房术一章中说:"倪进贤,婺源人,素不读书,以房术进万安,安大喜,适成化戊戌科,安嘱考官刘吉、彭华取之,遂登进士,选庶吉士。""安大喜",这三个字的潜台词就是万安也有那方面的隐疾,用了倪进贤的药和技术之后立竿见影,所以才找人帮倪进贤高考作弊,赏了他的性保健医生一套富贵以为报。而朱见深用的,说不定也是倪氏配方。

不久后倪进贤被万安提拔为御史,大臣们背地里叫他"洗屌御史",万安官大,朝廷首辅,被誉为级别更高的"洗屌相公"。

除了"洗屌相公",万安还有个不那么三俗的绰号,叫"万岁阁老",这个文雅一点的外号发轫于一次内阁会议。成化七年(1471年)大旱,钦天监观测员发现彗星频现,非常紧张,不像后世的人认为那是浪漫,叫着女朋友一起来看流星雨啥的,而是认为冒犯了太微星。

内阁成员商辂、彭时分析后认为，这是皇上老躲在后宫炼丹、研习房中术，不理朝政的小天谴，就上书请明宪宗出来给个说法。

彼时朱见深跟几个妖道正玩得上瘾，妖道中他最崇拜的叫李孜省，排名第一，所以简称李一。朱见深忙着跟李道长学羽化成仙，因此很不耐烦，听了几句，就想敷衍了事，可即便是敷衍的这几句也被打断了。商辂、彭时还没来得及第二轮陈述，就见万安匍匐在地，大呼万岁，搞得其他几位内阁成员也不得不跪倒。朱见深见坡下驴，转身就闪人了，神秘的炼丹术和养生培训班大师正等着他呢，成仙多重要的事啊。

举凡中央级会议，规矩是大臣喊了万岁，就等于话说完，皇上可以宣布散会了。所以万安一"万岁"，万岁就撤了，弄得商、彭二位大员连句完整的话都说不完整，更别提让朱见深下罪己诏了。这事发生后，太监们都笑了，不阴不阳地跟大学士们说：你们平时老嫌皇上不召见，这回好不容易见着了，却就知道喊万岁，这不是缺心眼嘛！从此万安就多了个绰号："万岁阁老"。

这件事对万安的形象造成了负面影响，他的危机公关策略是干脆不承认，非常不要脸。万安跟其他朝臣说，那次喊万岁的是彭时，不是我。再说了，有啥事告诉太监，太监再禀报皇上不就完了嘛，非见皇上干吗呀。

之后的万安努力排除异己安插亲信，每逢考试，就委任自己的门生当考官，肆无忌惮地舞弊，儿子孙子内侄外侄加女婿一窝进士，都封了官。万安的儿子当侍郎，孙子是翰林院编修，万家的势力一时无两。不过老天是公平的，万安死后不到一年，他儿子孙子就先后挂了。

就这么个又洗屌又万岁的内阁首辅，几年之内不停地加官晋爵，吏部尚书、太子少保、太子太保，经历了三任皇帝，混了三十九年，可以说万安的屁股非常之安。直到明孝宗朱祐樘登基，在他老爸的卧室里发现了一个盒子，万安的仕途才抵达终点。

盒子里是一摞奏疏，这堆奏疏只有一个主体思想：房中术。落款也是一致的：臣安进。朱祐樘看了气得要杀人，就叫太监怀恩去申斥万安，怀恩说：这是大臣该干的事吗？万安一身冷汗，磕头如捣蒜，却绝口不提辞职。怀恩就把大臣们全叫来，当着所有人的面读了万安的房中术论文，万安又出了第二身冷汗，捣了第二钵蒜，还是不说辞职。怀恩见过不要脸的，没见过这么不要脸的，就简单加粗暴了一把，上前劈手抢过万安的牙牌，说：You，可以滚蛋了！

解　缙

明·解缙 【咏菖蒲】三尺青青古太阿，舞风斩碎一川波。长桥有影蛟龙惧，流水无声昼夜磨。两岸带烟生杀气，五更弹雨和渔歌。秋来只恐西风起，销尽锋棱怎奈何。

解缙，字大绅，明初江西吉安人。解缙的爷爷叫解子元，元末进士，被黄易写进了他的《寻秦记》。解缙的父亲叫解开，也是一文化人，而且人如其名非常想得开。朱元璋曾请他来南京聊聊解子元的英雄事迹，聊完觉得此人不俗要给他官做，没成想解开敬谢不敏，回家当民办教师去了。解缙的母亲也留名青史，很好听，老太太芳名高妙莹，史载她"通经史传记，善小楷、晓音律、算数、女红极其敏妙"，女红倒不必提了，历史书法音乐数学都"敏妙"，解缙的老妈差不多算是黄蓉式的杰出女青年。

父母都是高知，生下的孩子多半也异于常人，解缙证明了遗传学是靠谱的，父母的基因是很重要的。还在襁褓时，高妙莹就在地上写字教儿子认，不耗费纸张，很环保。五岁的时候，解开亲自教，到七岁时解缙就能写诗，十岁能背千字文，过目不忘。到解缙十二岁时，《四书》《五经》都读完了，解开开始发愁还能教儿子什么。总之解缙的教育很成功，不用上官学，老爸老妈都是一等一的好老师。解开的教育经验多年以后被郑渊洁学了去，郑亚旗同学也在家成才了。

解缙十七岁参加江西统考，第一。吉水轰动了，乡亲们在他高中的那一天起都罹患口吃，见了他就喊：解解元。玩笑啦，其实应该念"解元"，还没解放的解。洪武二十一年（1388年），解缙和他哥解纶以及妹夫黄金华同登进士第，传为佳话。解缙选庶吉士，这年他才二十二岁。

前文提到，朱元璋曾召见解缙的父亲解开，算是有故人之情，加之解缙才名远播，考试成绩又这么好，朱洪武喜欢得不得了，这位中国历史上手段最狠的帝王居然被解缙激发出了浓得化不开的父爱，他对解缙说：在朝咱俩是君臣关系，私下里你就是我儿子，所以有啥话该说就说，别怕！解缙听了这话全身暖洋洋，分外舒泰，也就真没见外，立马写了封万言书给朱老爸，文中颇有不敬之词，比如"尝闻陛下震怒，锄根剪蔓，诛其奸逆矣。未闻褒一大善，赏延于世，复及其乡，终始如一者也"——很直白，老听说皇上您爱发怒，动不动就成串地杀，可怎么就没见您表扬奖励过一个好人呢，即便是褒奖过谁，转天就被打成奸佞弄死了，很奇怪啊很奇怪。潜台词就是：是不是你这当皇上的有什么问题呢？胆子不是一般的大，几乎就是不拐弯地斥责朱元璋杀人成性，反复无常。

需要交代一下背景，彼时胡惟庸案发，朱元璋正杀得性起，解缙此时上书，口气还如此严厉，许多人都以为解缙活腻歪了。出乎意料的是，朱元璋不仅没对他动刀，还当着朝臣的面表扬了他。弄得某些心怀叵测嫉贤妒能的朝臣很失望，本来他们都想好了，过几天结伴去参观以解缙的皮缝制的稻草人呢。

万言书之后，同僚们发现解缙还是整块的，少不得羡慕嫉妒恨，但嫉妒也没用，朱元璋不会拿他们都当儿子看。而发现自己安然无恙的解缙，惊喜之余又贾余勇写了一篇《太平十策》，分别从土地、郡县制、人事、礼乐、皇家教育、基础教育、裁减冗员、税务、农桑以及军事等十个方面提出了建议，同僚们私下说，这回解缙总该挂了吧？谁知解缙又遭到了朱元璋的表扬。

两次上表得到最高领袖兼干爹的好评之后，解缙膨胀了。某次去兵部办事，年少轻狂的毛病犯了，出语轻慢，被兵部一把手沈溍告了一状，朱元璋听闻后很不高兴，心想你还真把自己当我儿子了，你又不是我亲生的，就贬解缙为江西道监察御史。解缙真正把朱元璋惹毛的，是帮郎中王国用撰稿，给李善长申冤，才读了没几句，朱元璋就猜出这奏章出自解缙手笔，勃然大怒，把解缙臭骂了一顿。之后解缙故技重施，又捉刀替同僚弹劾都御史袁泰，彻底被后者恨上了，此后少不了要告解缙的黑状。

当时近臣的父亲都可以进京居住，解缙的父亲解开也在，朱元璋就把解开叫来谈话，说大器晚成，解缙还年轻，你不如把他带回老家再读上十年书，十年之后令郎必有大用。前文说了，解开是个很想得开的人，当然不会为儿子辩解什么，也不敢申辩，那可是没事就剥皮楦草的朱元璋啊，谢了恩领着儿子就回家了。至此，解缙政治生涯的第一阶段宣告终止。

客观地说，朱元璋对待开国元老和贪墨大臣手段相当毒辣，但对解缙却难以想象地宽容。之所以给解缙放了十年大假，多半是出于保护，因为解缙太年轻，锐气太盛，在官场上混，只凭才华是吃不开的，帝王家事绞肉机，才子历来玩不转政治。所以回回炉，让他回家读书修身养性，对解缙的未来是有好处的。当然，老朱也不会做赔本买卖，十年后的解缙，正好为朱家子孙所用。然而当时的朱元璋，怎么也想不到他把解缙留给了儿子朱棣，而不是孙子朱允炆。

长假第八年，解缙的政治老爸朱元璋崩了，不是拖出去枪毙，而是驾崩。解缙得讯立刻赶往南京奔丧。刚到就被弹劾了一道，罪名是"讳诏旨"，太祖说了让你休假十年，即便皇上已成了先皇，也不失效，八年你就回来，这不是抗旨吗？此时当年解缙得罪过的袁泰开始发力，跟建文帝说，解缙不仅违背大行皇帝圣旨，而且母亲死后还没下葬，老父也九十岁了，解缙不恪守孝道往南京跑，显然并非吊丧那么简单，必有所图。如你所知，对阴谋论帝王们多是宁可信其有，建文帝觉得有理，一道圣旨就把解缙发配兰州当了一名小吏。

好在解缙有哥们儿在朝，礼部侍郎董伦帮他在建文帝前说了不少好话，因此解缙在西北吃了不到四年沙子后，终于回到京城，被委以翰林侍诏，给新皇帝当了一枚小秘。这么个小官，自诩有经天纬地之才的解缙当然不满意。不久，改变他命运的人出现了。

接下来的一幕很是悲壮，请备好纸巾。燕王朱棣破城在即，这一日傍晚，解缙、王艮、胡广约好来到吴溥家里，先是解缙发表演讲，从蒙受先皇厚恩一直说到建文帝对他的赏识，一把鼻涕一把泪，诸位听众欲断肠，最后的结语尤其悲壮，坚决和反贼朱棣划清界限，并决定在文庙自缢，以警告并以尸身羞辱叛国投敌者。

胡广的发言比解缙不遑多让，表示除死无大事，把这一百多斤交给建文帝了，我胡广是读圣贤书的人，提的是董狐笔，持的是苏武节，解缙你等我，咱兄弟绝不负圣恩。吴溥的儿子都听哭了，眼泪哗哗地跟父亲说，胡叔叔太仗义了，太爷们儿了，他要以肉身殉国难！爸，咱爷俩啥时候死啊你说——吴溥一听就笑了，说儿子你太年轻了太愤青了，其实呢，胡广、解缙只是两个演员，演技精湛，也就骗骗你这小孩子，他们三人里头，要说死只有王艮敢死，解、胡是舍不得死的。

吴溥言中，解缙演讲完毕之后，就以博尔特的百米速度跑到了朱棣的大营，向新主子表完忠心后，又推荐了老乡胡广和李贯，这二位一召即至，角色转换非常之快。什么？你问文庙相约上吊的事？哦，今天天气，哈哈哈。

朱棣上位后，建议胡广和解缙结亲，说解缙有个儿子，胡广你可以把女儿嫁给小解。胡广说我媳妇还真怀孕了，可是不知男女啊。朱棣长了对B超眼，说肯定是闺女。胡夫人一生，还真是个女孩。此后解、胡两家奉圣旨结为秦晋。后来解缙下狱后，胡广忙不迭要划清界限，逼女儿跟解缙的儿子离婚，没想到女儿是个烈女，拿把剪子咔嚓一下就剪掉了一只耳朵，以此明志。胡广没办法，只能听之任之。仁宗即位后小解从辽东放归，夫妻俩终于重聚。这就是伟大的"一只耳"的爱情故事。

而王艮回家后，与妻子相拥而泣，随后两口子就互喂毒药而亡。

王艮和解缙是正宗老乡，殿试成绩原本是第一，《明史·王艮传》记载，由于形象不佳，不如胡广长得帅，所以朱允炆点了胡广为状元，王艮榜眼。按说他算是有理由不忠的，可此人不仅忠，还腹中锦绣，据说曾以"神、真、人、尘、春"为韵，写了足足一百首咏梅诗，这难度大了去了，未必就比解缙的对联神功更容易。可惜，没流传下来。

至于吴溥，既没殉难也没表演，是个真人。朱棣登基后他当朱棣的官，后来任解缙的副手编纂《永乐大典》。为官清廉，家资都散给了家境不好的亲朋好友，可称明朝第一裸捐的善翁，死后儿女们居然没钱给老父入殓。

放在当下说，王艮的死有些迂，而解缙、胡广、李贯的偷生也可以理解。不过前者后者谁更龌龊是很明显的，解缙你怕死就怕死吧，谁又不怕死呢？可是表演就不必了吧，再逼真的表演也是表演，观众的眼睛是雪亮的——"缙驰谒，成祖大喜"，反水要趁早，解缙一点没犹豫。

民间传说，包括单口相声中的解缙，以捷才著称。据说某日朱棣跟解缙说宫中昨夜有喜，让他口占一绝。

解缙琢磨着可能是皇后或者哪个妃子生了，就来了一句：君王昨夜降金龙。朱棣立马纠正，不是儿子，是闺女。话音未落解缙第二句就出来了：化作嫦娥下九重——一句诗就做了变性手术，王子变公主了。"刚生下来就死了"，朱棣又道。一般人当下就傻了，王子也好公主也罢，活着就好办，可死了这马屁还怎么拍啊？但解缙反应超快，马上接了句：料是人间留不住——"吩咐太监扔人工湖里了"，朱棣心想我还就不信了，挤对死你。"翻身跃入水晶宫"，解缙张口吟出了最后一句，收尾收得漂亮极了，压水花技术远超郭晶晶——死了？死了也是龙种。马屁拍到这个水平，已经是登峰造极了。当然这只是个传说，该传说的现实意义就是：溜须拍马不仅要有才华支撑，且需要电光火石的快速反应能力。

真实的解缙快速反应能力也非常人能及，比如他跟朱棣有关立储的一番对话。这位明成祖在太子朱高炽和他家老二朱高煦之间犹疑不决，密召解缙想听听他的意见，解缙说：皇长子仁孝，天下归心。朱棣听了不言语，作为老爸，他很看不上朱高炽，这位太子又胖又跛，走路还得靠太监扶着。就形象而言，去之老二朱高煦甚远。但朱高炽心眼好，人也聪明，因此难以取舍。解缙看朱棣犹疑，又吐出了三个字：好圣孙。眼熟吧，多年以后的大清，康熙选择雍正的原因也是因为"好圣孙"——爱新觉罗·弘历，也即乾隆。朱高炽的长子朱瞻基，在一堆孙子里确实是出类拔萃的。这三个字成功打动了朱棣，才有了后来的仁宣之治。

解缙的眼光确实很有穿透力，帮朱棣解决了储君问题，可谓功莫大焉。但凡事有好坏两面，比如得罪了朱高煦，基本就等于钻进了绞肉机。

历史上参与帝王家事的，结局一般都不会太好。后来，朱高煦的种种政绩把太子比了下去，因此更得朱棣宠爱，种种待遇甚至超过了朱高炽。解缙忍不住了，跟朱棣说，皇上你这是要打开潘多拉盒子啊，接下来肯定要争皇位了。朱棣火了，认为解缙这是离间骨肉，贬了他的官。朱高煦后来又努了努力，成功地把解缙发配到了越南。

永乐八年（1410年），解缙进京述职，朱棣亲自带队打仗去了，不在。解缙就去太子朱高炽府上叙旧，朱老二的眼线知道了，随即就检举揭发，说解缙私觐太子，无人臣礼。这次解学士逃不过去了，被震怒的朱棣下了诏狱。五年后，锦衣卫头子纪纲把犯人名单给皇上看，朱棣"咦"了一声，说：解缙还在？纪纲心领神会，当夜就灌醉了解缙，拖出去扔到雪地里，好可怜，解大学士被活活冻成了冰棍。这根"人肉冰棍"留给后世的遗产，是《永乐大典》，总计三亿七千万字。不知编辑这一行有无祖师爷，如果要选的话，没有第二人选，就是解缙了。

仁宗朱高炽即位后，翻出解缙当年的奏疏，跟杨士奇说，都说解缙狂，你看看他谈到的事，哪一件没应验呢？说完，就给解缙平了反。

顾可学

【无锡县志】顾好为黄庭玄牝之术，引集方士，异求上生，久服食益强，多传可学有秘妙，闻于上，世宗方事玄修，命大学士严嵩寓书以束帛，征拜右通政。

顾可学，字与成，号惠岩，明代无锡人。《明史·奸佞传》里可以找到他。实话说能以奸佞之名跻身史册也不容易，须知大多数奸臣佞臣本身也都是人文学者，竞争颇为激烈。顾可学比较特殊，此人可以归入科学家和医学家一堆。据说他写过一本《眼科对症经验方》，不过失传了。这位"顾科学"的墓志铭里说，此人嗜好研究黄庭之牝，驻颜有术，活了七十九岁，在当时来说也算是高寿了。

弘治十八年（1505年），顾可学进士登科，其人生第一阶段的官场生涯比较平庸，熬了多年熬到工部主事，负责皇宫的基建和修缮工作，倒是一个肥缺。《无锡县志》和顾氏家谱里都记载，顾可学是在浙江布政使参议的位置上退休的，《明史》里则截然相反，白纸黑字的写着，老顾是因"盗官帑"被言官弹劾撤职回家。虽说某些史官有"泼粪"的传统，但是看看顾可学后半生的"业绩"，《明史》还是比县志可信些，家谱就不用说了。吾国的另一传统是：给祖宗涂脂抹粉不遗余力。所以几乎可以说，家族无信史。

在无锡老家待了二十多年后，顾可学耐不住寂寞了，偷摸着给严嵩送了一笔厚礼。严嵩也是弘治十八年的进士，和顾可学有同年之谊，当然主要是看在礼单的面子上，礼一收，就把顾可学隆重推荐给了嘉靖帝朱厚熜。推荐理由是：顾可学有门手艺，可以用童男童女的尿液炼制秋石，而秋石就是春药一种。恰好，朱厚熜有这个需求，且相当强烈。

据说秋石是淮南王刘安的专利，李时珍的《本草纲目》里也收录了这味很生猛的中药，不过李时珍对此嗤之以鼻，认为这种药只有淫虫才肯服用，副作用也很大，服用这玩意早晚精尽人亡。

白居易的哥们儿元稹曾长期服用秋石，五十来岁就死了。老白有两句诗说的就是这事：微之炼秋石，未老身溘然。元稹是一时偶像，想跟他一夜情的粉丝如过江之鲫，容易肾虚，所以得靠秋石来维持坚挺。

那时制药业欠发达，也没有体贴的制药商献药给老干部老首长专用，所以元稹都是自己炼。顾可学估计是机缘巧合得到了元稹的药方，才换来了高官厚禄，简直羡慕死后世之人，你想啊，人家给皇上吃尿都能加官晋爵，活活气死个人。

秋石这种东西，制作工艺比较复杂，沈括的书里有记载，简单说就是把人尿上锅蒸馏数遍，剩下的白色结晶体就是秋石。制作这种药非得重症鼻炎患者才行，否则要把脑子熏坏。王小波的一篇杂文里提到过几个知青把冰冻的便盆放在炉子上融尿，你可以想象一下那种味道的杀伤力。

嘉靖虽然有邵元节和陶仲文，但这二位主要负责帮他长生不老，顾可学的出现帮他解决了床上问题。一开始顾可学在严嵩家秘炼秋石，过了一阵子那味儿连严嵩、严世蕃爷俩都受不了了，就给皇上打了个招呼，索性批了块地盖了制药厂，公然让顾可学大规模生产"伟哥"。这事知道的人多了，上书弹劾的也有不少，不过廷杖几回也就再没人敢说什么了。

有关顾氏春药的药效，貌似嘉靖用后效果不错，"饵之而验"——要不你说顾可学的官怎么一升再升呢？工部尚书、礼部尚书都是破格提拔，最后官至太子太保。因为顾可学捞得的功名骚味扑鼻，坊间私下里都叫他"炼尿尚书"，笔记小说《万历野获编》里记录了两句诗也是说顾可学的："千场万场尿，换得一尚书。"明穆宗朱载垕登基后也没少吃秋石，服用后效果更是神奇，"阳物昼夜不仆，遂不能视朝"，真是天下阳痿患者的福音。

剑桥的李约瑟博士曾著文阐述过秋石这种药，认为顾可学这个成果非常了得，并得出结论：最早成功从尿液中提炼出雄性激素的就是中国人，并用此来治疗性功能减退。少不了还要加一句爱国青年最喜欢的话：早于西方多少多少年。

多年以后，又有科学家按照沈括、李时珍等人记载的制作工艺炼出了秋石，万幸的是几位非常有勇气的科学家脑子没被熏坏，他们拿出的结论是：秋石的主要成分就是磷酸钙、硫酸镁和氯化钾啥的，俗称尿碱，根本没有壮阳的功效，吃了倒是对肾脏有损害。当然，这还不足以颠覆顾可学的科研成果，没准真是失传了。如是，则太过可惜，今天谁要是有这方子，随便把专利卖给哪家制药厂也能把辉瑞顶破产，吾泱泱大国，原料不有的是嘛。

严 嵩

明·严嵩【赐太液乘舟】 兰舟演漾水云空，花叶田田岛屿风。棹入琼波最深处，玉楼金殿影西东。

明·无名氏【京师人为严嵩语】 可笑严介溪，金银如山积，刀锯信手施。尝将冷眼观螃蟹，看你横行得几时。

严嵩，字惟中，明江西分宜人。如今分宜还存有严氏宗祠，严嵩大名赫然在列，享受着子孙的香火。据说《打严嵩》这出戏在哪演都没事，到分宜就不行，有多远轰多远，跑得慢的说不定还要承受严氏子孙的拳脚。

分宜人认为严嵩好的原因很朴素，据严氏家谱记载，严嵩当年花了不少银子在分宜修了几座桥，也曾造福桑梓。俚语说"修桥补路瞎眼"，很准，严嵩的儿子严世蕃就眇一目，俗称独眼龙。

严嵩的父亲叫严准，没功名的穷秀才一个，靠教小朋友读书维持生计。少年严嵩是个读书种子，别的孩子还尿炕的年纪他就能作诗了。他叔叔也是一秀才，曾被七岁的严嵩揶揄了一番。当叔叔的出了个上联，说"七岁孩童未老先称阁老"，侄子对的是，"三旬叔父无才却做秀才"，非常狠，他叔脸皮若薄点儿，说不定就抹脖子上吊了。三岁看大，七岁看老，这条下联充分说明，严嵩是个狠角色。

有关对对子的典故还有一则，说是分宜的地方官曾出一上联：关山万里，乡心一夜，雨丝丝。严嵩对的是"帝阙九重，圣寿万年，天荡荡"——上联是官员缱绻思乡，属于朦胧派的；严嵩的下联变了味，改颂圣了，属于马屁派的宏大叙事，非常主旋律，比父母官的上联要政治正确得多。假如我要是那个官儿，恐怕要哆嗦了，朦胧派碰上主旋律，死都不知道怎么死的。万幸的是，小严同学还是个蒙童，离他掌权柄的日子尚远。

弘治十八年（1505年），二十六岁的严嵩二甲进士出身，被选为庶吉士，两年后进翰林院编修，绝对前程远大。不过一年后他爷爷和母亲相继去世，严嵩只得丁忧回家守孝。这一守整整守了八年，本来两年多就够了，不过那时正值大太监刘瑾擅权跋扈，回去当官的话假如不投靠阉党，很难生存。另一原因因为严嵩是江西人，有个叫彭华的江西官儿曾经得罪过权臣焦芳，后者衔恨，跟吏部的人都打了招呼，提拔谁也不能提拔江西人。严嵩比较知趣，既然改不了户口，冒险出山不如暂时蛰伏。这八年严嵩利用得很好，跟朋友喝喝酒，做几首田园诗，居然还得到了大儒李梦阳的表扬："如今词章之学，翰林诸公，严惟中为最。"

正德七年（1512年），严嵩接了个私活，帮袁州地方官修了《府志》，在文本体例上有大胆创新，在当时文坛大获好评。行文至此想起白居易那首"试玉诗"："试玉要烧三日满，辨才须待七年期。"——

是啊，严嵩要是这时候挂了，留下的就是名士的清名了。

"扫榻云林白昼眠，行藏于我固悠然。"这两句诗不错吧，严嵩写的。那时他正在钤山当他的名士，过着恬淡冲和的日子，我倒不信彼时的严嵩是为作恶积蓄力量，这种判断太诛心。

人心的变质需要制度的土壤，乡野不同于庙堂，诗中那种感觉是装不出来的。

《万历野获编》里，沈德符对严嵩的八年名士生涯评价非常之高，说他的《钤山堂集》"诗皆清利"，跟乐府诗有一拼。夸完严嵩的文学造诣之后，沈德符感叹了一番：故风流宰相，非伏猎弄獐之比，独晚徒狂谬取败耳——"伏猎弄獐"是唐朝故典，"弄獐"说的是李林甫，他有个亲戚生了个儿子，李大宰相送了份礼，并手书"弄獐之喜"，把璋写成了獐，亲戚心想闹半天我媳妇生了个畜生。想必不会太高兴。"伏猎"出自李林甫的手下侍郎萧炅，这位户部副部长把《礼记》里的"蒸尝伏腊"念成了"伏猎"。沈德符用典的意思就是，严嵩跟李林甫他们还是不一样的，肚子里真有货。不过大奸大恶之人，未必不是大才大智之士，秦桧和蔡京都是才子，智商都不低，搞文字狱也都是行家。

"青词宰相"是严嵩的另一个绰号，贬义的，因为严嵩最初得宠的原因之一就是擅写青词。不过青词宰相是一个群体，并不止严嵩一人。嘉靖十七年（1538年）后的内阁辅臣里，十四位里有九个是靠写青词入阁，那么你知道会这个调调对仕途有多么重要了吧。

嘉靖迷恋道教那一套大家都知道了，没事喜欢祭天祭地，而青词就是皇上跟天地沟通用的一种文学体裁，可能只有这种文体神仙才能看懂，所以算是一种密码。比如这句："岐山丹凤双呈祥，雄鸣六，雌鸣六，六六三十六声，声闻于天，天生嘉靖皇帝，万寿无疆。"你看得懂啥意思吗？不明白就对了，青词就是这种不知所云的马屁玩意。

而严嵩非常清楚，越是让人看不懂，就越显出水平，如果连皇上都看不懂，那简直就是文中极品了。还有个夏言也是青词高手，后来严嵩把夏言整死之后，"醮祀青词，非嵩无当帝意者"，这活儿就彻底让严嵩垄断了。准确地说，是严嵩父子垄断，据说严世蕃比他爹还强，严嵩晚年撰写的青词，多是他那独眼龙儿子提刀。而严世蕃母死丁忧后，严嵩总也完成不了任务，写得越来越差，他的最终倒台，跟这事儿或多或少有那么点关系。

易中天先生有篇文章写到严嵩，他的观点是：严嵩算不上奸臣。按照史书上给奸臣的定义，应具有如下特征："窃弄威柄，构结祸乱，动摇宗祐，屠害忠良，心迹俱恶，终身阴贼。"纵观严嵩一生，屠害忠良是有的，构结祸乱没有；窃弄威柄是有的，动摇宗祐？真没有。

在皇权社会，大臣不过是帝王手里的行货，行货按照型号有大有小，按照使用期限有长有短，按照分泌物产量有多有少，无论大小长短多少，都不改奴才本质，也都免不了有朝一日被当作药渣扔进垃圾桶。粗俗浅显地说，严嵩王八蛋是因为嘉靖王八蛋，主子是奴才的培养基；嘉靖王八蛋是因为极权王八蛋，极权制度是混蛋帝王的培养基，这根藤上结出个好果子是偶然，长出累累恶果是必然。

嘉靖七年（1528年），礼部侍郎严嵩被派往湖北出差，回京后上了道奏疏，疏中详细叙述了河南旱灾灾情，灾区老百姓都吃麻叶和树皮果腹，灾民卖儿卖女所得也就是吃一顿饱饭。洛阳灵宝一带还出现易子而食的惨剧，饿莩把路都堵死了。嘉靖看了有所触动，下旨缓征河南一年赋税，等来年有了收成再说。这说明严嵩还不是全无人性，至少在这事上有一桩功德。不过严嵩为河南人民立功是耍滑头要来的，如果没有第二道献祥瑞的奏疏，第一道也未必收效。对一个混蛋帝王，是需要哄的，拯民须走曲线，像后来的海瑞那样直接抬着棺材死谏，效果未必就佳。

彻底让严嵩由能臣变成"忠臣"的，是太庙事件。马屁大臣丰坊瞅准机会上疏，建议把嘉靖的老爹，兴献王朱祐杬尊为宗，请入太庙供奉，而这正是嘉靖一直想干却没干成的事。没想到嘉靖刚提出要请爹入庙，就遭到了大多数朝臣的反对，严嵩也是反对者之一。作为时任礼部尚书，议礼是他的专业，必须表态，但老严已非昔日小严，圆滑了许多，就上了份模棱两可不置可否的疏，妄图蒙混过关。嘉靖读完气得不行，想当骑墙派是吧，那我就杀个鸡让你看看，随后就把激烈反对者户部侍郎唐胄削职为民，当草根去了。严嵩立马就怂了，马上改了风向，说皇上的话一句顶一万句，您说咋办就咋办，还把嘉靖父子比作周文王周武王。活人瞧着恶心，可死人没办法表示反对。

搞定这个最有发言权的礼部尚书，障碍就没了，嘉靖老爹的身份问题也就搞定了。作为回报，严嵩得到的奖励是：白银百两，彩帛百幅，钞四千贯，加太子太保——站队这种事儿，是中国官僚遇到最多的问题，严嵩的经验是：跟老大站一块总是不会吃亏的。

正确站队之后的严嵩开始向其仕途顶峰攀爬，这中间遇到的阻力都得依次解决。第一个需要解决的就是夏言。严、夏之间的关系很复杂，早年夏言算是严嵩的门生，此后夏比严爬得快，跟老大关系近，反倒成了严嵩的恩主，后者的礼部尚书职位就是夏言推荐的。明人笔记中记载，严嵩某日请客，唯独夏言不至，老严就亲自到夏府跪请，夏言的面子捞足了，这才欣然赴宴。然而多年以后，夏言为当年的行为付出了惨痛代价。

史书中对夏言的评价是"正直敢言，豪迈强直"，最不喜为他人所左右，甚至连嘉靖都拿他没辙。比如嘉靖封了自己一个驴长驴长的道号后还嫌不过瘾，又赐了阁臣每人一顶道冠一袭法袍，其他人都老老实实地穿戴，只有夏言不肯，认为阁臣打扮成老道，不成体统。与之相左，严嵩不仅穿了，还扯了一块轻纱把脑袋上的道冠罩上，以免蒙尘，嘉靖看在眼里自然舒泰无比。

此外有宦官来叫诸位阁老开会，严嵩总是屈身远迎，宦官走的时候还偷偷塞点金条金块，搞得太监们恨不得皇上天天找严阁老开会。到了夏言家待遇骤减，夏阁老态度又恶劣又傲慢，缺心眼的太监以为夏阁老也跟严阁老一样给黄金，就暗示：下边呢？夏言说：下边没有了，滚！

总之夏言很拽严嵩很贱，内臣回到皇上跟前，说严嵩的就光剩下好话了，夸严阁老有一颗"金子般的心"。至于说夏言的是不是好话，你猜得到的。

嘉靖对夏言的态度比较暧昧，但还不算混蛋透顶，夏言是能臣，他心里清楚得紧，真正办事还得靠这种人。某日嘉靖写字，不由自主写出"公谨"二字，不是说他怀念三国周郎了，而是想夏言，"公谨"也是夏言的字。严嵩不傻，马上建议召夏言重新入阁，这叫以退为进。收拾人这种事，急不得。

嘉靖二十五年（1546年），三边总督曾铣上疏奏议收复河套，给严嵩送来了收拾夏言的机会。本来嘉靖是同意收复河套的，但他又怀疑师出无名，最怕的是耗费巨资后不能成功。严嵩见缝就钻，立刻密奏一本，"臣与夏言同典机务，事无巨细，理须商榷，而言骄横自恣，凡事专制……一切机务忌臣干预，每于夜分票本，间以一二送臣看而已"——这段话非常之狠，说夏言凡事专制，嘉靖就火了，心想我才是大明的专制头子啊，你也敢抢？于是就逼夏言致仕。严嵩可能觉得致仕还不把稳，说不定哪天就复起了，就纠结锦衣卫头子陆炳，以及总兵仇鸾，联合告发夏言、曾铣私通款曲纠结为奸。不久，曾铣处死，夏言弃市。

实话说，夏言之死不能都算在严嵩头上，真正致夏言于死地的还是嘉靖。《嘉靖奏对录》里记载，严嵩曾数次上疏劝嘉靖别杀夏言，然而毕竟死刑核准权属于皇帝，或许嘉靖是这么想的：告黑状的是你，喊刀下留人的也是你，How old are you？得了，杀人的黑锅咱俩一块背吧！

沈炼是另一个不买严嵩账的，此人是锦衣卫头子陆炳的手下，《明史》载其"为人刚直、嫉恶如仇，然颇疏狂"。其疏狂的具体表现很有意思，沈炼弹劾严阁老十大罪行后，被嘉靖揍了一顿贬到保安，他居然在家里戳了几个稻草人，草人身上分别写上"李林甫、秦桧、严嵩"，然后召集子侄练习射箭。

策划收拾沈炼的是严世蕃，《明史·沈炼传》记载，严世蕃对总督杨顺等人说："若除吾疡，大者侯，小者卿。"当时正闹白莲教，杨顺灵机一动就在白莲教徒招供名单上填上了沈炼，顺理成章地就给杀了。这个理由很过硬，邪教教徒当然是诛之后快。

比起沈炼，兵部小官杨继盛更狠，直接归纳出严嵩的十罪五奸，譬如盗权窃柄卖官鬻爵贪污受贿排斥异己，这些脏事严嵩还都有，一查就有事，但杨继盛错就错在这句话——"群臣于嵩畏威怀恩，固不必问也。皇上或问二王，令其面陈嵩恶"，藩王不许干政，杨继盛想必是脑袋一热给忘了，他多半是觉得王爷毕竟是王，不怕严嵩，却没想到触了嘉靖的忌讳，结果被廷杖一百投入诏狱。入狱后，有好心人送来一副蛇胆，说可去血毒，杨继盛不吃，说"椒山自有胆，何必蚺蛇哉！"后来的事迹大家都知道了，杨继盛拿一瓦片，自剜腐肉三斤，关羽的刮骨疗毒跟杨公相比显得就小儿科了。想追怀一下这位大明硬汉的，可以去趟我老家保定，有杨公祠一座，不过如你所知，是后建的，原来的早没影了。

杨继盛死前给妻子留了一首诗："浩气还太虚，丹心照千古；生前未了事，留与后人补。"得知噩耗，杨夫人自缢殉夫。北京百姓被这对硬邦邦的夫妻震撼了，尊杨继盛为城隍，所以那时北京城有两个城隍，前一个是状元公文天祥。

"明朝杀谏臣，自此而始；反激排荡，致使言路趋于偏激，由意气而戾气，国亡始息。说严嵩是明朝第一罪臣，亦不为过。然而此养奸纯出于世宗的姑息，世有亡国之君，乃有亡国之臣，于此又得一明证。"这是"布衣史家"高阳先生的点评，一句话，最高领袖不是个东西，早晚亡国。彼时的统治者嘉靖没被民众关进笼子，他倒是把自己关在了炼丹房中，严嵩等人自然有了作恶的空间。

十二年后，隆庆即位，给杨继盛平反，追赠谥号"忠愍"。"愍"字，可以翻译成"疼"。杨继盛是直隶人，嘉靖二十六年（1547年）进士。这位直隶人同时也是直立人，在黑魆魆的中国历史中，在亿万跪姿的人群中，杨继盛是以站姿入史的。

越来越老的严嵩，越来越倚重自己的儿子严世蕃。严世蕃，号东楼，短硕肥体，还瞎了一只眼，远不如他爸年轻时有风度。但此人自视甚高，认为当世能称得上天才的，只有陆炳、杨博和他自己。倒也不算吹牛，暮年的严嵩凡接了青词的活，都由严世蕃代笔。有朝臣来找严嵩请示，老严就说"请质东楼"，去请示我儿子吧。

可着大明一朝，老爹称呼自己儿子"号"的，也只有严嵩，有事没事地喊"东楼"来帮老爸办事。可见严嵩对其子之器重。严世蕃替他老爹票拟，每每能把嘉靖的心思猜个精透，在阴揣帝私这一高端心理学上堪称强爷胜祖了。不过严世蕃最强的，是卖官能力，此人利用档案学天分，将大小官位分门别类明码标价，弄得好像中药铺的药格子，相当清晰，检索起来也方便。因此买卖非常红火。钱多了之后，就得消费，严世蕃不像他爹，《皇明大事记》中说，"嵩妻欧阳氏甚贤，治家有法，驭世蕃甚严，嵩亦相敬如宾，旁无姬侍"，可作为严嵩琴瑟和谐不好女色的证据。严嵩位高权重之后，欧阳氏还劝丈夫，曾记否，钤山堂那些年无边的寂寞？你现在得到的已经够多，莫贪心，伸手必被捉。然而"驭世蕃甚严"也只能是严世蕃成人之前的事，长大后老妈就说了不算了。据野史笔记记录，严世蕃藏金于地窖，某天让他老爸来参观，严嵩一见之下差点让金子晃得脑溢血。

严嵩的下坡路始于一次犯老糊涂，他指示吏部推选自己的亲戚欧阳必进，看姓氏应该是他那位贤良夫人的侄子什么的，没料想嘉靖很讨厌这个欧阳，见此人名大光其火，奏折掷于地。严嵩就密奏一疏，说"谓必进实臣至亲，欲见其柄国，以慰老境"，这话就太老年痴呆了，你老了就算了，你还弄个亲戚安插在朕身边，是想千秋万载一统江湖吗？事后有清醒人说：与人主争强，王安石也不灵啊，你以为你严嵩是个什么东西。

后果言中，才几个月的工夫，嘉靖就让欧阳必进致仕了。所以这位严家亲戚，叫"欧阳必退"更贴切些。严嵩不长记性，不久又提一个老糊涂建议，永寿宫失火，他居然劝嘉靖搬到南城离宫暂住，那可是明英宗朱祁镇被软禁的地方。从此嘉靖就更疏远他了，何况此时他已有了替代品——徐阶。

最终搞定严嵩的就是徐阶。那时嘉靖最宠信的道士蓝道行就是徐阶推荐的。某日严嵩有事要上奏，徐阶秘密透露给蓝道行。卜卦时，嘉靖问蓝道行今儿有啥大事发生，蓝说：今日有奸臣奏事。嘉靖心里一紧，问奸臣是谁呀？蓝老道拂尘一抖，说：各位观众，现在是见证奇迹的时刻——话音未落，严嵩挑帘进门。

嘉靖见证了"奇迹"之后，崩溃了，陷入沉思。用了几十年的严阁老怎么会是奸臣呢？可你要说不是吧，那蓝道长可是不知道严嵩要来啊，信谁呢？信神仙？还是信严嵩？于是当需要嘉靖站队的时候，他也最终选择站在了老大一边，神仙就是嘉靖皇帝的老大。

巧合无处不在，正当嘉靖对严嵩产生怀疑自言自语之时，御史邹应龙正在一太监房内避雨，恰好听了个满耳。邹御史欣喜万分，他知道，倒掉严嵩的时机到了，再不能有片刻拖延，这世上最善变的，不是变色龙不是孙悟空，而是皇帝老儿。

回府后邹应龙立刻起草奏疏，细细罗列了严嵩父子的诸般罪状，主要内容有："嵩以臣而窃君之权，世蕃复以子而盗父之柄"，还顺便揭发了严世蕃在母丧期间"聚狎客，拥艳姬，恒舞酣歌，人纪灭绝……所至驿骚，要索百故，诸司承奉，郡邑为空。"嘉靖随即批复：勒嵩致仕，下世蕃诏狱。严嵩被抄家之后的清单，在《世宗实录》中有记：金三万二千九百六十两有奇，银二百二十万七千九十两有奇，玉杯盘等项八百五十七件，玉带二百余条，金厢玳瑁等带一百二十余条，金厢珠玉带绦环等项三十三条、件，金厢壶盘杯箸等项二千八十余件，龙卵壶五把，珍珠冠等项六十三顶、件，府第房屋六千六百余间、又五十七所，田地山塘二万七千三百余亩。据易中天先生推算，不算那些宝物字画，光金银就相当于大明一年的财政收入。万历宰辅张居正点评：这哪是阁臣辅国啊，分明是个做买卖的。

回到江西的严嵩，住在乡人挖好还没用的墓坑里，每天靠讨一些上坟用的祭品果腹，死之前连棺材也置不起，身后也没有凭吊他的人。不像今天，分宜的后世子孙们把他当个宝，不许旁人加之以半句恶言。当然这可以理解，严嵩故里的名头是能换钱的。

另据行家说严嵩的书法造诣相当高，多年之后的某天，乾隆发现大清顺天府贡院的"至公堂"三个字原来是严嵩写的，就想换掉，怎么能用明朝大奸臣的字呢？用也得用清朝大奸臣啊，于是自己也写让刘墉和珅们等群臣都写，写完一看，没一幅字比得上老严的，只好作罢。另有一说，菜市口鹤年堂老店的牌匾也出自严嵩手笔，有兴趣的人可以去鉴定考证一下。此外杨继盛弹劾严嵩的手稿还存世，我查了一下，估价是二百八十多万RMB。

与严嵩父子有关的戏剧很多，差不多各个剧种都有，《打严嵩》不赘了，戏迷票友都知道。《鸣凤记》据说出自明朝大文豪王世贞手笔，主题也是抗严的，同时弘扬杨继盛惊天地泣鬼神的硬骨头。参与"抹黑"严嵩行动的，还有冯梦龙，《喻世明言》里的"沈小霞相会出师表"，讲的就是沈炼后人的故事。

有个民间笑话也是埋汰严嵩的，说是严嵩纳了个妾，开派对庆祝，有马屁精送来新鲜河豚。众人正大快朵颐，突见一书生昏倒在地口吐白沫，就都慌了神，小妾变色道，说这是河豚中毒的症状，不救必死。严嵩忙问，可有解药？小妾说：屎汤。于是严嵩吩咐小厮去茅房取"药"，每人盛了一大碗咕嘟咕嘟地喝。正喝着书生醒了，眼望众人鼻嗅恶臭大惑不解。先服完"药"的就问：咦，你咋没事了？你没喝解药啊？书生说：我上了个茅房回来一看，见你们把河豚都吃完了我就急火攻心，小生我有个毛病，一急就抽羊角风……

除了几本戏剧疑似王世贞手笔，千古奇书、署名兰陵笑笑生的《金瓶梅》也有不少学界人士怀疑是王世贞写的。有关这本书还有个传说，王世贞的父亲王忬官居右都御史，总督蓟辽边关军务，家中秘藏张择端的《清明上河图》。严世蕃得知后想掠美，就叫王忬拿来看。王忬深知送严府去就等于肉包子打狗，不送又开罪不起，就找高手临摹了一幅赝品，指望能蒙混过去。却未料严世蕃也是个中行家，发现是赝品后恼羞成怒，就联合他老爸找了个罪名把王忬杀了。怀揣一颗复仇心的王世贞知道严世蕃好色，就写了本黄色小说，在每张书页上涂上少许砒霜，呈送严世蕃。小严得奇书后手不释卷，食指蘸着唾液一个劲儿地翻，书读完了也就中毒死了。传说就是传说，当然不靠谱，这个故事的全部意义就是告诉我们：拿手指蘸着唾沫翻书是不卫生的。

王家父子得罪过严氏父子是肯定的，《明史·王世贞传》里有记录。第一次是因为陆炳，有个姓阎的作奸犯科，王世贞负责捉拿，听说此人被大明秘密警察头子陆炳藏了起来，就去陆宅缉拿，一搜果获。陆炳很没面子，就请出严嵩当个中间人斡旋，好让王世贞把姓阎的无罪释放，王世贞谁的面子也不给，把奸人按律办了，严嵩、陆炳都怀恨在心。第二次就是杨继盛之死，杨被下狱后，王世贞上疏抗议无效，就带着熬好的汤药去狱中探望。杨死后，朝中无人敢出面料理其丧事，还是王世贞，自掏腰包为好友置办棺椁，操办丧事，撰写祭文。严家恨王家，恨着恨着就成了阎王，仇恨的种子就是这么埋下的。

1559年，蒙古俺答部入侵，滦河失守，严嵩以王忬防守不力为由使其下狱。王世贞、王世懋昆仲闻此噩耗辞职跑到严家，每日跪在门口哭求严嵩放过老父一马，严阁老"阴持忬狱"，暗地里使坏，表面上却说案情有转机，你们老爸不会有事云云。王世贞冰雪聪明，明白严嵩只是搪塞，就转而和王世懋跪在官道旁，见到重臣的轿子经过，就磕头作揖，还不停地自扇耳光，兄弟俩面颊上血流如注。可是也没用，朝臣们或跟严氏一党，或畏惧严嵩势焰，总之没人出手相救。秋后，王忬被斩于西市。

王忬死后，王世贞兄弟扶灵柩回乡，茹素三年，也不回内室就寝，只在堂屋守灵。脱掉孝服后，两兄弟仍然不冠不带，也不出席任何酒局，静等复仇。隆庆元年（1567年），王世贞兄弟伏阙喊冤，徐阶出面上奏履新的皇帝，这才给王忬恢复了名誉。父仇如海，说实话王世贞恨上严嵩也是相当正常的。也因此，有人说《金瓶梅》就是王世贞所写,证据有如下几点:一、严世蕃小名叫"庆儿",跟西门庆的庆同字;二、严世蕃号"东楼",和"西门"相对,有可能就是王世贞玩的文字游戏;三、以《金瓶梅》的大手笔和万象包罗,也就文坛领袖王世贞能操控自如。其他的证据就是捕风捉影了,比如该书第五十七回,西门庆说:"咱只消尽这家私广为善事,就使强奸了嫦娥,和奸了织女,拐了许飞琼,盗了西王母的女儿,也不减我泼天富贵"——对照一下严家被抄家后的财产清单,严世蕃倒还真有资本夸这个海口,此外西门庆的性瘾症严重程度与严世蕃也相当。

还有个推理估计是医药学者干的,有人考证出李时珍写完《本草纲目》后找王世贞作序,王把这本书整整在家放了十年才写了篇序。而《金瓶梅》里西门庆是阳谷县第一开生药铺子的,书中有关药学医学知识很多,且很专业,据此推理,王世贞的医学知识八成是从《本草纲目》里看来的。这个以一本药书推理一本"黄书"作者的观点,很有点意思。

不管《金瓶梅》是否为王世贞所写,总之王大文豪是没省着严嵩父子,《嘉靖以来首辅传》就是他写的,但实际上王世贞对严嵩父子的记载与明史并无大的区别,严嵩办的好事,王世贞也没有因私仇隐去。其实为父仇计,换旁人把严嵩父子往恶棍里写是有可能的,不是所有的人都能搂得住私愤。这一点徐阶就比严嵩聪明,知道文人不能轻易得罪,沈德符的《万历野获编》里记录了一段话,有人问徐阶为什么要帮王世贞,徐阶说:"此君他日必操史权,能以毛锥杀人。"

毛锥就是毛笔,文人唯一的武器。

（**附嘉靖道号**：灵霄上清统雷元阳妙一飞玄真君、九天弘教普济生灵掌阴阳功过大道思仁紫极仙翁一阳真人元虚玄应开化伏魔忠孝帝君、天上大罗天仙紫极长生圣智昭灵统元证应玉虚总掌五雷大真人玄都境万寿帝君）

赵文华

赵文华，宁波慈溪人，嘉靖八年（1529年）进士。这之前赵同学在国子监当监生，当时任祭酒的是严嵩，有关严嵩对赵文华的态度，《明史》中用了两个字：才之。严嵩的水平你知道了，能得其赏识，赵文华一定不是凡品。

《明史》中对赵文华评价很差，说他"性倾狡"，倾者不正也，狡者滑头也。有了与严嵩在国子监培养的师生情做底，仕途顺风顺水。几年后严嵩官越做越大，赵文华就跟老师说，一日为师终身为父，干脆我管您叫爹得了。严嵩想我儿东楼一只眼，加赵文华两只眼，就三只眼了，二郎神啊，这爹当得。

收了这干儿子后，严嵩决定充分利用赵文华的两只眼，因此举荐他担任通政使。这是个正三品的官儿，通政使司可是要害部门，所有奏疏都要经过通政使之手。严嵩正是看中这一点，有赵文华把持通政使司，就等于管制了臣子与皇帝之间的信息渠道，赵文华的作用就是一辆信息直通车，再有弹劾他的疏就可以自己先过目，做起预案来就从容得多。

赵文华官职陡大，就生了跟嘉靖单独勾兑的心，"欲自结于帝"。他重金找来医家，配置了一种名为百华仙酒的药酒，进献嘉靖，并称此酒有延年益寿之功效，还说皇上您要是不信，看看我老师严嵩多硬朗，他就是喝这酒喝的。嘉靖素喜服丹药，一说能长寿就欣欣然试饮，喝完感觉还不错，就写了条子和严嵩交流百华仙酒的保健疗效。严嵩怒了，"文华安得如此！"好啊，你小子居然背着我私自讨好皇上，讨好就讨好吧，明明我一口没喝过，还拿我当对照组小白鼠。严嵩便气呼呼地给嘉靖回了封信，说：臣生平不近药饵，犬马之寿诚不知何以然——意思就是告诉嘉靖，酒我没喝过，连我都不知道我为什么老不死，赵文华知道个屁。

这回叫亲爹也不好使了，严嵩彻底抛弃赵文华，后者到严府跪泣也没能感动老干爹，只好去求老干妈。赵文华深知，自己尚无足够实力摆脱严嵩，被开除出严党的，日子难过得紧，基本上朝登天子堂暮为田舍郎。于是赶紧危机公关，给贤良的欧阳氏送上一笔厚礼和一瀑布的眼泪后，老太太心软了。《万历野获编》中重现了这一幕，某日严家聚餐，欧阳氏说，"今合家欢聚，奈少文华耳"，严嵩就跟夫人说小赵干了什么什么亏心事，老太太就说："儿曹小忤，何忍遽弃之？"

赵文华早就藏在一边，此时见老干妈替自己说话，忙跪伏而出，给干爹敬酒，总算重获严嵩信任。

不过他那干兄弟，一只眼的天才严世蕃很瞧不上赵文华，觉得此人认爹动机不纯。其实不用像严世蕃那么聪明也明白，俗语说：干亲不是亲，不是为权就是为婚。

正史所载，赵文华被列入嘉靖朝严嵩之后的奸佞，主要证据是弹劾抗倭总督张经、浙江巡抚李天宠，致两人丧命。和严嵩与夏言差不多，张李二人的死因也不能都归咎赵文华，最终下令处死二人的，还是嘉靖。

聊聊赵文华的功。他把七品小官胡宗宪扶上总督东南的高位，这一举荐对于大明王朝的抗倭事业起到了至关重要的作用。胡宗宪的被重用，也即等于同时为戚继光、俞大猷、徐渭、唐顺之等杰出人才提供了最佳平台。胡宗宪执政期间的中日之战，几无败绩，东南沿岸的海盗和倭寇苦于不会造潜艇，连安全一点的藏身之地都不好找。后来胡宗宪被列入严党，也是因为他的恩人是赵文华，实质上不过是肮脏的党争。极权制度下的能臣做点事不易，不仅要找个过硬的靠山，还得请客送礼。岂止胡宗宪贿赂赵文华，连战功赫赫的名将戚继光也有重金购春药献给上级张居正的"劣迹"。

抗倭有功，但劾害吏部尚书李默发这桩罪，赵文华是赖不掉的。某年考试，李默发出的题中有如下字样——"汉武征四夷，海内虚耗；唐宪复淮蔡，晚节不终"，被赵文华以文字设狱，跟嘉靖上疏说，这是赤裸裸地谤讪皇上您的赫赫战功。历代皇帝在抠字眼方面都很有才华，联想能力超强，顺着赵文华的阐释越想越是这么回事，就把李默发肉体消灭了。设狱者赵文华呢，加太子少保，还给了他儿子一个锦衣卫千户的荫职，以同僚的血染红了父子两人的顶戴。

攀升高位之后，赵文华愈发的跩。进献的方士金丹嘉靖吃完了，派小太监去要，赵文华居然不理。某日嘉靖登景山远眺，见西长安街有座"摩天大厦"，就问左右这是谁家的宅子，答：赵尚书家。嘉靖难免会有想法：都说经济基础决定上层建筑，赵文华这厮一定是贪了不少。交代下背景，当时要重建正阳楼，嘉靖让赵文华亲自督建，赵文华推说没空。另有一人跟嘉靖说，工部库里的大木头，都让赵部长用自己家了，哪有时间给皇上您盖楼呢？

嘉靖彻底怒了，但还给赵留了几分面子，就下诏催赵文华开始施工。赵文华不知死之将至，称病不出。嘉靖彻底绝望，说，好吧，有病是吧，回家养病去吧。

　　要说嘉靖这皇帝也当得窝囊，虽然下诏让赵文华去职返乡，但还嫌不过瘾，指望言官上疏弹劾，却偏偏没人说话。如果不是赵文华的儿子，刚当上锦衣卫千户不久的赵怿思提出要请假送老爸，嘉靖就憋爆了。既然你主动提供借口，那就好办了，传旨！黜赵文华为庶民，赵怿思发配烟瘴之地当兵，捎带脚嘉靖连不说话的言官也廷杖了一顿，才算是解了气。

　　回乡的船上，赵文华"一夕手扪其腹，腹裂，脏腑出，遂死"，这死法很神奇，拿手揉肚子当然不会把肚子揉爆，他又没练过鹰爪功。总而言之这死法太过神奇，令人忍不住会阴谋论一下。

　　慈溪民间传说中的赵文华没那么不堪，幼年时有神童之名。据说某次慈溪来了个钦差，围观者都躲得老远，唯恐冒犯官威，钦差的官威可就等于皇威，因此轿子一来跪倒一大片。只有小赵同学胆大出位，脑袋上顶着书包既不回避更不下跪。钦差恼怒，呵斥这小屁孩胆大包天，小赵说：我书包里装的是四书五经，不是孔就是孟，你想让两位圣人给你磕头吗？钦差一听就没脾气了，得，我给你让路行了吧。

　　这个传说给我们的启示是：圣人这种东西是可以拿来吓人的。

　　有关赵文华有才的典故还有一则。慈溪有家汤圆店的老板，素知赵文华才名，就出了个上联：八刀分米粉，告诉小赵对出下联来汤圆白吃，想吃多少吃多少。结果把小赵难住了，憋出屎来也没对上来，跑了。十年后，赵文华参加高考，听到景阳钟轰鸣，刹那间把下联从脑袋里轰出来了——千里重金锺（钟）。下联传真到慈溪后，汤圆店老板差点没美死，赶紧制成烫金楹联挂在门口，进士手笔，活广告啊！此后，汤圆店老板亲自给赵家办了VIP卡，赵家人凭此卡可以终身免费享用汤圆。

　　清人尹元炜有本《溪上遗闻集录》，有段关于赵文华拒色诱的故事。那时小赵同学已过青春期，鉴于家庭条件不宽裕，就到一寡妇家给她儿子当家教。青年赵文华仪表堂堂，谈吐儒雅，把东家一颗芳心就弄乱了。于是在一个阒静的夜晚，把学生哄着后，寡妇就来推老师的门。赵文华见状坚决不放人进，该寡妇比较直接，就说你学生我儿子都睡了，没人知道，你给我上一课吧。赵老师正色道：就不上就不上。谁说没人知道啊，天知地知你知我知，你快走，要不我喊非礼。寡妇意志多坚定啊，就使劲推门，奈何赵老师更坚定，就使劲关门。僵持片刻该寡妇见不能得手，而且两根葱指还给夹成了胡萝卜，只好放过这块到嘴边的肉。进屋后越想越憋屈，举刀就把两根手指剁了下来，拿石灰腌制之后放在首饰盒里。

多年以后，寡妇的儿子进士及第，想起这么多年老母含辛茹苦不容易，便上疏朝廷着礼部给自己的老妈建贞节牌坊，没想到被赵文华驳回。寡妇老妈就拿出盒子，说你把这个给你赵老师事就办成了。赵文华打开盒子之后，发现两根手指木乃伊，感动得眼泪哗哗的，就把贞节牌坊的事帮她办成了。

又是多年之后，赵文华回乡顺道去看望寡妇，一见面就说：我悔啊，你当时阐述不清啊，还以为那天晚上你是要拿自个儿抵学费呢。

清代小说家徐承烈写过一本《听雨轩笔记》，有个故事提到了赵文华的后人。他的孙子辈挺有出息，出了几个进士，所以赵家不像严嵩家，依然显达。时值王世贞《鸣凤记》隆重上演，演到慈溪时赵家不干了，把戏子捆起来送到县政府，县令接了案，就判戏子穿着戏服，身上贴着大红字："不合扮演先朝大臣赵文华优人一名某人，枷号示众"，赵家一看，这不是让我祖宗光着屁股转着圈丢人嘛，您老这么一弄知道得更多了。就去求县令免戏子罪，县令说：你们既然送来，我就得治他。现在你们说放我就放，可别说我没尽力啊。

这招太损，以后再演挖苦赵文华的戏，赵家后裔都视之不见，再不敢干涉艺术创作自由了。

董其昌

徐悲鸿【中国山水之精神】 董其昌为八股山水之代表，其断送中国绘画三百年来无人知之。一如鸦片烟之国灭种种毒物。董其昌辈懒汉，专创作人造自来山水，掩饰低能。

董其昌，字玄宰，号思白，晚明书画艺术大师，松江华亭人，搁现在依就系上海人。三百多年后，松江区还多次举办活动，大张旗鼓地纪念明代大艺术家董其昌，非常海派清口。假如时空倒转，你会看到如下场景：祭董活动中，好多人的爷爷的爷爷的爷爷的爷爷，有的正在起草讨董檄文，有的正在张贴倒董大字报，有的正在拆董家的牌匾，还有几位抱着柴火爬到房上，把董家豪宅点燃……

书法绘画以及收藏界的达人都熟知董其昌大名，假如你藏有一幅董书或者董画，虽说如今房价高耸，可是换一套四环内三居室还是问题不大的。董大师遗世名作有一幅《墨卷传衣图》，画的是风景，没什么特别，特别的是这幅画的题跋。董其昌的题文中写明了这幅画因何而诞生——万历十七年（1589年）他进士及第，当时的试卷后来从宫中流出，有人拿给他看，董其昌大为吃惊，就作了这幅《传衣图》以货易货换了回来，并"白予孙庭收之，则不啻传衣矣"，老董把自己三十五年前的殿试试卷交给孙子董庭珍藏，非常郑重，郑重到等同于佛家的传衣钵。然而董大师始料未及的是，到了顺治二年（1645年），扬州十日嘉定三屠，惨剧屡发，反清复明者愈众，满清政府于是发布髡发令：留头不留发，留发不留头。也就是在此间，大师的孙子董庭自行剃发，准备热烈欢迎清军进城，被乡邻发现，活活打死了。

对书画这道道我是一窍不通，不敢说三道四。反正《明史·文苑》

里对董其昌的遗墨评价极高，时有"南董北米"之说，米就是米万钟，北宋大书法家米芾的后裔。可明史里说，跟董其昌齐名的几位，"不逮其昌远矣"。至清，康熙、乾隆这对爷孙早年都临摹董其昌，有皇家推荐，群臣效仿，一时市井流行的都是董其昌风格的馆阁体。

康夫子有为很看不上董其昌的字，说："香光（董其昌）虽负盛名，然如休粮道士，神气寒俭。若遇大将整军历武，壁垒摩天，旌旗变色者，必裹足不敢下山矣！"康有为把董字比作辟谷的骷髅状老道，灰头土脸，行状猥琐。徐悲鸿对董其昌的态度更极端，曾在董的一张画像上题了一行字："董其昌、陈继儒才艺平平，吾尤恨董断送中国画二百余年，罪大恶极！"

徐大师的评价见仁见智，作为外行就不置喙了。不过在董其昌生活的年代，他的字画就已经价值不菲了。有一则掌故为证：清初王弘撰的《山志》中提到，时任松江太守仇时古和董其昌关系不错，时有一富户家的儿子杀人被抓，就贿赂董其昌帮忙求情，董出面摆平了。这之后，董其昌再去见太守，仇时古就摆上宣纸和画布，不留幅字画不让走。时间一长仇太守家就攒了一百多幅董其昌字画。这是索贿的最高境界，不要金银要字画，将来留给子孙，通货膨胀也不怕，名人字画尤其是死名人的字画只有升值不可能贬值。

董其昌的官场经历平平，万历十七年（1589年）中进士后，被选为庶吉士。不久，礼部侍郎田一俊死在了任上，照规定要有一人护送其灵柩返乡。董其昌自荐毛遂，陪着一具尸体远足。这次长途出差对他后来的艺术成就起到了多大作用不好说，但看他后来那句名言"读万卷书，行万里路"，说明这一程董其昌没闲着，读了不少书，逛了不少旅游景点，眼界大开，只是不知道那具可怜的尸体臭了没臭。

董其昌身处的年代，内有魏阉擅权、奸佞横行，外有饥民揭竿、清朝崛起，绝对的乱世。上海人董其昌相当聪明，用今天的话说就是颇为鸡贼，除了跟魏忠贤有点不清不楚的交往，基本上游离于外，写字画画公费游，沿途凭吊古人遗迹，顺便搜罗点古人字画，不像东林党人那么一根筋，什么国事家事天下事事事关心，董大师关心的事只有一件：享受人生。

万历二十二年（1594年），董其昌从翰林编修的位置上被录用为太子朱常洛的老师，很得惟一的学生好评。然而不久，郑贵妃想把自己的儿子立储，一时间朝廷内鸡飞狗跳，忍了四年之后，董其昌外放湖北副使，又得了公费旅游的机会，还逃离了宫廷内乱，索性官也不当了，称病回松江休了六年假。此后他又被委任为湖广提学副使，督湖广学政，却终于惹了事，为以后惹那桩更大的事埋了个伏笔。《明史》中有关这件事一笔带过，"不徇请嘱，为势家所怨"，乍一看似是某个当地很有势力的人求他在招生时给予方便，他没答应，于是一起知识分子抗议事件爆发了——数百个儒生高喊打倒董其昌，坚决要求对话，董没露头，结果这些青年学生使用了暴力手段，把湖广教育厅副厅长的办公室砸了。事后董其昌跟皇帝提出要辞职，隆庆没批准。

这件事貌似不像《明史》记载的那么简单，几百个饥民好忽悠，几百个儒生忽悠起来难度有点大，至于董其昌在该事件中到底有无责任，我是查不到了。假如这些抗议的儒生是被煽动，那煽动者能量不可小觑，绝非寻常人。

之后董其昌又去享受人生了，给官也不做。游历名山大川，临摹古人手迹，很是潇洒了几年。路费他不愁，当时的董其昌已奠定大师地位，沿途给地方官和土大款题几幅字画几幅画就什么都有了。此后他那学生朱常洛即位，问群臣我那老师如今在哪呢？有人就帮新皇上把董其昌找回来，升了官，又给了他一个总编辑职务，让他负责《神宗实录》的资料搜集与撰写，派他到南方采访，这回差旅费又是公家给报销。

崇祯继位后，赋闲在家的董其昌又被想了起来，召回封为詹事府詹事，还是从事皇家教育事业，三年后去职。崇祯给他加封太子太保后致仕。两年后死了，活了八十三岁，谥号文敏，阮大铖亲拟。要说此人确实够"敏"，顾炎武说"天下兴亡，匹夫有责"，董大师是天下兴亡，匹夫能躲赶紧躲。当然也说不上有什么不对。

回乡做寓公的董其昌积蓄了大笔财产。多年前，没有功名的董其昌家里只有"瘠田数亩"，后来却有"膏腴万顷，输税不过三分"。现代暴发户觉着有艘游艇就是富豪的标志，董大师家里居然有几十艘。

既然有钱有闲，就得思点淫欲啥的。从生理机能上来说，董其昌不是"软体动物"，此老很有"硬度"，六十岁还养了一个排的妻妾。如你所知，妻妾成群需要软硬件俱全，所以董大师高薪聘请了好几位道士、方士，以备"不时之需"。

明朝道士的业务范畴除了满足客户长生不老的要求，第二大主营业务就是兜售房中术。房中术由物理技术和化学技术两部分构成，物理的是体位问题，就不展开讨论了；化学的就是春药，明朝道士就是古代"伟哥"炮制者，但那时不叫伟哥，叫媚药。此外还有辅助手段，教董其昌"淫女童而采阴"，当时的松江屡发"嫖幼案"，当事者却安然无恙。后世赞董大师书画双绝，比这更绝的是"两杆妙笔"，书案上一杆，卧榻上亦有一杆，大师以六旬之老，后一杆笔依然笔力雄健，这与道士方士们的努力是分不开的。

既然笔锋雄健，就有相应需求。《定陵注略》中记载：六十老翁董其昌，看上了生员陆绍芳（作者注：另有写作"芬"）家的婢女绿英，觉着比石崇的绿珠都好看，就以钱财诱之，绿英没答应，于是大师就简单加粗暴，指使最生猛的次子董祖常带几个恶奴抢了回来。陆家自然不干，直接对抗又惹不起，如你所知大师通常都是惹不起的，能做的就是把这件事四处宣扬，弄得路人皆知，求助舆论施压，其理相当于今天的含冤者家属无奈之下借助微博、微信发布信息。

晚明小说戏剧发达，有草根才子迅速编写了一本评书，叫《黑白传》，"黑"是陆黑，陆生员的小名，"白"指的就是董其昌，他有个号叫"思白"。一位叫钱二的艺人将之四处传唱，这种艺术形式口口相传普及起来很快，有说唱天分的立马"转发"，所以董家的丑事传播神速，几日之内满城皆知。之后发生的事催生出了一本《民抄董宦事实》，作者佚名，这本笔记小说中的主人公是秀才范昶，话说范秀才闲来无事逛街，碰见钱二摆地说书，正听得津津有味，被董大师次子董祖常带家奴陈明摁在地上捆了，连同说书人一起带到董府，私设公堂一通暴打，认定《黑白传》的作者就是范昶。范秀才赌咒发誓不是他写的，无效，照样被打了个半死，放回家后第二天就暴毙而亡。此后，董大师人生中最"壮丽"的一幕即将上演，他的"老而渔色"，成功地引发了一起群体事件。

范昶死后，范母率一众披麻戴孝的女眷去董府讨公道，没想到仇没报不说，又添一桩奇耻大辱。《民抄董宦事实》中描述，董其昌的儿子董祖常和诸位豪奴，先是施以拳脚，然后将几位年轻女眷推搡至隔壁的坐化庵，"分缚两足于椅上，剥裈捣阴"……

范昶的儿子范启宋"广召同类，诉之公庭"，松江地方官黄朝鼎、吴之甲接到状纸就按下，根本不立案。原因之一是，董其昌虽然赋闲，但官职还在，民告官的案子，立案难，难了几千年，一直难到了今天，何况是在明朝；之二是，地方官吏附庸风雅，大都找董其昌求过字，且出了这么大事，浸淫官场多年的董其昌不可能不"活动活动"。

当法律的出口被官场潜规则堵死后，民怨就沸反盈天了，洪水大多数时候就是因堵而泛滥的，然而这个早就被治水的大禹证明的道理，数千年来依然被无视，倒不是官吏们颟顸，实在是制度使然。

没几天，松江一带就贴满了"大字报"，有微博体的——"兽宦董其昌、枭孽董祖常"，还有长篇幅的——"敛怨军民，已非一日，欲食肉寝皮，亦非一人，至剥裈毒阴一事，上干天怒，恶极于无可加矣"。万历四十四年（1616年）春，群体性事件终于在松江爆发。支持范家的秀才起草了"讨董其昌檄"，读起来很解气，当然能起到煽动不明真相群众之作用，摘录几句："人心谁无公愤。凡我同类，勿作旁观，当念悲狐，毋嫌投鼠，奉行天讨，以快人心。"檄文中还骂董其昌阴险如卢杞、淫奢如董卓、豪横如盗跖。夸张了，这事本身疑点很多，这么说董其昌显然有妖魔化的嫌疑。然而舆论是生脚的，三天之内，檄文传遍坊间，连勾栏院的妈咪、小姐、大茶壶都人手一份。坊间还有童谣传唱："若要柴米强，先杀董其昌"——童音淙淙，朗朗上口。

万历四十四年（1616年）三月十四，管涌变成了泄洪，华亭、上海、青浦、金山卫和松江府学的秀才集体散步，身后跟着数以万计的百姓，一起到衙门为范启宋击鼓鸣冤。

生员们鸣冤又没讨到说法后，有人试图点燃董府，结果因下雨火没烧起来。翌日，火终于点燃了，董其昌阖家逃窜，董府的房子、董家豪奴陈明家的房子全部焚毁拆毁，董大师几十年收集的名人字画全部付之一炬。有几个附庸风雅的倒霉蛋，手持折扇站在一旁觉得围观就是力量，结果因为扇子上有董其昌的题字被撕了扇子臭揍一顿，附近凡是有董大师题写的牌匾，都拆了当劈柴。坐化庵"大雄宝殿"的匾也出自董其昌手笔，和尚们为避祸乖乖摘了下来，人们一拥而上，拿菜刀、柴刀砍了个稀烂，很过瘾很没出息地说：哈哈，碎杀董其昌也！

该事件发生到这种地步，已触犯大明律了，奇怪的是官员们一概不管，官方的思维是：不必出救，百姓数万，恐生民变——你看，有时维稳的方式并不是一味镇压，放纵也是一种。"放纵"完后，苏州、常州、镇江三府会审，将领头烧董宅的杀了两个，带头的生员包括范启宋都被开除学籍，董其昌这边因为房子家财尽毁，免于刑事处罚。

官方最后给出的说法是：这是一小撮别有用心的暴徒，煽动不明真相的群众所为。

顾秉谦

顾秉谦，昆山人，万历二十三年（1595年）的进士；魏广微，
大名府南乐人，万历三十二年（1604年）的进士，这二位绝对进士
中的极品，古人说学好文武艺，货卖帝王家，这两坨极品自行更改了
售货渠道，直接把自己卖给了大太监。买主大号魏忠贤。《明史》中
对二人的评价是：秉谦为人，庸劣无耻，而广微阴狡。

要说顾、魏学问是有的，顾秉谦当过《三朝要典》的总编辑，
副总编辑是黄立极和冯铨。该书的最大作用就是"钳天下口"，把
"梃击""红丸""移宫"三大案篡改矫饰，颠倒是非，清朝对此书的
点评是"罗织正士，献媚客魏"，随即下令禁毁，其实崇祯已经禁过
了。到南明小朝廷时，阮大铖还动过重修此书的念头，结果没时间
了，清兵杀至南京破城，给他剩下的只有叛国的时间。

顾秉谦还主持编纂过一本《缙绅便览》，之所以叫便览，就是为
了便于半文盲魏忠贤老师阅读、索引，书中把叶向高、魏大中、左光
斗、赵南星等人列入"邪党"，魏忠贤画起圈来会方便一些。不过老
顾这本书对于九千岁而言还是有些艰深，中国历史上文笔最好的太监
刘若愚写过一本《酌中志》，提到金都御史王绍徽编辑的《东林点将
录》，这个阅读起来更为老少咸宜，跟看扑克牌似的，把"邪党"跟
水浒一百单八将对号入座，比如叶向高对应天罡星及时雨宋江，高攀
龙对应天闲星入云龙公孙胜……三十六天罡七十二地煞，凑齐了一百

零八人。施耐庵地下有知该哭了：拿老子的著作当排除异己的武器，我#@%&$！这时鲁迅先生忙出来劝，施公莫气，你看看我心里就平衡了……

"邪党"里魏广微最恨的是赵南星，赵与魏广微的老爸魏允贞关系莫逆，前者被黜为平民，老魏还曾拼死抗辩。见小魏所为之后，痛心地说了句"允贞无子"，意思是魏允贞的儿子既然这么下三滥还不如没有。老魏当年是个硬骨头，张居正势焰熏天时，在荆州当推官的魏允贞还收拾过张居正的不法家奴，历来都是直言敢谏，刚直不阿。魏广微听到这句"允贞无子"，遂恨赵南星入骨，后三次去赵南星家勾兑，连门都没进去，更恨得要死，因此愈发与魏忠贤合榫，最终赵南星被免职流放，"终殒戍所"，魏广微功莫大焉。

魏广微因为与魏忠贤同姓，具有先天优势，认了魏忠贤当叔叔。顾秉谦改姓比较麻烦，就领着最小的儿子去魏忠贤家认亲，老顾说，其实吧我认您老当干爹最省事儿，不过我胡子都白了，您又这么面嫩，干脆，让我儿子给您当孙子吧。顺便提一句，魏忠贤是1568年出生，比顾秉谦小了十八岁。老顾此举有一种无耻到极点的聪明，自己不认爹，让儿子认爷爷，这种曲折蜿蜒拐弯抹角努力争当别人儿子的妙法，叹为观止。

天启四年（1624年），顾秉谦当官当到了顶，成为内阁首辅。与大明历代首辅不同的是，他这个阁老暗地里被称为"魏家阁老"，有首辅之名，无首辅之实，九千岁让他怎么干他就怎么干。

前苏联作家巴别尔曾在作协会议上指着"无产阶级作家"们说："人人适应逮捕，如同适应气候一样，党内人士和知识分子顺从地坐牢，顺从得令人发指。"

而顾秉谦的顺从，是对权势的顺从，对利益的顺从，让儿子管魏忠贤喊爷爷这一手，岂止是令人发指，简直是顺从得令人发中指。

"当朝严嵩"是顾秉谦的另一标签，关于这个绰号，侯方域有篇小文叫《马伶传》，做出了解释，该文颇具恶搞精神，说有一戏曲演员姓马，某日两戏班同演《鸣凤记》，马伶演的严嵩远不如李伶演得逼真，于是小马就消失了三年。再现身演严嵩，惟妙惟肖、活灵活现，举座皆惊，李伶卸了戏装就匍匐于地要拜马伶为师。众人问马伶何以三年之后演技精湛至斯。他说自己伪装成小厮，"我闻今相国昆山顾秉谦者，严相国俦也"，顾相和严相不是一个德性嘛，那好，我就到顾秉谦家应聘，当了他的贴身仆役，每日揣摩顾阁老的行动做派言语脾性，三年后再演严嵩，你们就觉得像得不得了了，其实呢我演的是顾秉谦，他才是我真正的老师。

这故事是侯方域在南京游历时听说的，表面上是损顾秉谦，实际上有影射阮大铖之嫌。从严嵩到顾秉谦再到阮大铖，说明无良文人各有各的无良，但无良无行无耻这三无特征是共有的。

崇祯接他那木匠哥哥的班后，魏忠贤在朱元璋的老家凤阳上了吊，魏广微、顾秉谦削籍，被钦定逆案佞臣，后来顾秉谦花钱赎身为庶民。崇祯二年（1629年），昆山爆发群体性事件，把顾秉谦家的房子付之一炬，八十老翁逃到渔船上保住一命。之后又把自己私藏的窖银四万两献给朝廷，换来个他乡栖身。死后尸体返回昆山，停了三十年才入土。

有关顾秉谦还有一桩异象发生，《明季北略》记载，天启年间北京大地震发生前，顾秉谦的小妾上街"血拼"，回来时随从都掉进了地裂的巨大缝隙，只小妾一人逃了回来，但衣裤鞋袜皆莫名消失，光着回来的。冯铨的媳妇也如出一辙，穿戴整齐出门去，光不溜秋回家来。莫非老天爷也要流氓，不好解释。

《明季北略》作者计六奇的补充解释是："熹庙登极以来，天灾地变，物怪人妖，无不叠见，未有若斯之甚者。思庙十七载之大饥大寇，以迄于亡，已于是乎兆之矣。而举朝若在醉梦中，真可三叹。"哦，原来末世景象就是这个样子的。

崔呈秀

【明史·崔呈秀传】时忠贤已死，呈秀知不免，列姬妾，罗
诸奇异珍宝，呼酒痛饮，尽一卮即掷坏之，饮已自缢。

崔呈秀，蓟县（现属天津的郊县）人。万历四十一年（1613年）
中了进士，授了个"行人"的官。明朝设行人司，皆由进士担任，工
作范畴为奉使、颁诏、册封、抚谕和征聘，这活儿北京话叫"碎催"，
不过由于是为皇家跑腿，可以叫高级碎催。

行人虽是小官，但升迁速度不比庶吉士慢，可崔呈秀熬了七年才
被擢为御史，巡按淮扬。经历了漫长的七年之痒后，崔呈秀才有了捞
一把的空间。淮扬富庶，地皮厚，颇能禁得住贪官的搜刮。履新初
始，崔呈秀也想干点本职业务，辖下的霍邱县令贪污不法，崔呈秀准
备上疏弹劾，该县令得知消息后马上送去黄金千两，崔御史倒也痛
快，写好的劾疏立马撕了个粉粉碎，巡按县令一家亲。霍邱县令这一
试就试出来了，贪就好办，怕的是你不贪，寻机又呈上黄金千两，这
回崔御史却见了金子立刻动笔制疏，把县令吓了一跳，心想你你你怎
么收了钱还告我？崔呈秀提笔奸笑说，你这么好的干部，当县长太委
屈了，我正写推荐信呢，建议组织上提拔重用……

早期的崔呈秀，见东林党人势力很大，便死乞白赖地推荐东林领
袖李三才，以具体行动表达了入党的急切心情。随后就发现自己表错
了情，东林党党委坚决否决了他的入党请求，从此衔恨。几年后李三
才病逝，其封诰被褫夺就是崔呈秀领头干的。

天启四年（1624年），崔呈秀回京述职，都御史高攀龙上疏弹劾
崔呈秀贪贿索赂，吏部尚书赵南星附议，并建议朱由校把他流放。很

快皇上的批示下来了，革职候勘。崔呈秀傻眼了，知道没靠山不行，东林党既然不收，那只有入阉党了——崔呈秀星夜赶赴魏忠贤家，跪地磕头涕泪交流，台词大抵就是：爸爸呀！你就是我的亲爸爸，东林党那帮家伙害我，您老得罩着我呀！

崔呈秀主动"乞为养子"，魏忠贤正巴不得呢，心想这儿子收得。彼时魏公公日子也不好过，东林党人有脑子有文笔，他一半文盲根本对付不了，再加上自己比东林党人又少了个零件，出去活动多有不便，所以很需要一个零件齐全的充当耳目和枪手，崔呈秀"卑污狡狯不修士行"，简直是干坏事的天才，会说话的家犬，带把儿的太监，岂可暴殄天物。此后"日与崔呈秀晤，屏人私语"，偶尔还泛个舟，船舱内谋划阉党未来发展蓝图。

有了干爹魏忠贤做后盾，崔呈秀就开始了建设阉党的伟大事业。先是推荐了一堆善谄能谀的无良文人，随即起草《同志录》，跟现在所说的"同志"没关系，这些"同志"是阉党死敌，全是东林党人。不久，又进一书《天鉴录》，这回收录的都是跟东林党对着干的，计有"五虎、五彪、十狗、十孩儿、四十孙"，这第一只虎，就是崔呈秀本人。魏忠贤拿到这两本书后极为便利，收拾前一本里的，起用后一本的就OK了，一时"清流多屏斥，善类为一空"。

魏忠贤阉党党魁地位稳固之后，闲得没事想起要造福桑梓，便派人花重金修肃宁城，把个小县城修得城高墙厚，红夷大炮轰上去也就是一个暗疮。多年以后，清兵挥兵肃宁城下，攻别的地方摧枯拉朽，屁大点的肃宁愣是破不了城，只好舍城直奔保定去也。这是后话。

肃宁城完工后，崔呈秀上疏赞美九千岁脱贫致富后不忘家乡，末了自己都觉得不好意思，就加了句"臣非行媚中官者，目前千讥万骂，臣固甘之"，这份奏疏一流出，连最恨崔呈秀的都笑了，心说你丫还"甘之"，还"非行媚中官"，还能更不要脸吗？

人不要脸天下无敌，崔呈秀有九千岁干爹保举，官运亨通，加封太子太保兼左都御史。崔母病逝，崔呈秀也不丁忧，自有手下帮他安排夺情。势力越来越大的崔呈秀也开始养门客，想通过他搭上魏忠贤的如过江之鲫，排队能排到永定门外。一人得道就要帮鸡犬升天，崔呈秀的儿子连篇作文都不会写，跟考官孙之獬打过招呼之后，乡试高中。其他裙带，崔呈秀的弟弟崔凝秀，浙江总兵；女婿张元芳，吏部主事；崔呈秀有个宠妾叫萧灵犀，她弟弟萧惟中也当了密云参将。前阵子在微博上看到一份个人档案，某中专毕业的女子，官居某市统战部长，其父是政法委书记，其夫官小点，也是个政法委某处副主任，这家人够显赫了吧，但还不及崔呈秀之万一。

据《明季北略》记载，崇祯登基，魏忠贤自缢凤阳后，有御史弹劾崔呈秀，"说事卖官，娶娼宣淫，但知有官，不知有母。三纲废弛，人禽不辨"——崔呈秀自知不保，就关上门把搜刮的金银珠宝玉器搬出来，跟小妾灵犀喝酒，一边喝酒一边摸着珠宝玉器流泪，酒喝完把宝贝们尽数砸碎，接着就上吊了。灵犀事先被她男人洗了脑，紧随其后，拿把剑抹了脖子。崔呈秀自缢原本是想留个全尸，然而不久，崇祯诏书到，开棺戮尸，还是被砍了脑袋，算是又死一回。

冯铨

清·冯铨 【桓侯庙】 忠臣寺庙俨朱门，车骑曾扶汉室存。马向秋原嘶白草，人从亦路转孤村。桃园早洒忧天泪，殿阁常留报主魂。父老凄凉谈往事，楼桑落日一黄昏。

冯铨，字伯衡，还有个字叫振鹭，号鹿庵，涿州人。明万历四十一年（1613年）进士。冯铨的父亲叫冯盛明，也是进士出身，在熊廷弼手下任蓟辽兵备道。时值努尔哈赤大军向辽阳进发，冯盛明弃城逃跑。熊廷弼绑了，治其不抵抗之罪。被胆小鬼老爸牵连，冯铨的翰林院检讨也当不成了，灰溜溜回了老家涿州。

文秉的《先拨志始》中说，"翰林冯铨者，年少而美，同馆颇狎之，左谕德缪昌期狎之尤甚。"必须说，《世说新语》之后，对男人相貌的描述就糙了，文秉只用了四个字"年少而美"，相当草率，但还是可以想象的出，冯铨长得帅，有一种阴柔之美，否则也不会引一帮老爷们"狎之"。带头狎的是东林党人缪昌期，老缪有蒙族血统，办事比较直接，见冯铨生得俊俏，"狎之尤甚"。晚明男风颇盛，老缪也有此好，至于怎么狎的就不好揣测了，三俗。

其父"冯跑跑"出事之后，冯铨唯恐牵累自己，因此"求援于诸君子甚哀，而曲事昌期更至"。可以想象当时才二十出头的冯铨精神压力之大，一个有历史问题的爹就等于一颗炸弹，株连丢官几乎是必然。所以冯铨第一个想到的就是"狎己尤甚"的缪昌期，奈何老缪和老熊是一头的，"狎狎"可以，帮忙不行，很不怜香惜玉。妄揣一下冯铨的心路历程，恨上东林党人应该就肇始于此时。

天启四年（1624年），冯铨东山再起的机会来了。这一日他黎明即起，梳洗打扮，临出门照了照镜子，嗯，比城北徐公和邹忌加一块还美，于是放心出门，行至官道旁，在左边的马路牙子上撩衣跪下，静等自己生命中的贵人莅临。此时，明朝历史上最有权势的太监正前呼后拥地向涿州城行进，全然不知不远处有个小美男正梨花带雨地等着他的到来。

魏忠贤看到冯铨后大吃一惊，感叹涿县还有如此人物，比他老家肃宁强多了，赶紧下马替小冯拭泪，少不了趁机在脸蛋上摸捏一番。再听冯铨谈吐，之乎者也的很有文化嘛。正聊得入港，魏忠贤猛然想起自己还有小弟弟的时候，曾娶妻冯氏，也是涿县人，再端详冯铨，竟与冯氏有几分像，愈发亲切了。冯铨见有戏，忙掏出家传的珍珠幡幢献上，这宝贝价值不菲，魏公公识货，便非常痛快地答应了冯铨，又捏着小冯吹弹得破的脸蛋好生安抚了一番。

半年后，诏令下，冯铨回京，升少詹事，补经筵讲官。能复起并升官，冯铨清楚全是拜魏忠贤所赐，所以加倍地忠于九千岁。野史里有关二人的关系比较不堪入目，说冯铨因为美貌，被魏公公收为"龙阴君"，也就是说，帅哥冯大人给太监做了面首。

天启五年（1625年）六月，杨涟上疏弹劾魏忠贤，这位九千岁也恐惧了。好吧，我要报恩，冯铨平素跟魏忠贤的侄子魏良卿关系紧密，就写信给小魏，"极言外廷不足虑，因导之行廷杖以兴大狱，排陷众人"，并把东林党人的动态随时密告魏忠贤。

当时的魏公公还有所忌惮，不敢轻易同意恢复廷杖。王体乾进言，说对付这些文臣，打屁股是很重要的手段，摧毁知识分子尊严什么的没有比这更好使的了。您老忘了，嘉靖年"大礼议"，先皇想给他老爸帝号，群臣反对，最后打了一百多人两百多瓣屁股才生生打服。魏忠贤这才下了决心。先打了一位御史的屁股，又把工部郎中万爆活活仗毙。效果不错，敢惹魏公公的几乎绝迹。

作为回报，魏忠贤立马将出主意的冯铨擢升为大学士，入阁，第二个月，干脆升礼部尚书兼文渊阁大学士，此时冯铨还不到四十岁，这么年轻的阁老，大明朝前所未有。

权杖到手的冯铨报起仇来就方便多了。辽东陷落后，北京城的报刊亭有卖《辽东传》的，书里有一回，写的是"冯布政父子奔逃"。冯铨找人买来一本，越读越气，视之为奇耻大辱。先是找手下御史上疏"熊廷弼急宜斩"，随后忍不住了干脆自己上朝，趁讲筵的机会从袖子里掏出《辽东传》，请天启帝将熊廷弼正法。其他马屁精大臣就商量，咱也上一道疏帮冯相添油加醋吧，被王体乾拦住，王说，闲得蛋疼了吧，这是小冯个人行为，他存心要杀熊廷弼，咱就别跟着掺和啦。王体乾看事精透，把冯铨内心脏兮兮的皱褶翻了出来。这一段，《酌中志》中有载，宦官刘若愚是这段历史的见证者之一，他的记录非常可信。

一切准备停当后，魏忠贤召集自己的"虎、狗、孩儿和孙子"，商量怎么收拾熊廷弼，黄立极说："此不过夜半片纸，即可了当矣。"后来熊廷弼怎么死的我查不到，只提及他死后被"传首九边"，多半是斩首，不过即便是砍头也比黄立极提议的死法好受百倍，你可以想象一下用湿纸蒙住口鼻慢慢窒息的感觉。

一代名将熊廷弼赴死之前，胸前挂这个小布袋。典狱长张时雍问，袋中何物？熊答：辩冤疏。张嗤笑道：你没读过《李斯传》吗？囚犯哪还有资格上疏。熊廷弼的回答差点没把张狱长噎死："此赵高语也。"

熊廷弼死后，张时雍没把辩冤疏呈交，还亲手焚毁，一边烧一边骂："我烧！让你说我是赵高！让你说我是赵高！"单从辩冤疏的文物价值而论，张也是个卑劣小人和历史罪人。

除掉熊廷弼后，冯铨还不罢休。御史吴裕中上疏参劾阁臣丁绍轼，冯铨秘密叫来田景新，让他撺掇吴，就说皇上正想收拾丁绍轼，赶紧告，一告一个准儿。随后冯铨又密告魏忠贤，吴裕中此举就是为熊廷弼报仇，结果吴御史被立毙杖下。忘了说了，吴裕中是熊廷弼的姻亲。

崇祯初年魏忠贤自缢，身为阉党重要人物的冯铨挨了顿板子流放，后来花钱赎身，回涿州原籍做他的庶民。清朝定鼎后，冯铨政治生命的第二个青春期到了。

在涿州天天缅怀往日荣耀的冯铨，某天收到一封信，多尔衮写来的，征召他回京给"新中国"效力，信中说建国大业这么伟大的工作需要冯阁老你这样的能臣。"祖国母亲"还需要我啊，虽说大明朝那个"母亲"还没死透，可冯铨还是屁颠儿屁颠儿地出发了，真是个想得开的人。

到北京后，冯铨率先剃了"金钱鼠尾"，家中男女也都改了清朝装束，首先在形象上向大清靠拢。如今的清宫戏中，男人都是乌油油棍子粗的大辫子，其实那种发型在清朝末年才出现，真正的"金钱鼠尾"，是在头顶偏后的位置，留一撮铜钱大小的头发，辫子细如老鼠尾巴，能穿过"孔方兄"才合格。对此顾炎武表示：华人髡为夷，苟活不如死。冯铨却没觉着生不如死，对他这种非常想得开的人来说，给谁打工并不重要，明、清不过是两个名称有别的公司而已，他要的是总经理的位置，这点倒很像他的疑似祖宗冯道。

入职后的冯铨，恢复了在明朝时的大学士地位，"铨老猾，因宠有术，于诸旧臣中被眷独厚，陈名夏、陈之遴辈弗及也"。顺治二年（1645年），又被提升为弘文院大学士加礼部尚书，随即主持了大清建国后的第二次科考。这次招生之前，冯铨提出了一个著名的南北论断，他跟顺治说，"南人优于文而行不符，北人短于文而行或善"，他的论点是，南方人写文章满纸锦绣，但人品通常都不怎么样，做事也不靠谱；北方人写作能力差点，可是大多心眼实诚，办事能力强。于是按照冯氏"招生简章"，这一届招上来的三百七十三个进士，有三百六十五个是北方人。

冯铨的理论顺治是否认同史籍中无载，不过此人在大清当官的那些年确实没闲着，一直致力于南北党争，把当年收拾东林党的劲头用在了排斥南方官吏上。冯铨的死敌陈名夏，被宁完我告发，说陈曾说过：若想天下太平，一是让所有人蓄发，恢复明朝发型；第二就是恢复穿汉服。彼时顺治立足未稳，这两条很是戳到了他的痛处，剃发和穿清朝服饰这两大洗脑措施，目的就是让汉人忘记大明，取消哪成，你这不是明目张胆地反清复明吗？就下旨把陈名夏处以绞刑。行刑那日，河北人冯铨和东北人宁完我，在灵官庙里坐品香茗，目送江苏人陈名夏的脖子套上绞索，听着他的颈椎一节节开裂的声音。陈名夏之死的惟一意义是：此后再没人敢谈什么"留发复衣冠"。盘点一下冯铨排南的政绩，单只陈名夏一案，他就弹劾并造成了四十一位南方汉人干部免职，很阴很强大。

有关忠诚，冯铨和摄政王多尔衮还有段著名对话，多尔衮问他对一臣不事二主怎么看，冯铨答：一心可以事二主，但二心不可事一主。这句话可作为有志做好奴才的奴才之座右铭。

此外冯铨跟另一位模范奴才龚鼎孳打嘴仗是"党争"中最好玩的一幕。龚说冯铨曾投靠魏忠贤，是铁杆阉党；冯铨回击，说你丫还给闯贼李自成当过直指使呢。龚鼎孳最不愿意让人提他这段，就错乱了，居然说出了句找死的话：我跟李自成干过怎么了，魏征是李建成的人，不也投降了唐太宗吗？多尔衮听着都不像人话了，怎么你还自比魏征，李自成成了李世民了是吧，那我们爱新觉罗氏算啥啊？结果龚大才子被申斥一顿，冯铨反而啥事没有。

康熙十一年（1672年），冯铨卒，朝廷给了个谥号"文敏"，不久康熙说话不算话又把"文敏"要回来了，最后"一心事二主"的冯铨被列入《贰臣传》，算是验证了他的"冯二理论"。

孙之獬

清·无名氏【研堂见闻杂记】我朝之初入中国也，衣冠一仍汉制。有山东进士孙之獬阴为计，首剃发迎降，以冀独得欢心。乃归满班，则满人以其为汉人也，不受，归汉班，则汉以其为满饰也，不容。于是羞愤上疏，大略谓："陛下平定中国，万事鼎新，而衣冠束发之制，独存汉旧，此乃陛下从中国，非中国从陛下也。"

孙之獬，字龙拂，明末清初山东淄川人，大概在现在的淄博淄川区，跟蒲松龄是老乡。

《聊斋志异》中有篇迷你小说叫《骂鸭》，貌似影射的就是孙之獬。说有一人，偷了隔壁老者的鸭子烤着吃了，吃完后身上长了一身鸭毛，奇痒无比，一抓之下又疼得要死。半夜有神人托梦，说你这病要想治好就得让失主骂你。醒来后偷鸭子的就去找隔壁老翁，跪地泣求挨骂，偏巧老头很文明，平生从不说脏话。偷儿说，您老破个例吧，求求你骂我吧，要不我就死定了！大爷没办法，就勉为其难骂了十分钟。疗效很好，小偷身上的鸭毛都消失了。异史氏就曰了，"一骂而盗罪减，然为善有术，彼邻翁者，是以骂行其慈者也"，蒲留仙这句话蕴含着朴素的民主道理：批评使人进步，舆论监督多么必要啊。

至于《骂鸭》跟孙之獬的关系，不忙"剧透"，先聊聊孙之獬的名字。"獬"就是獬豸，传说中的一种独角神兽，天生就会明辨是非，举凡两人打架拌嘴之时它就出来，看两眼就知道谁是谁非，然后就把错的一方一头顶翻吃下肚。传说皋陶家就养着这么个玩意，断不了的案子请它出来即可轻松搞定，还省了买宠物食品的钱。《后汉书》中有名词解释：獬豸，神羊，能别曲直，楚王尝获之，故以为冠。后来的御史、刑部等官员多戴这种独角冠，明清时的言官亦把獬豸绣在官服上。孙之獬字"龙拂"，后一字在这念bi，同"弼"，可以翻译成"龙的辅佐者"。这一字一号说明，孙之獬的老爸希望儿子正直睿智能明辨是非，还盼着儿子有朝一日当帝王师，辅佐天子。纵观孙之獬一生，他老爸的第二个愿望基本达到了，而且超额完成，孙之獬不仅辅佐过明朝天子，还伺候过爱新觉罗氏的皇帝。

天启二年（1622年），孙之獬中进士上金榜，入翰林院当庶吉士。后翰林院内部考试，孙之獬考了个第一，授检讨一职，坐拥远大前程。天启七年（1627年），被任命为顺天乡试主考官。这个官虽属临时，但如果没有相当高的文化水平和拒腐蚀精神，是不大可能被委任的，由此可见孙之獬之受重用。然而不久崇祯做"大扫除"，要清洗魏忠贤一党的余孽，办完人后就办冯铨、崔呈秀等编纂的《三朝要典》。

当时魏忠贤、崔呈秀俱已死，阉党彻底瓦解，大臣们没了顾虑，众口一词表态力挺崇祯禁毁《三朝要典》，毫无疑问，这种时候跟新君站在一边再安全不过，何况《三朝要典》本来就是一部伪书，有舔屁沟高手还把魏忠贤编这本书跟孔子著《春秋》相比，因此力挺禁毁也是政治正确。却没想到孙之獬跳了出来，不仅不同意禁，还建议崇祯亲自写个序，以塞诸臣之口。崇祯看到这份奏疏啥滋味你可以想象。

到了五月，崇祯终于下旨禁毁《三朝要典》，朝臣们都跟过年似的准备庆祝。又是孙之獬，顶着个独角一脑袋撞将过来，搂着《三朝要典》号啕大哭。《烈皇小识》中说，"侍讲孙之獬诣东阁力争不可毁，继以痛哭，声彻内外"，他一哭，所有人都笑了，除了崇祯。这位新皇帝脸上阴云密布，下令"削孙之獬籍"，滚回山东老家去。

《明史》中提到孙之獬，有"忠贤党也"一句，可也并无更多的事例佐证孙之獬和魏忠贤有过什么瓜葛，之所以被列入阉党，我想主因应该就是那一声哭，他是为魏忠贤哭的吗？多半不是。

这么看来孙之獬倒真酷似"獬豸"，非常一根筋，否则跟大臣们一块站队支持禁毁《三朝要典》绝没亏吃。至于他是否明辨是非，可以读一读他在大明的最后一份奏疏，"皇上同枝继立，非有胜国之扫除，何必如此忍心狠手？于祖考则失孝，于熹庙则失友，是明咎皇上以不孝不友矣！"简言之就是：朱由校是你哥，《三朝要典》的序是你哥写的，现在你把书毁了，不是等于骂先皇是个混蛋吗？

貌似有几分道理，不过他的道理依然是"成事不说，既往不咎"的为尊者讳逻辑，或许崇祯会有那么一点被触动，但改是不可能改的，他的政权合法性，一大半来自于清除阉党，至于自己那木匠哥哥，不直接骂就已经很交代得过去了。

清朝定鼎中原初，孙之獬正在淄川老家做寓公。彼时各地群体性事件频发，多尔衮也顾不过来。正赶上山东闹民变，孙之獬变卖家产组织了一帮民团帮忙守城，居然保了淄川一县平安。不久，就因此事被推荐给清廷，孙之獬被清朝录用，擢升为礼部侍郎兼翰林院侍讲。

接下来发生的事可以助读者进一步了解孙之獬。当时清廷定鼎之初，尚允许汉官着汉服，发型也不用变。谁都没想到这位孙大人却开风气之先，让家里的女眷放足，学满人不裹脚，这点倒很尊重女性，不过显然他的思想没先进到搞妇女解放的程度，只是硬改满人习俗罢了；第二步就是让阖家男女改穿清朝服饰，男的以孙之獬为首，都剃了"金钱鼠尾"，女的全穿花盆底儿高跟儿，崴了脚也得练。

清早上朝路上，孙之獬觉得自己比较拉风，到朝堂之上，很自然地就站在了满臣一边。结果很不美妙，满臣多正宗多贵族多高人一等啊，你这死汉人还想跟我们站一块儿？滚——把孙之獬推了出去，老孙很是尴尬，又不敢跟满洲大臣死扛，只得转身回到汉臣行列。结果更加不美妙，当他回过头来，再看一干汉臣，肩并肩手挽手，弄得跟打美式橄榄球似的，比勾了缝的墙都严密。孙之獬要想跻身其中，唯一的办法就是变成一把锥子，可是，把脑袋变成金钱鼠尾容易，变锥子他道行不够。

这一幕让我想起《伊索寓言》里那个蝙蝠与鸟兽的故事，可以说，蝙蝠的下场有多尴尬，孙之獬就有多尴尬。

鸟兽都不接纳他，孙蝙蝠受了大刺激，急了，愤而上疏，"陛下平定中国，万事鼎新，而衣冠束发之制，独存汉旧，此乃陛下从中国，非中国从陛下也。"这几句话在徐珂的《清稗类钞》中可以查到。顺治看了为之动容，叹道：没想到这帮大明叛徒里还有帮我们说话的。随之采纳，并大力推行。照这一幕来看，孙之獬剃发易服还在冯铨、李若琳之前。

既然汉官都主动提议，顺治下起薙发令来也就不客气了：十日之内尽使薙（作者注：音、意同"剃"）发，遵依者为我国之民，迟疑者同逆命之寇……已定地方之人民，仍存明制，不随本朝之制度者，杀无赦。

很多人都被电视剧骗傻了，以为顺治是个情种，天天谈情说爱单相思，跟个忧郁王子似的，杀人这种事哪下得去手，好吧看数据——

薙发令颁布后，明朝通政使侯峒曾，率一众留发不留头的死士玩命守城，破城后侯峒曾父子投水自尽，随后城中两万人被杀；二十天之后，嘉定又有人抗命拒理发，被镇压后屠城，二十万人剩了不到一百；小城江阴，明朝的小破官典史阎应元，带头抵抗清军剃发令，足足守了八十一天，居然弄死十八个大将，三个满清王爷。城破后阎应元胫骨被砍断也没跪下，破口大骂而死。事后的数字是：江阴城内城外，死难者近十八万人，活命者，五十三人。

《百家讲坛》的阎老师，讲到清初时曾说，剃发易服是为了民族融合，促进了民族文化交流，阎老师认为上面的数字仅仅是数字吗？后来阎师被一大汉掌掴，事后某网友在天涯留言：剃发易服是民族交流的一种形式，不许上纲上线；掌掴是和阎崇年交流的一种形式，不许上纲上线。

你知道的，我不是在谈因果啊，我反对暴力的……

髡发令下后除了死的就是逃的，黄宗羲在《两异人传》中说："自髡发令下，士之不忍受辱者，至死而不悔，乃有谢绝世事，托迹深山穷谷者，又有活埋土室，不使闻于比屋者。"

大儒王船山也跑到山里，连笔墨纸砚都不敢下山买，姓名改成了瑶族人，还好"完发以终"，到死没剃头。有位孔子后人，自以为祖宗牛逼，说我们是衍圣公嫡系子孙，金元够狠吧，都没让我们剃头，这次也别剃了吧。顺治的批复是：疏求蓄发，已犯不赦之条，姑念圣裔免死——圣人之后怎么了，就是孔夫子死而复生今天也得给我剃头，不剃就割脑袋，没商量！这一段，没辫子的阎老师是不讲的。

清朝笔记《研堂见闻杂记》里说：江南百万生灵尽膏野草，皆之獬一言激之也。原其心，止起于贪慕富贵，一念无耻，遂酿荼毒无穷之祸。这话说的有点狠，让孙之獬为数十万死难者埋单，他也埋不起，但是对这些生灵的消逝，孙之獬是有责任的，部分责任也是责任。

顺治二年（1645年），南明小朝廷覆灭，一堆前明大臣都觉得这是个好机会，踊跃请命前去招抚。这一次孙之獬"才华"尽显，他说自己前两天算了一卦，卦辞是"时乘六龙，为帝使东，宣达诏命，无所不通"，编得多押韵啊。还说皇上您这条龙飞得正是时候，这事我必须去，不去就是违背上天旨意。领到任务后，孙之獬去江西招抚前明军队和农民义军，三年招了十一府，办事效率够高，连死活不投降的李自成部将都被他说服。按说功成名就肯定要论功行赏，却不想回来后被总兵金声恒告了一状，说他不请皇命，擅自给副将允诺总兵衔，还不兑现。孙之獬觉得冤枉，辩解说，我要是再请圣命，黄花菜都凉了，不许诺点好处谁投降啊！然而最终抗辩无效，孙之獬被免职回老家。至于金声恒，顺治五年（1648年）又反水，第二年兵败投水自尽。

孙之獬又一次回到淄川，本想这回可以颐养天年含饴弄孙了，结果当年秋天，鲁中民变，谢迁打起反清复明的大旗，先后攻陷高苑、新城、长山，第二年六月兵临淄川城下。淄川县令刘修慌了，忙请来孙之獬，说大人您做过兵部尚书，又招抚过江西叛军，比我水平高多了，您帮我守城吧。孙之獬是谁啊，独角兽啊，于是"毁家纾难"带淄川百姓守城。半个多月后城破，正要悬梁自尽的孙之獬被谢迁割断了吊绳，想死哪那么容易，留着你我还有用呢。

谢迁等人是一堆流氓无产者，没文化，所以亟需有文化的孙之獬辅佐造反事业，因此先是劝降，奈何孙之獬绝食五天宁死不降。《淄川县志》载，谢迁先后杀了孙之獬四个孙子，老头也没服软，依然骂不绝口，跟方孝孺一样凛然到没人性。最后，孙之獬被谢迁缝住了嘴，活活肢解，孙家死了连他总计八口人。冯铨虽然"文敏"谥号被夺，但总算是给过，孙之獬可怜，干脆就没给，更别提抚恤后人了。这个有必要抄送后世的帮闲和帮凶，看看贵前辈的下场。

清人笔记中的记载比较夸张，说谢迁恨他怂恿顺治下薙发令，便让他成了中国历史上第一个"植发"的人。谢迁"质孙之獬，言尔一贪官，为己之荣华富贵而薙天下人之发，今我为汝植发！"——有这个前提，暴徒的行径就有合法性了，于是以谢迁为首，众人纷纷以锥刀在孙之獬脑袋上挖洞，然后把孙的头发拔下来再种上，跟插秧似的，头发用完了就用猪毛狗毛。这一段读得我毛骨悚然周身发冷，当一个并无劣迹的人都可以被妖魔化、可以被私刑处决，孙之獬的死也就"大快人心"了，这种"正义的残忍"在中国历史上屡见不鲜，后来的说法叫"不杀不足以平民愤"。

周延儒

清·梁章钜【浪迹续谈】 然余尝闻明思陵偶问词臣曰:"今市肆交易,但云买东西,而不及南北,何也?"辅臣周延儒对曰:"南方火,北方水。昏暮叩人之门户求水火,无弗与者,此不待交易,故但言东西耳。"思陵善之。

周延儒,字玉绳,号挹斋,明末江苏宜兴人。万历四十一年(1613年)会试抢元,一个月后京城殿试,高中状元,按实岁算刚二十。终大明一朝,连中三元的只有两位,周延儒连中两元也是个很了不起的高考成绩了。宜兴城曾有一座汉白玉牌坊,刻着"会元状元",就是明廷为表彰周延儒所建,不过现已无,被红卫兵小将当"四旧"给砸了。

《明史》把周延儒列入"奸臣传",跟严嵩赵文华扔一堆了,似有点冤。清人赵翼的《廿二史札记》中说周延儒:"不过一庸相耳,以之入奸臣传,未免稍过。"赵翼认为周延儒被列入奸臣传的主要原因就是"特以不由廷推而得,故谤议纷然"。"廷推"简言之就是当廷推荐官员,然后由皇帝决定是否任用。崇祯年间的这次廷推最不平常,称得上是波诡云谲,想看文人官袍里的"小"的,一定不要错过这段。

那时大学士刘鸿训刚被罢免,崇祯让廷臣们推荐接替人选,拿到名单之后,崇祯遍览成基命、钱谦益等十一个人名,居然没有他最心仪的周延儒,就问怎么回事。这时温体仁站了出来,说钱谦益那桩旧案子处理得轻,没资格入选。周延儒随即出班附议,建议罢免老钱的阁臣职位。温体仁说的是钱谦益当年主持浙江省高考时,曾经收受童生钱千秋的重金贿赂，以试卷中一句"一朝平步上青天"为暗号，被取为浙江解元一事，实际上钱谦益并未收钱，也不知此中关节，最多是失察之罪。事后钱谦益也背了个夺俸处分。温体仁在这种时候翻出来，目的很明确，致老钱于死地，把皇上喜欢的周延儒推上去，自己今后也少不了好处。崇祯果然大怒，罢了钱谦益的官，推荐的十一人也一个不用。这之后又发生了一件事，把朝臣的嫉妒心彻底激发出来了。崇祯二年（1629年）三月，周延儒被叫到文华殿，和皇上密谈了好几个钟头，没人知道两人的谈话内容。随即周延儒被任命为礼部尚书兼东阁大学士。翌年九月，升为首辅，成了货真价实的宰相。而为周蹿升做出过"突出贡献"的温体仁，也于同年入阁。

赵翼的态度是，太得主子宠的奴才必遭嫉。现在说说崇祯为啥那么喜欢周延儒。崇祯元年（1628年）冬天，袁崇焕奏疏到，说锦州官兵要闹哗变，请朝廷赶紧发饷。崇祯召大臣问计，都说战事要紧需立即补饷，否则激发兵变后果不堪设想。独周延儒说：过去是防外敌，现在得防自己的兵。皇上您想，宁远闹，发了饷银没事了；锦州闹，发了饷银又没事了，既然要钱这么容易，其他驻防的官兵还不都得闹哗变？崇祯觉得特有道理，就问计将安出。周说，事急，不得不发，但以后得想个长久之策。皇上越听越有道理，就把支持发饷的群臣劈头盖脸臭骂一顿。《烈皇小识》记："时天威震迅，忧形于色。大小臣工皆战惧不能仰对，而延儒由此荷圣眷矣。"

都支持发饷，唯独你周延儒揣摩对了皇上的心思专享表扬，能不羡慕嫉妒恨吗？

两日后，崇祯又问周延儒袁崇焕要饷这事儿，周说，粮食不缺，缺的是银子，古人罗雀掘鼠，军心不变，这事貌似是将官们煽动士兵哗变来要挟袁崇焕。"罗雀掘鼠"这句话说得再操蛋不过了，周延儒举的是唐代张巡守睢阳的典，那是因为被安禄山围城没了给养，张巡的将士无奈之下才捉鸟逮老鼠吃，跟守辽东的袁崇焕部情况一样吗？

不过没办法，崇祯爱听，周延儒的话，句句与帝心对榫，周延儒太清楚了，朱由检同志是个又多疑又抠门的最高领导人。

有"罗雀掘鼠"在先，崇祯再回复袁崇焕的时候就有了底气，他的话只有比周延儒的更混蛋，"将兵者果能待部属如家人父子，兵卒自不敢叛、不忍叛；不敢叛者畏其威，不忍叛者怀其德，如何有鼓噪之事？"这说明崇祯不是个合格的CEO，没有认识到大明的公司属性，又让马儿跑，又叫马儿不吃草，老拿情怀忽悠人，谁给你保家卫国刀头上舔血呀。

《明季北略》中记录了崇祯抠门加缺心眼的证据："每兵二十钱，兵领出，以指弹钱曰：皇帝要性命，令我辈守城，此钱止可买五六烧饼而已"，因此，"流贼到门，我即开城。"至北京城破之前，崇祯还继续葛朗台，居然下诏每个妓女月收五钱银子，逼得妓女都从良了。堂堂一皇上，从操皮肉生涯的姑娘那抠钱，你也好意思。崇祯是想不到这一点的：所谓对事业的忠诚，也要有个填饱肚子的前提，不花钱只开个爱国主义空头支票，能力挺你才怪。

读到《明史·食货志》时，豁然开朗，对大明的覆灭有了几分心得，看这句："自古有一年而括二千万以输京师，又括京师二千万以输边者乎？"就是说，自古财政都是地方流向中央，你让中央给地方哪怕是边疆拨款，这种事没发生过，就是亡了国也不改。藏富于国，也是末世景象之一。

有关大明朝的末世景象，《明季北略》的作者计六奇指出："谓皇帝欲守天下，而征及妓银，时事可知矣。"后来呢，后来"李自成破京，取银十七库而去"。捂着十七库的银子舍不得花，到了全便宜了李自成。

周延儒是不会替崇祯算经济账的，对于他而言，揣摩皇帝的心中所想，不触怒龙颜确保自己的地位是第一要务。在他的政治生涯后期，崇祯也读懂了这位自己一直倚重的周阁老的心思，"朕恨其太使乖"，对周延儒在自己跟前儿卖俏耍手腕有点恨，也有点无奈，然而你知道的，崇祯到死也不知悔，他是真龙天子，天子哪能有错，哪怕是被李闯逼得上吊的天子也没错，他永远不知道自己就是培植周延儒这种谄臣佞臣的土壤，认定了误国的永远是大臣。

听说皇上说他"太使乖"之后，周延儒不反思反倒很美，说：我伺候的领袖太英明了，不出乖讨巧哪成啊。

温体仁是弄权高手，既然能把周延儒扶上高位，也能给你轰下来。崇祯四年（1631年），温体仁完成周延儒劣迹的搜集整理工作后，先是指挥言官上疏，随后又抖出新科状元陈于泰和周延儒的姻亲关系。崇祯有点崩不住了，这位朱元璋的重重重孙子，遗传密码里的怀疑因子被温体仁激活了。

周延儒是个交友广泛的人，早年和同学冯铨关系就不错，不仅同过窗，还有同床之谊，两人又都是美男子，为了巩固友谊并且优化遗传基因，周、冯还结了儿女亲家。此外周延儒还拔擢了一群东林党人，最有名的就是复社领袖张溥和吴伟业，一时间满朝都是他的门生故吏。而温体仁压倒周延儒的最后一根稻草就是"朋党"二字，崇祯最恨党争，终于下决心免了周延儒的官，让他告病回老家。写到这儿交代一个细节，周延儒动身前，崇祯命人送来金银彩缎，并派人护送回乡，周延儒不傻，领导还惦记自己，这说明还有起复的机会。

崇祯十四年（1641年），温体仁玩完了，当了五年首辅后被免了官。官是免了，但政治生态环境也毁得差不多了，之后任命的首辅一个比一个贪。而朝廷之外，李自成、张献忠的造反事业如火如荼，皇太极也在东北称帝，于是周延儒又被想起来了。起初老周有些不想出山，但经不住学生张溥和吴昌时的怂恿，尤其是张溥的话很有诱惑力，"恩公若再度为相，改弦易辙，可重得贤声"，周延儒听了老躯一震，闹半天我是个老不贤，好吧，出山做点好事留个好名声吧——于是，于是就进《奸臣传》了。

梅开二度之后，周延儒在首辅一职干得相当不错，提拔了一堆能臣，清除温体仁的弊政，免除灾民税赋，使劲整理大明这个烂摊子。一段时间之后，貌似有了起色，感动得崇祯搞了一场行为艺术。崇祯十五年（1642年）的大年初一，满朝文武列好队，崇祯让周延儒脸朝西站好，鞠了个九十度的躬，然后含泪说：以后我就听周爷你的了。太可怕了，我要是周延儒第一反应就是逃跑，拯救世界和平的担子太重了吧，区区文人哪扛得起。野史里说，周延儒出发前晚梦到了死去多年的老妻，嘱咐他千万别去京城，他没听。周的儿子做的也是同样的梦，告诉老爸后，老周还是没听。北方话管这叫"作死"。

从崇祯十五年（1642年）到十六年（1643年），清军频繁入侵，所到之处如入无人之境，明军一触即溃。周延儒身为首辅没办法，责无旁贷啊，不得不主动申请督师。这一督就督出了奇迹，大清的兵还真退了，周延儒就屡上捷报，说把满人揍跑了，崇祯高兴得要疯，赏！

周延儒回朝后即加封太师，赐蟒袍，儿子也荫了个中书舍人的官。可能是觉得做人不能太不要脸，太师的职称周延儒没敢要。然而这事还是很快穿帮了，锦衣卫和东厂是干吗的，搞刑侦的。真相大白后崇祯看到的真实一幕是：大清官兵觉得这趟捞够了，天儿也渐渐炎热，都是东北爷们儿，受不了高温，就带着金银财宝回家避暑去了。临走还在墙上留字：大明的哥们儿，别送啦，回见吧您呐！张岱的《石匮书后集》中有这段："崇祯十六年癸未二月，督师阁部周延儒至关门，敌饱扬去，陆续出口，畏不能堵截；受经略范志完贿，尾其后，放空炮数声。北兵于沿途驿步、城墙大书'官兵范免送！'天下笑之。"

如你所知，知识分子只要当了奴才就失去了人的属性，成为权力手中的行货。比如周延儒明明不是打仗的料，却不得不请命督战，这就是行货感逼的，你不去自然有人逼你去。因此指望这种人抵御外侮太不现实，所以崇祯也不是一般的缺心眼。临死前的周延儒不知有没有想起，当年他是怎么帮崇祯挤对袁崇焕的，都说皇帝不差饿兵，可老周却建议让明军捉鸟捕鼠。唉。

即便如此，崇祯对周延儒还算够意思，对一帮单等皇上松口就要活撕了周延儒的群臣说："延儒功多罪寡，令免议。"然而不久，周延儒一手提拔的吴昌时贪赃案发，终于使崇祯起了杀心，籍没周延儒家产，赐了一条上吊绳。看到这回想一下，周延儒的字是什么？玉绳——"周延儒，字玉绳，先赐玉，再赐绳，绳系延儒之颈，一同狐狗之头。"这是首童谣，据说，周死前就在四九城传唱开了。

　　史载周延儒死前，把自家的独栋别墅烧了，里面堆放的紫貂皮有数十张，人参每个都一斤多，跟大白萝卜似的，珍珠翡翠猫儿眼都是上乘货色，因此那日京城百姓看到的火焰犹如烟花，绚丽多彩。《明季北略》中说，钦使宣旨时，周延儒听到"姑念"两个字就high了，忙不迭叩头谢恩，以为崇祯免了他死刑，把锦衣卫都气乐了，说不是不弄死你，是姑念你年纪大了，过去也有点小功劳，不砍头不弃市了，给你根绳子自己了断吧。周延儒痛哭流涕，一度还想跑，被揪了回来，磨蹭了半天才老大不情愿地上了吊。负责监刑的锦衣卫怕他没死透，从房梁上解下来后，又在他脑顶搠入一颗大铁钉，回朝复命。

龚鼎孳

清·龚鼎孳【上巳将过金陵】 倚槛春愁玉树飘，空江铁锁野烟消。兴怀何限兰亭感，流水青山送六朝。

龚鼎孳，字孝升，号芝麓，原籍合肥，明、清夹缝中人，江左三大家之一，与钱谦益、吴梅村齐名。小龚早慧，别的孩子还在床上"作湿"的时候他就会作诗了，别的孩子刚换上不露屁股的裤子他就会做八股了，十八岁首次参加高考就中了进士。

崇祯七年（1634年）进士及第后，赶上馆选暂停，小龚失去了进翰林院的机会，外放蕲水当了一县之长。还不到二十岁的龚知县，就赶上群体性事件频发，任期内高筑墙深挖壕，防范张献忠破城。在那个处处兵燹的年代，保蕲水百姓足足七年平安。《合肥县志》中有封表扬信就是赞美龚鼎孳的："蕲人德之，立生祠祀焉。"魏忠贤权重时生祠遍地，龚鼎孳的生祠却是靠硬邦邦的政绩换来的。

崇祯十四年（1641年），因为杰出的"墨守"才华被召入京城。翌年，龚鼎孳被任命为兵科给事中。七品的官实在算不上大，不过给事中是言官，有检察监察的弹劾权。在这一得罪人的岗位上，龚鼎孳显得书生气十足，多大官也不怵。本来崇祯赏识其才华，给他个言官干，小龚就以为盼来了"百花齐放百家争鸣"的大好时代，弹劾完了S弹劾B，却不知监察权是皇帝老儿给的，皇帝心仪的人和皇帝要办的事是不能说三道四的，结果终以言事系狱。这一时期的龚鼎孳有几分迂几分可爱，在岗位上勇于践行言论自由，认定以一士之谔谔就能唤醒众士之诺诺，天真得一塌糊涂。

当言官那阵子，龚鼎孳创了一个纪录，"一月书凡十七上"，以不到两天一封奏疏的频率，弹劾首辅周延儒、阁臣陈演，并成功阻止了大学士王应熊的复起。周延儒获罪后，因为龚鼎孳前期工作做得好，所以周的铁哥们儿王应熊奔袭千里到京说情，还没开口就被崇祯骂回去了。龚鼎孳弹劾的这几个人，虽说不上大奸大恶，可查谁谁的屁股都不干净，所以他的弹劾没什么问题，谈不上构陷和罗织。

同样是崇祯进士出身的李清态度相反，他在《三垣笔记》中说，龚鼎孳"居言路，日事罗织"，有上纲上线之嫌。李清跟龚鼎孳最大的不同是，南明小朝廷被端窝后，李清坚不出仕，不像龚大人，明、清和李自成的官都当过。所以立场不同难免刻薄，但假如李清记录的这一幕属实，龚鼎孳行事就有点龌龊了——"密疏已非礼，又延儒行时，鼎孳远送，伛偻舆前，叵测又如此"。李清说，告黑状已经很不爷们儿了，周首辅被轰回老家前，你龚鼎孳却又来送行，还在车前作揖打躬，这不是装好人嘛。如果这一情形是李清亲眼所见，莫非这就是传说中的"心底无私天地宽"，还是证明了龚鼎孳的脸皮够厚？你自己判断吧，中国历史就这德性，三十年的都无真相，三百多年前的事更说不清楚了。

龚鼎孳在大明的仕途以牢狱之灾收尾。崇祯十六年（1643年），龚鼎孳三连发，上疏弹劾了三位权臣，结果把崇祯都惹恼了，斥责他"冒昧无当"，诏令下狱，到第二年开春才给放出来。龚鼎孳这段经历说明，言官毕竟是帝王家豢养，让你咬人你才能咬人，没让你咬你瞎咬一气那就是找倒霉了。

这位江左才子处世的转折，没准就始于那次缧绁之灾。龚鼎孳重获自由不到一个月，李自成就破城了，几乎同时，崇祯在煤山上了吊。想必龚鼎孳还有足够的时间开个家庭会议，会议结果是为大明殉难，于是他和他那大名鼎鼎的小妾顾横波一起投了井。

《大宗伯龚端毅公传》中写道："寇陷都城，公阖门投井，为居民救苏。"没死成。《明季北略》里记录了大明遗臣的多种死法，当时的京城，抹脖子、上吊、吃耗子药和投水自尽者不计其数，但死亡率并没有想象中那么高。以小人之心揣度，文人中一心赴死的肯定不少，想开了好死不如赖活着的也很多，可也不排除有少数文人颇有演艺天分，专找有人围观时寻死，这样既不那么容易死成，又博了一个"死国"的清名，实在是一举两得一石二鸟之策。龚鼎孳是不是表演艺术家不好说，反正是有邻人从井里及时把他夫妇二人捞了出来，被拷打一番后，就任大顺国的"直指使"，巡视北城，这职位相当于御史，倒比崇祯给他的官还大了些。

有关投井后的这段，龚鼎孳自己说："余以罪臣名不挂朝籍，万分一得脱，可稍需以观时变。"意思是那时的龚鼎孳还是罪臣身份，不在朝廷清单之内，想必李闯王不那么注意他，所以获救后藏在佣人家里静观其变，结果被搜了出来。李自成对龚鼎孳颇为看重，不知是牛金星还是刘宗敏负责审问，说你不过来给我们当宰相跑个屁啊，不想当也行，拿钱赎身。龚鼎孳答：我一穷谏官，又惹恼了上峰，监狱里关了半年，哪有钱给你。于是"椎杵俱下，继以五木"，照他所说，结结实实胖揍了一顿，扛不住了，才当了"伪政权"的官儿。

降清后龚鼎孳在《绮罗香·同起自井中赋记》里又提起了不堪回首的往事，词写得锦绣，但有点不要脸，把自己比成投江的屈原，粽子要知道了都不答应。还把顾横波比成了洛神，曹子建地下有知一定走七步骂七句脏话。龚鼎孳给好哥们儿吴梅村的信里倒没吹牛B，"续命蛟宫，偷延视息，堕坑落堑，为世惭人"，也知道自己失节这事挺丢人的，被人骂也纯属活该。

不过老龚最令人看不上的，是他把死节失败这事推到顾横波身上，"我原欲死，奈小妾不许何"——龌龊了吧，好赖也是一大老爷们儿，不想死也没啥丢人的，真要一心求死，女人家家的能拦得住吗？

大顺的官儿龚鼎孳当了还不到俩月，清兵就入关了。行文至此觉得龚大才子有点可怜，这不是老天爷存心玩人嘛，想不当三姓家奴都不行了。吕奉先在另一个世界拍巴掌，欢迎欢迎，热烈欢迎。

降清后，照惯例是你在大明当什么官就给你什么官，所以龚鼎孳还是当他的给事中，后来从吏科调到礼科，仍然是谏官。《清史稿》和《清史列传》里没有记载他有什么政绩，倒是记录了他跟冯铨的一场口水战，他攻击冯铨曾入过魏忠贤的阉党，冯铨反戈一击说你丫还当过闯贼的御史呢。龚鼎孳笔头功夫利害，但口活不好，慌不择言地把自己比成了魏征，说魏征还上过瓦岗寨呢，后来不也效力唐太宗了吗？摄政王多尔衮文化水平不高，但跟他爹努尔哈赤一样，评书听了不老少，对郑国公魏征那段历史也算了解，所以也觉着龚鼎孳的比喻太不像话，你奶奶个熊的还大才子呢，就这点修辞水平？把龚鼎孳劈头盖脸修理了一顿。

列传中虽然不载，但翻阅奏疏还是能发现，龚鼎孳降清后是做了一些事的。他在《条上江北善后事宜书》中建议，战后需要休养生息，对百姓应加以抚恤，被屠过城的地区最好把赋税也免掉，尚在抵抗的地区，平灭即可，尽量避免侵扰百姓，更不可烧杀抢掠。客观地说，龚鼎孳的建议很人性，劝清朝积累仁政感化百姓利于统治是一方面，但毕竟百姓也因此受益保命。顺治十年（1653年）龚鼎孳在刑部侍郎和刑部尚书任上，"执狱至谨"，管理得不错，没出过躲猫猫死等类似滥用权力事件。说话也一如效力明朝时的大胆，比如他提出过审案之时，为什么满族官员累死汉族官员闲死，直指朝廷对汉臣的种族歧视。此外他的建议还直接催生了一项司法改革，奏疏被顺治采纳，此后所有的诉状供词均为满汉双语，汉人罪犯无疑是直接受益者，否则连字都看不懂，碰上排汉的满官，还不想怎么诬陷怎么诬陷。

顺治十二年（1655年），龚鼎孳被"诏降八级"，不久又降了三级，速度堪比电梯。此时他的官名是"补上林苑番育署署丞"，这个官比大圣在天庭的职位还袖珍，孙猴子好赖是个养马的，哺乳动物，马多少通些人性；龚鼎孳养的是鸡鸭鹅，扁毛畜生。龚鼎孳被贬的原因很复杂，有人告他丁父忧期间"惟饮酒醉歌，俳优角逐，淫纵之状，哄笑长安"，不守孝道加生活作风不严谨。实际上真正触怒清廷的，还是龚鼎孳的言论，史籍中说他和同僚讨论案子时，凡是涉及满人的案子就附和满官，涉及汉人的，龚鼎孳总是提出异议，能减刑就减刑，能释放就释放——

总而言之，他是汉人大救星。

中国文人求活命的代价不菲，龚鼎孳、钱谦益等人身后入《贰臣传》很是说明问题。有关贰臣乾隆的分级方案是：像洪承畴、施琅这种有大功于清廷的，算甲等贰臣；钱、龚这种，没军功也没啥政绩，归入乙等。

贰臣中龚鼎孳因为生平事迹可媲美吕布，名声最差，被同僚斥为"明朝罪人、流贼御史"。其实老龚除了软一点也没害过什么人，反而救过帮过不少人。同时代的大儒傅山、性文学大家李渔以及反清斗士阎尔梅肯定不认同龚是坏人，傅、阎二人最终脱狱都赖龚鼎孳鼎力斡旋。尤其后者。

阎尔梅当时犯的是"煽动颠覆国家政权罪"，跟李自成余部联络起事被通缉，妻妾皆自杀。家里埋人之前还把祖坟平了，就怕祸及祖先。给这样的敏感人士当维权律师，危险性极大，有陪着掉脑袋的可能。但龚鼎孳犯险救阎绝对不假，《清史稿·阎尔梅传》中有载：龚鼎孳救之，得免。七个字俩标点，不足以阐明龚鼎孳其中运作之艰难。阎尔梅曾作一诗感谢龚鼎孳，把恩公比作弹尽粮绝无奈之下才投降的李陵。钱谦益说："士得阎古古称善，想必无可议，足征阎不轻许人"——就是说一般人想得到阎尔梅的表扬太难了，所以阎尔梅说龚鼎孳人性好，那就一定是无可辩驳的好。

顺治十一年（1654年）陕西发生叛乱，有个叫宋谦的叛军小头目供出，他们的领导人是一个红衣道士，叫傅青主。没错，就是梁羽生《七剑下天山》里的傅青主，也即前文提到的傅山，清初大学者，腹内知识驳杂，堪比黄药师，诗词歌赋书法绘画医学卜卦无所不通，据说还会武术，在小说和徐老怪电影里是七剑之首，掌中兵刃是一把莫问剑。傅青主被缉拿归案时，龚鼎孳是主审，时任左都御史，估计是出于文人相惜，最后把傅青主无罪释放了。而且龚鼎孳做了好事不留名，连傅山都未必知道那位龚大人帮了自己。总之傅山能得救对后世是大幸事，否则又怎么有《傅青主女科》和《傅青主儿科》等医学典籍流传下来，甚至连《七剑下天山》这本武侠小说都不会有了。

作为降清的汉臣，龚鼎孳还帮了不少拒不出仕的明朝遗老，来投靠的朋友在他家一住就是十年。对此钱谦益也佩服得不得了，叹赞道："长安三布衣，累得合肥几死"，这三布衣，就是陶汝鼐、纪映钟和杜浚。《清朝野史大观》里还有一件好人好事，马世俊落第后落拓，险些冻饿而死，还是龚鼎孳，赠送小马八百两白银，到下一个大比之年，马世俊高中状元。

黄宗羲宁死不仕清，钱谦益死后清廷却让他写墓志铭，黄宗羲哪肯干，最后还是龚鼎孳把这活儿揽了过来，黄宗羲很感激，把这事记在了《思旧录》里。

黄色文学作家，《肉蒲团》作者李渔的创作历程，也多亏龚鼎孳资助，为此李渔也曾作诗记之——"贷而索者何纷然，售琴典鹤无遗策"，龚鼎孳帮朋友帮到了破产的份儿上，真不是一般人。所以龚鼎孳活着的时候，许多文人都以认识他为荣，开口就是——"我的朋友龚鼎孳"。

老龚死后，儿子小龚想把父亲的诗文结集，却没钱付给印厂，平日还不敢回家，为的是躲放高利贷的。有人说凡此种种都是龚鼎孳的赎罪之举，这是屁话，除了不那么硬气，还真找不出老龚有什么不可饶恕的罪，不就是跳槽频繁了些嘛。

钱谦益、龚鼎孳、吴梅村，这"江左三大家"都有绝妙诗文传世，在江南文脉传承的链条上，皆各成一环。亦先后在明清称臣，在留发与留头的二选一考卷上，最终皆可以理解地勾选了后者。三人另有一同，就是都与秦淮八艳扯上了关系。钱谦益娶了柳如是，顾横波嫁了龚鼎孳，吴梅村稍有不同，这位大名士与卞玉京是柏拉图式的苦恋，不仅没成夫妻，似也应该没鱼水之欢。

顾横波不如柳如是、陈圆圆名气大，但也是秦淮八艳里的超女，芳名顾媚，字眉生。明末清初的大才子余怀在《板桥杂记》里描摹的顾横波："庄妍靓雅，风度超群。鬓发如云，桃花满面；弓弯纤小，腰支轻亚。"——你可以熄了灯闭了眼虚构一下顾超女之美。横波的名字估计是哪个很有文化的恩客给她取的，引的是北宋王观的卜算子："水是眼波横，山是眉峰聚。"在南京挂牌的顾横波，属于天上人间的档次，琴棋书画都懂，尤擅画兰。

顾姑娘不仅有才，还是个豪放女。野史里有段香艳无匹的故事，大学问家兼书法大家黄道周平时老吹自己"目中有妓心中无妓"，他的一帮东林党哥们儿就想测试一下，老黄是不是明代柳下惠。于是先把黄道周灌醉后，让顾横波宽衣解带在他身边裸睡。测试结果遍寻不到，黄道周和顾横波那晚究竟发生了什么还是什么也没发生，全然不知。不过看黄道周被清廷砍头时的硬汉作风，美人关他应该是能过去的。《明史》载，刽子手奇怪黄道周为何不怕，黄扔下一句话：天下岂有畏死黄道周哉！据说他被砍头后，身子尤"兀立不仆"。

龚鼎孳和顾横波结识在后者的营业场所"迷楼"，年少多金的龚公子很快就被顾横波征服了，掏钱为她赎了身。后来大明覆亡李闯王破城，龚顾跳井后，龚鼎孳说是顾横波不让他死，或许有这回事，假如属实，可证明龚鼎孳对顾横波的爱不是一般的爱，为了她宁可背个贰臣之名。相反，顾横波倒是沾老公的光，弄了个一品诰命夫人的封诰。龚鼎孳有原配董氏，前者降清后，清廷要给龚夫人封诰，龚鼎孳写信去问，董氏说：那玩意我早有了，大明的封诰我有俩，大清的不稀罕，给你那顾太太吧。龚鼎孳收到回复，心想正好，黄脸婆不识抬举，正好便宜了我家横波。

顾横波嫁给龚鼎孳后，改名为"徐善持"，说明持家水平不错，会过日子。可是她死在了老龚的前头，四十来岁就香消玉殒，龚鼎孳没人持家也就破产了。顾横波曾生一女，但早夭，因此伤了心，她的早逝或许跟殇女有莫大关系。野史中说，顾横波做梦都想再生个孩子，却怎么也怀不上，龚鼎孳去上班后，孤独的顾夫人就找了断香木，雕刻成一个婴儿行状，最奇巧的是，这婴儿胳膊腿儿都灵动自如，栩栩如生。这表明，顾横波还是个雕塑家和发明家，她的木头宝宝，比意大利人卡洛·科洛迪的匹诺曹早诞生了二百多年，爱国者们可以自豪一下了。

顾横波离世后，龚鼎孳写了多首悼亡诗。远在南方的余怀、阎尔梅，以及著名民间艺术家，有清朝郭德纲之称的柳敬亭等人，都为她设了灵堂，祭奠香魂一缕。虽然顾横波寿数不长，虽然她家老龚名声不佳，可作为一个女人，还是比每日青灯古佛下的卞玉京和李香君两位姐妹幸福了些。

钱谦益

清·钱谦益 【初八日雨不止题壁】 凭仗鞋尖与杖头，浮生腐骨总悠悠。天公尽放狂风雨，不到天都死不休。

钱谦益，字受之，不明不清常熟人，万历三十八年（1610年）的探花。此人一生遇到的事太多，但脑子活络，基本上都能坦然受之。号牧斋，晚年又给自己起了个号，蒙叟，自比懵懵懂懂一老头，颇有自嘲精神。

钱谦益的祖父与叔祖皆进士出身，父亲钱世扬是个举人，之后屡试不第。跟普天下所有的中国老爸一样，钱世扬寄厚望于子，临死时留给钱谦益一句话：必报国恩，以三不朽自励，无以三不幸自狃。三不朽都知道，立德立功立言。三不幸是啥玩意？一般的说法是没钱没权还没文化，搁现在一样适用，三样都没有属于三无人员。大儒程颐的三不幸却不是这样的，他认为"年少登科、借助老子兄长的势力当官和有才华能写文章"是人生三大不幸，很深奥啊。

按照程氏理论，钱谦益只有最后一桩不幸，他不仅有才，还是海内大才，黄宗羲称他为文章宗伯，时人公认，能接王世贞衣钵的也就是钱牧斋了。有关此种不幸，跟钱谦益齐名的吴梅村有首诗，"生男聪明慎勿喜，仓颉夜哭良有以，受患只从读书始，君不见，吴季子？"诗中吴季子即吴兆骞，也是个大才子，恃才傲物的那种，后被流放到宁古塔与披甲人为奴。多年以后才被铁哥们儿诗人顾贞观（作者注：顾宪成曾孙）与其东主纳兰容若救归。钱谦益虽然没遭流放，也好不到哪去，死后被乾隆骂"大节有亏，实不齿于人类"，直接从人类中给开除了，骂完还把钱的著作悉数禁毁，就这还没消气，吩咐史官把钱谦益打入《贰臣传》乙编，待遇还不如洪承畴、祖大寿，这哥俩位列甲等。

钱世扬不是预言家，看不到儿子的将来，所以只是用自己的愿景来打造儿子。小钱六岁的时候跟他父亲去看戏，著名的《鸣凤记》，唱的是严嵩父子以及赵文华的先进事迹。正看得热闹，钱谦益小朋友抬起小胖手，指着一穿官袍持朝笏的演员说，"此人身袍手笏正是吾将来之所为也。"考证不出来他指的那位是严嵩还是夏言，总之少小就有当大人物的志向。

十二岁我还在钻研小人书，钱谦益这么大的时候却已经开始读《汉书》和《史记》了。到十五岁，小钱同学的文章谈吐已经强爷胜祖，钱世扬的文人朋友听小钱神侃，被这位神童惊着了，个个舌头吐出半尺来长。钱谦益的二爷爷钱顺德，本是个木讷老头，喝酒也就二两，读了侄孙的文章，居然忘了量，一边吟诵一边喝，不知不觉就喝高了，证据是家人发现：老头拿着孙子的作文风乎舞雩，跳起了狐步舞。

少年钱谦益是一顽童，"好越礼以惊众"，属于比较调皮、表现欲强喜欢出位的学生。他读的书比一般人驳杂，所以同学们对小钱的才华都服气。进入青春期之后的钱谦益，迷上了李贽的书，"余少年喜读龙湖李秃翁书，以为乐可以歌，悲可以泣，欢可以笑，怒可以骂，非庄非老，不儒不禅"——多年以后，钱谦益以娶正妻的规格迎娶小妾柳如是，当时的腐儒迂官骂他逾礼，他也不理不睬我行我素，大有"礼教岂为我辈所设哉"的范儿，估计就是李贽"教唆"的。

万历三十四年（1606年），两位大人物到常熟讲学，钱谦益去听了。这次听课经历让钱谦益确定了今后的发展方向，政治和思想上都找到了组织。该组织叫东林党，授课的两位大人物就是东林党党魁顾宪成和高攀龙。

四年后，二十九岁的钱谦益廷试高中第三名，可也时运不济，探花郎拖了多年才"诣阙补官",更倒霉的是还没当几天干部就被弹劾下岗。一直到崇祯登基,才被叫回京城当了礼部右侍郎。然而霉运依然没过,不久就被温体仁和周延儒因为多年前的一次主持科举事件(周延儒一文中有述)摆了一道,去职回乡。这两段尴尬的从政经历,实在没什么可说的,唯一可以让钱谦益拿出来显摆的,就是自己被列入《东林点将录》。某日他跟好友程孟阳喝酒,趁着酒兴说:你不知道阉党的《东林点将录》里有敝人吧,那里边的"浪子燕青"就是兄弟我。这个身份钱谦益提起过多次,每提必有一固定句式,跟《围城》里那位英伦归来的督学口气一样:兄弟我在东林的时候……

钱谦益后来的"同情兄"陈子龙有句诗:"山川留谢傅,乡里识州平。"把钱谦益比作东晋的谢安。当时的东林老人都死差不多了,钱谦益以其天巧星浪子燕青的座次,和文章宗伯的实力,自然而然成为新一代东林领袖,因此回到常熟的他被称为"山中宰相"。可这"宰相"毕竟是山寨版的,崇祯十年(1637年),温体仁炮制"丁丑狱案",钱谦益、瞿式耜师徒下狱,陈子龙等人冒死奔走,最后走了大太监曹化淳的门路,才重获自由。出京之后钱谦益带着瞿式耜到保定府高阳县探望自己的老师孙承宗,介绍瞿式耜的时候比较麻烦,钱谦益指着瞿说,这是我亲家翁,瞿式耜臊了个满脸通红,忙说,别别别,我是您学生。总之两人的关系比较复杂,咱帮孙承宗梳理一下:钱谦益确实是瞿式耜的老师,不过后来钱谦益的儿子娶了瞿式耜的孙女,所以论辈儿钱老师得管瞿同学叫叔伯了。

孙承宗全家四十余口殉国后,远在常熟的钱谦益受到了人生中第一次重击,哭着写了两篇祭文,后来孙承宗的《高阳集》也是钱谦益作的序。后生小子如我,好奇的是假如孙承宗天国有知,自己的学生钱谦益降了清,是原谅他,还是摁着学生痛扁一顿呢?

之后的钱谦益写的诗都是灰色的:"吾生从道浑如梦,是梦何须太苦辛。"

受重伤的男人,尤其是受重伤的雄性文人,最亟需的疗伤药就是某个女人温软的胸，钱谦益的"特效药"此时就在杭州，该"药"名为柳如是，有"补益、和中、温寒、降燥"之奇效。

崇祯十二年（1639年），钱谦益去西湖旅游。当时有个杭州名妓叫王微的，自号草衣道人，是老钱的文友兼相好。钱谦益在她家里读到了一首诗："最是西泠寒食路，桃花得气美人中。"这后一句把钱大才子击中了，忙问王微是谁写的，王微告诉他，秦淮河畔的头牌，柳隐柳如是。王微话音未落，钱谦益又被这个名字击中了，口中喏喏道：如是我闻如是我闻……

眼见老钱四肢酸软，头冒冷汗，吓得王微赶忙翻抽屉找硝酸甘油。钱谦益捂着胸口，摆摆手说：她就是我的药，你帮我把她找来，我要跟我的药泛舟西湖。这一年柳如是芳龄二十许，钱谦益却已五十多岁了。作为一剂"药"，柳如是的有效期很长，可供钱病人长期"服用"。

第一次西湖泛舟的结果是钱柳互粉，不仅互粉还互为对方的药。钱谦益心里有伤，柳如是也有，她的伤是陈子龙留下的。有关她和陈子龙的故事完全可以另写一万字，此处就不赘了，单说她在第二年冬天一次惊世骇俗的行为艺术。某个傍晚，钱谦益正在他的半野堂守着炉火读书，一身儒生打扮的柳如是飘然而至。男人穿女装能看的只有张国荣，女人穿男装就不一样了，你可以翻看一下林青霞版的东方不败，过去大名鼎鼎的川岛芳子也常男装参加"趴体"。然后你再想象一下：当男装柳如是站在跟前时，老钱会有什么反应。

柳如是和钱谦益算是闪婚，见了两次就谈婚论嫁了。柳说：天下惟虞山钱学士始可言才，我非才如学士者不嫁。钱说：天下有怜才如此女子者耶，我亦非才如柳者不娶。既然双方达成默契，就结婚吧。这之后钱谦益就为柳如是举办了超越礼制的盛大婚礼。卫道士们说："亵朝廷之名器，伤士人大夫之体统。"你们爱说啥说啥，我老钱统统不管，为办一个豪华婚礼还把自己收藏的宋元刻本《汉书》给卖了。

据说这套书是当年王世贞拿一套大宅子换来的，王去世后散佚，钱谦益又花千金购回。柳如是的价值不止这个数，至少钱谦益和陈寅恪没意见，前者不惜挑战礼教以平妻之礼迎娶，后者身为不世出的国学大师，心甘情愿穷经皓首地为她作传，足以证明柳如是之不同凡俗。婚后两人感情如胶似漆，有顾公燮《消夏闲记》为证："宗伯尝戏谓柳君曰：'我爱你乌个头发白个肉。'君曰：'我爱你白个头发乌个肉。'"老夫少妻，旖旎得很，这两句整得跟陕北信天游似的，可以写成歌唱出来。

凡提起柳如是，广为人知的就是两口子商量投水自杀的故事。柳如是说你君子殉国，我妾殉夫，说完给了钱谦益一个单选的多选题，刀、绳、水任选，总之都是个死。钱牧斋先生手探湖水，说水太凉，自己的老寒腿受不了，畏死理由非常之可爱。柳如是说你不死我死，说罢纵身入水，被老钱捞了回来。写到这想起一个人，钱谦益二十五岁那年旁听过他的课，高攀龙，当年魏忠贤搞东林"大扫除"，高老师就是投水而死的，也不知那洼水水温如何。

陈寅恪先生点评："世情人事如铁锁连环，密相衔接，惟有恬淡勇敢之人始能冲破解脱，未可以是希望于热中怯懦之牧斋也。"话说钱谦益的自杀未遂，倒算是"冷中怯懦"了，死也想死得舒舒服服的，那干脆投温泉算了。

南明小朝廷在南京成立给了钱谦益一个错觉，以为自己经世之才有了用武之地，于是偕柳如是高调进京。《南明野史》里描述了这一情形，柳如是一身戎装策马进城，回头率百分之百。"钱谦益家妓为妻者柳隐，冠插雉羽，戎服骑入国门，如明妃出塞状"，宛如王昭君模仿秀。

刚刚来到南京的钱谦益就遇到了站队问题，是站在福王一边还是潞王一边？钱谦益稍作迟疑就做出了选择：站在阮大铖和马士英一边。阮、马要拥立福王，我钱谦益也就拥立福王，史可法史督师，对不起啦。此时已六十三岁的钱谦益，深知已经没有多少时间来"立德立功立言"，理想丰满如肉球，却渐滚渐远；现实瘦削如骷髅，能啃一口是一口。至于福王是不是当皇帝的料，不重要；至于阮大铖是不是阉党，也不重要，唯一重要的是一个平台，"桃花得气美人中"不错，但那是诗意的表达，其实桃花之美桃子之鲜，都离不开施了大粪的土壤。于是，"海内文宗"提起如椽大笔，赞美马士英，赞美阮大铖，作为东林党现任领袖，大张旗鼓地为与阉党不清不楚的阮老师鸣冤平反。

"钱声色自娱，末路失节，既投阮大铖而以其姜柳氏出为奉酒。阮赠以珠冠一顶，价值千金。钱令柳姬谢阮，且命移席近阮。其丑状令人欲呕。"《南明野史》中记录了钱谦益给阮大铖溜须的片段，柳如是成了三陪，陪吃陪喝陪聊，钱老师还嫌自己媳妇坐得离阮大人远，近点近点再近点，柳如是说，再近老钱你脑袋就绿啦。

救了柳如是的是清兵，否则下一步钱谦益让她去给阮大铖陪睡也有可能。南京城破在即，钱谦益不得不再次做出抉择——"仆见大势已去，杀运方兴，拼身舍命，为保全百姓触冒不测"，献城，写降清书，这就是他的选择。再看这一段，"以忠孝名节为己任，大丈夫杀身取义，当轰轰烈烈如疾雷闪电"，这是钱谦益不久前夸顾云鸿的；还有，"偷生事贼，迎降而劝进者，恻隐羞恶辞让是非之心，盖已澌然不可复识矣"，这是他唾骂软骨头卖国贼的，分裂吧。

在《降清文》里钱谦益是这么说的，"谁非忠臣，谁非孝子，识天命之有归，知大事之已去，投诚归命，保全亿万生灵，此仁人志士之所为，为大丈夫可以自决矣。"看明白了吗，对于名节这种事，别人说啥没用，钱谦益拥有最终解释权。

钱谦益、王铎等人的投降，客观上保存了南京和百万百姓，以南明的实力如果抵抗下去，南京又会是下一个扬州。以现今普世的人权价值观来看，钱谦益的选择并不算错，然而他的下一步动作"晓谕四郡速降免戮"就说不过去了。后世有人说，钱谦益以海内大名劝降四方，正是践行了孟子的"民为贵，社稷次之，君为轻"，这么说就令人无语了，好吧，把史可法定性为绑架百姓生命的恐怖分子吧。

降清后的钱谦益又得做选择题了，留头还是留发？留发还是留头？王小波说：知识分子最怕生活在不理智的年代。因为生在这种年代，你老得做选择题，而且只有一种正确答案，再说清楚一点：正确答案就是官方答案。

轮到钱谦益答题了，以下是他的试卷——看看《恸余杂记》中这段："豫王下江南，下令剃头，众皆汹汹。钱牧斋忽曰：头皮痒甚。遽起。人犹谓其篦头也。须臾，刚髡辫而入矣。"不投水自杀是因为水太凉，主动剃头不是怕杀头是因为头皮痒，当年读到这两段就笑喷了，却一点耻笑的意思都没有，只是觉得软骨头软到这么老可爱、这么不招人恨的，中国历史上唯此一人。

南明小朝廷被消失后，钱谦益应诏去北京担任副总编辑，具体工作就是修《明史》。柳如是没去，留在了南京。等老钱再返家时，一顶绿帽已悄然上顶，你叛国，我叛你，不知道柳如是是不是这么想的。李清的《三垣笔记》中说：柳如是趁丈夫不在，和郑某（一说姓陈）欢好，被钱谦益的儿子抓了个现行，钱子告官捕获，当堂把那个偷腥的乱棍打死了。钱谦益闻讯赶到家，儿子请安也不见，跟朋友说："当此之时，士大夫尚不能坚节义，况一妇人乎？闻者莫不掩口而笑。"《荷牐丛谈》里跟这个情节差不多，但最后一句点评却截然不同，"此言可谓平而恕矣。"徐树丕《识小录》"再记钱事"一条里又有不同，内有钱谦益给儿子钱孙爱的几句书信摘录："柳非郑不活，杀郑是杀柳也。父非柳不活，杀柳是杀父也。汝此举是杀父耳。"措辞相当严厉，如果这几句是真的，钱老爷子的爱情就太震古烁今了！佩服佩服，必须佩服。

这桩桃色新闻后来还引发出一起灵异事件，钱谦益的儿子给他生了个孙子，这孙子长到八岁，突然说看到了好多无头无脚的人，其中一位就是跟柳如是偷情的死鬼。七天后这孩子就死了，这段小文的最后一句是"果报之不诬如是"，大概意思就是这事没报应到柳如是身上，足以证明她是无辜的。这个故事来自清人笔记叫《虞阳说苑》，有兴趣可以去考证一下真伪。

陈寅恪先生的考证是，钱谦益的儿子钱孙爱生性懦弱，和小妈柳如是关系也一直不错。证据是柳如是临死前的遗嘱，嘱咐自己的女儿，要"视兄嫂如视父母"，所以多半是钱谦益的原配陈夫人一党怂恿或者冒钱孙爱之名去告官的。而《荷牐丛谈》的作者林时对最看不上钱谦益，却居然说"此言可谓平而恕"，说明在这事上也认为钱谦益做得无可挑剔，是纯爷们儿。陈寅恪自己的态度则是：一扫南宋以来贞节仅限于妇女一方面之谬说。

以上这段公案和陈寅恪先生这句话，抄送广大已出墙和跃跃欲试准备出墙的红杏。

顺治年间，吴梅村接到来自朝廷的一纸通知，让他去当国子监祭酒。不去的话倒可以保全名节，但多半是个死，也可能不用死，让你生不如死爱新觉罗家也很擅长。吴大才子权衡再三还是答应了，朋友们就在虎丘办个饭局给他践行，吴梅村人缘好，当日来了大约一千人，弄成了个超大型饭局。席间一少年书生递了个纸条，吴梅村打开一看就开始找地缝——"千人石上坐千人，一半清朝一半明。寄语娄东吴学士，两朝天子一朝臣。"

江左三大家里，吴梅村脸皮比钱谦益和龚鼎孳要薄，而且此人除了当了几天清朝国立大学校长，没什么劣迹。奈何吴学士太过自苛，即便是这个短暂的校长经历，也让他无地自容到死。去世前写了首诗，可以看出此人内心极苦："忍死偷生廿载余，而今罪孽怎消除，受恩欠债须填补，纵比鸿毛也不如。"钱谦益挨的贬损就更多了，据说他有把拐杖，刻着孔子的名人名言："用之则行，舍之则藏，唯我与尔有是夫。"某日这根手杖消失了一会儿，再出现时多了一行字，也是孔子的话："危而不持，颠而不扶，则将焉用彼相矣。"翻译过来就是：晃晃悠悠快摔趴下的时候你不搭把手，真摔了个嘴啃泥了你也不扶起来，那我要你有啥用啊。

清人孙静庵有本《栖霞阁野乘》里有一条，说是有个黄叶道人叫潘班，平日爱组织派对，有一"林下巨公"年纪最大学问最好，所以每次都是"座上宾"。有一天潘班喝high了，拍着"巨公"的肩膀叫哥，老头又气又笑，说老夫我都七张多了，你个小朋友怎么论也得管我叫大爷吧。潘班醺醺然道：咱不那么论，你在大明的工龄不能挪到大清，我是顺治二年生的，你是顺治元年投降的，所以我叫你声哥，有什么问题吗？这"林下巨公"就是钱谦益。连作者孙静庵也觉得潘班不厚道不积口德，真不敢想象钱老爷子是怎么下的台阶，估计是气摔下去的。

还有个更狠的典故，被收入《古今笑话集》。说是钱谦益在虎丘碰上一书生，书生见他穿的衣服没领子，可是袖子却又宽又大，就问何故。老钱说，没领子是清朝特色，宽袖子是明朝特色，我设计这服装表示老夫我走的是具有两朝特色的怀旧主义道路。书生嗤笑一声长躬到地，说：闹半天您老就是传说中的"两朝领袖"钱牧斋先生啊。够损。另有一则关键词也是"两朝领袖"，男一号是洪承畴。某天洪承畴和人下棋，突然想起这天正是谷雨，就口占一上联：一局妙棋，今日几乎忘谷雨。另一位马上下联出口：两朝领袖，他年何以辨清明？太狠了。洪承畴啥反应没交代，估计是紧咬牙关回家吐血去了。

吴梅村、钱谦益以及洪承畴的故事告诉我们：你可以不在乎身后洪水滔天，洪水滔天也不管你在乎不在乎。

"牧斋之降清，乃其一生污点。但亦由其素性怯懦，迫于事势所使然。若谓其必须始终心悦诚服，则甚不近情理。"这话是陈寅恪先生说的，基本准确，钱谦益确实不是始终心悦诚服。他的怯懦是真的，心悦诚服是假的，骑墙是真的，屈附阮大铖是假的。还有一样是真的，就是一直搅扰他至死的不安。

钱谦益自己怕死，也怕别人死。假如有幸生在一个只剥夺自由不搞肉体消灭的时代，或许他还真当得意见领袖。不过这只是善意的假设，有些文人的底线会随着时代的不同而调高调低，不能勘破生死的，也未必能闯过名利关。甘心做豢养动物的文人从来不缺，吃着高级狗粮养得脑满肠肥的知识分子一坨一坨的，写不痛不痒的文章，拍不咸不淡的马屁，主子有需要了，就扑过去咬上两口。这种人能够适应不同的时代，主子常换，而狗粮常有，就可以高歌今天是个好日子，赶上了盛世咱享太平。所以这种人基本没有不安，即使偶有不安也只是因为主子的脸色有变。

晚年的钱谦益，暗自资助抗清人士，几乎家财散尽。这一点跟龚鼎孳差不多，都结交反政府分子，都照死里花钱，有点赎罪的意思，心理学里也支持这种判断，通常内心有愧又没别的渠道弥补的，就拿钱找补，多少可资慰藉。

钱谦益晚年受到的最后一次重击是绛云楼的一场火灾，多年藏书烧光，对他的打击比家财散尽还大。老头眼见大火吞噬自己辛苦收藏的珍本、孤本，捶胸顿足扯胡子，虽然还能发点豪言，比如"天能烧我屋内书，不能烧我腹内书"，但肚子里有块垒挤占了空间，存书毕竟有限。曹溶曾找他借两本书，钱谦益有，却舍不得外借，结果烧了个干净。火灾后曹溶来访，老钱委委屈屈地道歉，你要借的那两本书我都有，没舍得借你，你看，报应了……

在他去世之前，常熟当地的盐官想请他写几篇文章，润笔是一千两银子，这笔钱赚到，棺材本就有了。可是此时的钱谦益已经八十三岁高龄，提笔的力气和作文的心境都没了，怎么办呢？正好黄宗羲来串门，钱谦益这个老可爱就要了他这辈子最后一次无赖，找家人把黄宗羲反锁，不写完不让出来，用这种办法催稿的编辑举世罕见，如今的编辑同行可以师法之。黄宗羲虽无奈却有才，半个晚上就把几篇文章搞定。交稿之后钱谦益非常满意，八十老翁颤巍巍深施一礼，说：

你最知我，死后的墓文，就不托他人了。但事后钱谦益的儿子没找黄宗羲，黄的态度是"使余得免于是非，幸也"，从这句话似可看出，黄宗羲虽然和钱谦益过从甚密，但多少还是有些隔阂，钱牧斋毕竟是个有历史污点的人啊。

死后的钱谦益和原配合葬，墓碑上只有"东涧老人"，其他名字名号都无，可能是怕愤青砸碑掘坟。百米外的虞山脚下是柳如是的墓，生同衾好办，死同穴太难，钱、柳活着的时候敢离经叛道，死了就由不得他们，想念对方了，还得求地鼠什么的帮忙捎个信，为之一哭。

阮大铖

清·阮大铖 【岁宴东南高同卿】 离居何必赋招魂，农圃如今
道亦尊。鸡肋久捐尘外梦，鸥夷况有眼前樽。一林明月碧如
此，六代寒山青不言。多少军烽连野哭，牛衣飒沓亦君恩。

阮大铖，字集之，号圆海、石巢，晚号"百子山樵"。《明史》
中白纸黑字写着，阮大铖是安徽怀宁人。这个籍贯据说是《明史》
主编、清朝大学士张廷玉给改的，改之前阮大铖是桐城人。二百六十
多年后，怀宁人不干了，要将阮死鬼驱逐出境。阮大铖活着的时候就
被轰鸡似的赶来赶去，想不到死后居然没地儿定居。

民国四年，也就是一九一五年，这一年发生的事很多，比如留日
学生抗议《二十一条》，袁世凯称帝，孙中山发表《讨袁宣言》，等
等，件件都是大事。相比之下，怀宁发生的"驱阮事件"非常之小。
当时，有数百文人上书当地政府，强烈要求把阮大铖赶回桐城，还在
新版县志里特别加注："旧志云明季阮大铖自号百子山樵，辱此山矣。
大铖实桐城人，今礼部题名碑及府学前进士坊可考也！"这些前清举
子秀才的考证依据出自《明史·马士英阮大铖传》，里面有一句"同
邑左光斗为御史，有声，大铖倚为重"。怀宁文人据此称：既然与桐
城的左光斗是老乡，那阮大铖毫无疑问是桐城人。而修史的张廷玉也
是桐城人，之所以把阮划到怀宁，就是因为怕阮大铖给老家丢人，所
以利用工作之便给阮改了籍贯。

从郑雷先生的《阮大铖从考》中看到，桐城派晚期文人马其昶
的书里有一卷《阮巡抚传》，阮巡抚就是嘉靖年间当过浙江、福建两
省巡抚的阮鄂，在明史里被列入严嵩一党，他能当上巡抚首先是有抗

倭功绩，不过确实跟赵文华和胡宗宪有莫大关系。阮鹗有个孙子叫阮以鼎，就是阮大铖的伯父。阮大铖幼年就过继给了阮以鼎，万历二十六年（1598年），阮以鼎中进士，之后十二岁的阮大铖跟着继父迁到怀宁。照"籍贯"的现代汉语解释，说阮大铖是桐城人没错，说他是怀宁人也没错，前一个是祖籍，后一个是户籍所在地。

一九一五年的国人还比较迁，不像现在这么想得开，若干年前山东阳谷、临清和安徽的黄山为争西门庆故里上蹿下跳，打得不亦乐乎。西门庆不过是一小说家虚构人物，而且又是奸商又是流氓，还是个地方黑恶势力代表，就这么一个人，居然被三地抢得打破脑袋。阮大铖好歹是一才子，还是中国戏剧史上不可回避的大剧作家，可是民国四年时的怀宁、桐城却推来推去都不想要，简直太傻了，不知道历史名人就是"鸡滴屁"吗？

郁达夫说："江山也要文人捧，堤柳而今尚姓苏。"这句诗基本可以解释如今为争名人故里打破脑袋的现象，郁老师可没说只有名声好的文人才能"捧江山"，所以回头建议我那位肃宁籍的同学给他家乡的"父母官"建议建议，为肃宁申请个"魏忠贤故里"的认证。

阮大铖被列入《明史·奸臣传》，主要是"沾"了亲密战友马士英的"光"，和"托"了东林党人的"福"。万历四十四年（1616年），阮大铖和马士英同科进士，天启初年刚被拔擢为给事中就丁忧回家了。那时的阮大铖，还属于"东林青年团团员"，领袖高攀龙的高徒，铁血斗士左光斗的老乡加哥们儿，绝对的根红苗正。

天启四年（1624年），阮大铖接到左光斗的通知，说吏部都给事中的职位空出来了，按照排队顺序轮到了阮大铖，这绝对是个可以让他蹦起来的好消息。吴梅村去过阮大铖家，在他的《鹿樵纪闻》里说阮同学考上进士之前，书房门口有一副联：有官万事足，无子一身轻。顺便说一下，阮大铖真没儿子，后来挑了个叫"百子山"的地方隐居，就是没儿子急的。只有个女儿叫阮丽珍，听名字比李丽珍还软。

没儿子没办法，官得弄个当当，所以吴梅村说，阮大铖就这个追求，一铁杆"官迷"。然而现实很残酷，他的老师高攀龙与顾宪成等人一合计，觉得还是魏大中的东林党"党性"更强，后来魏大中跟魏忠贤一党死磕把命都赔上了，也证明高老师没看错。不过这是后话，被魏大中顶了缺的阮大铖去了工部，《明史》里说他马上到魏忠贤那告状，才抢回了吏部的职位，随即加入阉党。但又"畏东林攻己"，不到一个月就辞职回家了。读到这疑点重重，首先阉党就那么好入，也不考察？再有，魏忠贤会那么快就信任阮大铖？他可是高攀龙的亲学生。另外，既然好不容易抢回了吏部的工作，又傍上了魏忠贤，又怎会轻易辞官？

最可能成立的解释是排挤，阮大铖和魏大中的争官，打乱了东林党下一步的方针大计，这属于不识相、不讲政治，你是我党的人没错，但你不服组织分配，我党就要把你开除出去了。

无奈返乡的阮大铖，不仅恨上了左光斗，连整个东林集团都恨上了，不过恨是心理活动，尚不代表有什么具体行动。他跟亲友说，回家就回家，姓左的命未必就比我好。结果让阮大铖"不幸言中"，两个月后，杨涟上疏弹劾魏忠贤，随即左光斗、魏大中和杨涟被免职，第二年六月，"六君子"全部入狱。魏大中的儿子后来说"父兄死于怀宁"不知是谁授意的，其实阮大铖有不在场的证据，魏大中入狱之前他还在怀宁写诗琢磨剧本。而且当时朝廷里波诡云谲，京官都避之不急，以他的在野身份，一没这个能量，二没这个胆量。

此后为阮大铖平反最有力度的是夏完淳，这个少年几句话就撩开了东林老人们皮袍下的"小"，他说阮大铖是小人没错，不过说他阿附魏忠贤就是欲加之罪了，东林党人恨阮的根本原因，就是阮大铖在《合计七年通内神奸疏》里说了一句能把东林党人气死的真话：杨涟、左光斗跟太监王安私通款曲，与崔呈秀跟魏忠贤私通款曲，两位太监都是有实权的大太监，有什么实质性的区别吗？

夏完淳，夏允彝的儿子，陈子龙的学生，也是东林系的。小夏之所以成为英雄，不光是因为他十六岁抗清殉难，还因为他坚守了一个做人的底线：即使是小人你也不能给人家扣屎盆子。

阮大铖第一次辞官回乡时走的京广线，路过涿州顺路去文友冯铨家串了个门。冯铨是后期阉党的重头人物，但冯帅哥当时还没"入党"。多年以后，这次访友成了顾炎武、黄宗羲等人咬定阮大铖是阉党的一大证据，于是在他们的描摹中：跪在路左的冯铨，身边多了个阮大铖。

阮大铖在南明小朝廷上班时曾自辩过这事："铖与相国冯铨有文字交，归过涿州，一晤即行。"另有史家考证，魏忠贤涿州进香拜的是碧霞元君，时间应该是在四月中旬，而阮大铖二月就离京了，他不可能在冯铨家赖上两月不走，所以"跪谒魏珰叩马献策"的是冯铨的个人行为，时间也在阮大铖走后。写《酌中志》的太监刘若愚，之前是伺候魏忠贤的，涿州之行他多半在场，书里边记得很清楚，给魏忠贤下跪的只有冯铨。阮大铖虽然辞职，官衔还在，如果当时他也跪在冯铨身旁，刘若愚不会忽略不计。

所以啊，虽然东林党人个个忧国忧民胸怀天下，也会用不那么君子的手段，比如把阮大铖和冯铨扯在一起，前者加入阉党的可能性就加大了。

千古不易之理，想搞臭你，没有比把你跟屎放一堆儿更好使的法子了。

《明史》中载，六君子死难后，东林党损失惨重，赋闲在家的阮大铖和朋友聊起这事"诩诩自矜"，那时还是他哥们儿的钱秉镫在《皖髯事实》中描述："大铖方里居，虽对客不言，而眉间诩诩有伯仁由我之意，其实非大铖所能为也。""诩诩有伯仁由我之意"，这句话倒是勾勒出阮大铖的小人嘴脸，但幸灾乐祸是有的，要据此判定左光斗、魏大中等人是死在他手上，那也太抬举他了，当时的阮大铖还不是南明的阮尚书，没那么大本事。因此钱秉镫说，"其实非大铖所能为也"。研究南明史的顾诚教授也说："阮大铖为人小有才，本非志节之士，这是一回事，他的列名魏忠贤逆案是否恰当又是一回事。"

王绍徽是铁杆阉党，此人最大的"成就"就是为半文盲魏忠贤编辑了一本《东林点将录》，内有东林党人总计一百零八位，而阮大铖的名字就赫然在列——"天究星没遮拦穆弘"，排名还挺高，东林好汉中坐第二十四把交椅。阮大铖后来拿这个给自己辩论，"浪子燕青"钱谦益也没表示反对。此处的疑点是：以钱谦益当时的身份、名气，竟然名列天罡最后一名，似没道理比阮大铖排名还低。

假如钱是为了阿附阮、马撒了谎，那么生于崇祯二年（1629年）的复社后人朱彝尊应该不会刻意去帮阮平反，他的《静志居诗话》里写道，"没遮拦穆弘"就是阮大铖。而作《先拨志始》的文秉却说《东林点将录》里的没遮拦穆弘是刘宏化，那么必有一个版本的《东林点将录》被篡改了。据当代史家汗青老师考证，文秉看到的版本，是"各以恩怨为增损"之版本。看到这就知道了，中国历史为啥这么乱套，很多时候拿史笔的跟扶乩的一样，都往对自己有利的方向写，唉。

被崇祯列入"钦定逆案"名单的阮大铖，罪名是"结交近侍"，属于模糊学定罪，因证据不足所以列入"次等"，给了个"坐徒三年，纳赎为民"的处分。《明史》里有关阮大铖结交近侍的记录也很模糊，说他每次去见阉党首脑，必买通小太监，把自己递上去的名片高价回收，相当于现在买通网监删掉对自己不利的帖子。

总之阮大铖的官是当不成了，万幸的是他不缺钱，赎了个自由身。黄宗羲觉得处理得太轻，说"既不足以制小人，徒使小人百计翻之"。这点倒让黄宗羲说中了，回到老家的阮大铖确实不甘心，仗着自己能吹，就对外放风"我要翻案啦，我要被重新起用啦！"很能骗一些愚夫愚妇，都以为他中央有人，上访多年未果的就傻乎乎地给他送礼，跑官买官的更是送来重金求他打点，几个月之内居然收了数万两银子。不过他收了钱没办事，结果激起民变，要不回钱来的排好队游行示威，口号是"杀了大铖阮，安庆才平安"，把他轰出安庆，赶到了南京。

名声臭了，南京也待不长久，不久阮大铖又一次被逼"跑路"。复社的诸位才子于崇祯十一年（1638年）在南京开会，响应黄宗羲的号召，坚决不让小人"百计翻之"。顾杲、吴应箕、陈贞慧等人联手整出个《留都防乱公揭》，目标很明确，就是让阮大铖滚蛋。当时复社征集了一百多位知识分子签名，要把阮大铖批倒批臭，砸烂阮大铖的狗头。老阮望风而逃，在南京郊外牛首山躲了起来。有必要提到的是，当时复社有一个人没签名，此人叫朱茂曙，朱彝尊的父亲。他拒签时说的那句话至今还有可供参考的现实意义："治小人不宜过激。"

初到南京时，阮大铖一度也主动结交东林人士，貌似那时的他跟东林党人也不想结仇。复社四公子还曾把他的阮家班召来唱戏，搞得阮大铖很振奋，说"此诸君子欲善我！"为此还专门写了一本《燕子笺》示好。再看复社公子们的表现——吴梅村记下了这一幕："诸君箕踞而嬉，听其曲，时亦称善，夜将半，酒酣，辄众中大骂曰：'若奄儿媪子，乃欲以词家自赎乎？'引满泛白，抚掌狂笑，达旦不少休。"这就有点欺负人了，人家免费给你唱堂会，你还骂"这孙子是要拿这个赎罪吗？没门！"我估计，就是在此时此刻，阮大铖彻底心灰意冷了。

后来周延儒复起，除了复社张溥等人给他凑了一笔政治献金，阮大铖发发狠也给了一万两，说明这人敛财确实有一套。一开始周延儒没敢要，问他，我这次复起可都是东林人出的力，小阮你名字还在逆案名单里呢，没法推荐你啊。阮大铖一想也是，好吧，推荐马士英没问题了吧。周延儒说，太没问题了，拿着一万两银子就走了。此举说明阮大铖得到了吕不韦的真传，会做长线投资，马士英就是他向东林复仇的潜力股。

南明小朝廷刚刚成立，马士英就上疏弘光举荐阮大铖，当年的投资开始往回收了。阮大铖很直接，见弘光的第一面就亮出了刀子，刀锋对准东林党。"陛下只知君父之仇未报，亦知祖母之仇未报乎？"

弘光就是福王朱由崧，"君父"指的是他堂弟崇祯和他爸老福王朱常洵。李自成攻陷洛阳后，把大胖子朱常洵剁成肉块和鹿肉混一起炖了一大锅，美其名曰"福禄宴"，跟手下们分而食之，第二天老福王变成李自成的大便被排了出来。"祖母"就是朱常洵他妈郑贵妃，明朝三大案的第一犯罪嫌疑人。当年郑贵妃想立自己的儿子为太子，就是被杨涟等东林党人"粉碎"的。阮大铖之所以把棺材里的郑贵妃翻出来，当然不是让朱由崧缅怀他奶奶，目的还是东林党。此时的阮大铖已经没啥可以掩饰的了，过去是有官万事足，现在是报仇万事足。

复仇之前得先把自己打扮得政治正确，于是阮大铖开始频繁上疏自辩。本来老阮给自己历史遗留问题的辩解还算靠谱，但可能是通讯不发达的缘故，他说北京破城后自己的好哥们儿冯铨"阖家殉难"，还说大学士韩爌"全家投敌"，结果正好相反，全家投敌的是冯铨，阖家殉难的是韩爌。

大学士姜日广，久经考验的东林党党员，因反对起用阮大铖被后者诬告。收拾姜学士的过程很简单，阮大铖只动用了他的编剧才能就逼得姜日广致仕。具体细节是这样的，阮大铖上了一道"黄"疏，说姜日广跟儿媳妇通奸，连伪证都懒得弄，直接拽了个姓朱的皇室成员署个名就OK了。朱由崧是南明第一混蛋，一见有自己亲戚签字就信了，认定这起"爬灰事件"成立。阮大铖这招非常下作，给姜日广扣个爬灰的屎盆子，后者一耿直老儒，想分辩几句都不好张口，总不能把儿媳妇叫皇上跟前儿帮老公公证明清白吧。其实泼粪这招东林党人当年也对阮大铖使过，不过论技术那帮大儒只能管阮大铖叫老师。

肃清东林、复社是个大工程，首先就是拟定一个详细名单。阮大铖想起了罗织学前辈崔呈秀、王绍徽等各位老师，就学着编了一本《蝗蝻录》，一本《蝇蚋录》，蝗虫个大，所以这本是东林党名单；

蚊蝇个小，所以《蝇蚋录》里全是复社成员。黑名单炼成了，下一步的工作就是抓人整人，一时间东林党人纷纷辞官，复社四公子四散奔逃。倒有个东林大人物主动送上门，文章宗伯钱谦益，不过这位是主动加入阮派，还表扬阮大铖是"慷慨块垒奇男子"，因此老钱就不整死了，但也不重用，当摆设挺好。

南明小朝廷被端后，马士英带着残兵到杭州绍兴一带打游击，阮大铖投奔鲁王和隆武政权先后被拒，最后被老同学朱大典收留。朱大典和阮大铖是同科进士，在敛财上和阮大铖一样都是天才，所以有资本自己拉起一支队伍。和阮大铖不同的是，朱大典死脑筋不肯投降，最后清兵攻破金华，朱家的女眷都跳了井，男的都围坐在朱大典身边，朱点燃引线，一声巨响一了百了，非常悲壮。

在朱大典处待了没几天，金华人就不干了，说金华以香喷喷的火腿闻名，你老朱弄了个姓阮的臭豆腐在这供着，不行，轰走。朱大典没办法，就把阮大铖送到了钱塘江分部。钱塘江是要津，阮大铖知道此地的重要，于是"潜通降表于北，且以江东虚实启闻北师，在江头为北师间谍者几一年，而越人不知也。故后录用降官，有'大铖投诚独早'之旨"，张爱玲说成名要趁早，阮大铖说投降要趁早，都是人生"圭臬"。不久清兵攻破钱塘江防线，阮大铖就顺水推舟地投降了。随后阮大铖就把朱大典给清朝的"开国大典"献礼了，阮大铖先是写信劝降，被朱大典撕了，清军随即攻城，金华城墙太厚，炮轰了半天也没动静。据说就是阮大铖献的策，他告诉清军金华西门是新夯的土，最薄弱，一轰之下果然破城。接下来就是开头那一幕了，所以朱大典比阮大铖名声好一些，死后还得了个谥号：烈愍。

降清后的阮大铖非常讨清军喜欢，有个清军将领求知欲很强，阮大铖就教他吟诗作对，以他的水平给满洲武人上课，跟教幼儿园差不多，没几天就收了一堆少数民族学生。清军吃的军粮粗糙，阮大铖就让手下采办蔬果肉食，找自家的厨子烹饪，香气把站岗放哨的都吸引过来了。吃饱喝足，清军带兵的贝勒听说他有个阮家班，唱戏唱得贼好，就问阮大铖会不会，老阮就亲自"执板顿足而唱，以侑诸公酒"。满人都是东北那旮旯来的，听不懂南方话，阮大铖就改唱弋阳腔，清兵听了都说：老阮你说你咋整的呢？老阮你太有才了。

有关阮大铖的死，版本很多，相对较靠谱的是张岱的记载。他的《石匮书后集》中关于阮大铖之死记录得相对详细："随征金华，城破，大铖搜朱大典外宅，得美女四人，宣淫纵欲。过仙霞岭，中风堕马，已不能言，咋舌而死。"舌头都伸出来了，多半是脑溢血。吴伟业记录的略有不同，清军攻打衢州前，领兵贝勒见他满脸浮肿，就劝他原地休息，等回来的时候再接他，阮大铖怕丢了将来的官位，就说："福建巡抚已在我掌握中，诸公为此言得毋有异意耶？"别人又劝，他就扯着嗓子吼，顺便表明一下自己中气十足，"我何病！我年虽六十，能挽强弓，能骑劣马，我何病！"贝勒爷一看，既然你这老家伙逞能，就一块走呗，死半道上可别怨我。到仙霞岭，其他人都骑马上山，阮大铖想表现自己很强悍，就牵着马登山，还指着旁边的清兵说，你看，老子我的身子骨比小青年还强十倍呢。说完噌噌地往山上爬，要做第一个登上峰顶的人。结果，他赢了。

清军登顶后，见"大铖马抛路口，身坐石上。呼之不应，马上以鞭挑其辫，亦不动"，死了。

上世纪七十年代黄裳先生读过阮大铖的《咏怀堂诗》之后，写了篇散文，因为引了一句国学大师王伯沆的话，被领导呵斥一通，那句话是"乃知小人无不多才也"。知道了吧，三十多年前表扬奸臣有才华也是桩罪名。后来阮氏诗集《和箫集》被发现，黄裳先生曾想买下，不卖就抄下来，结果被政治素质过硬的人告发，遭到批判，这回的罪名是"对一个历史上的大坏蛋寄予了爱慕和同情"。

其实早就有人表扬阮大铖了，陈寅恪先生，还有他的父亲陈散原，都认可阮大铖在文学与戏剧两个领域的才华。陈寅恪还提到了阮大铖的两本戏，"至所著诸剧本中，《燕子笺》《春灯谜》二曲，尤推佳作。其痛陈错认之意，情辞可悯。"此外他还论述了阮大铖后期行为的成因，认为东林党人对他苛之太甚，"此固文人文过饰非之伎俩，但东林少年似亦持之太急，杜绝其悔改自新之路，竟以'防乱'为言，遂酿成仇怨报复之举动，国事大局，益不可收拾矣。"这段话出自《柳如是别传》，比黄裳"过分"得多，不知陈寅恪先生为此挨过批斗没有。

章太炎也高度评价阮诗，认为明朝能跟他水平相当的没几个，并举例潘岳、宋之问这二位的屁股未必比阮大铖干净，但诗文也都传世了，"君子不以人废言也"，因此发掘秦桧、严嵩、阮大铖这些"大奸大恶"的遗作，不是什么给坏蛋张目的行为，属于正经的文学考古。

阮大铖在戏剧创作上绝对是一天才，终其一生他总共写了十一个剧本，如果都流传下来，相当于三分之一个莎士比亚，可惜流传下来的只有四种，《燕子笺》《春灯谜》《牟尼合》以及《双金榜》。先不说质量，单说写作速度就把现代编剧比没了，《牟尼合》总共三十六场，阮编剧半个月搞定；《春灯谜》三十九场戏，一个多月就写完了。那时候的昆曲火得一塌糊涂，往往阮大铖刚写完几场就拿去排演，要不是手快还真接不上。当时的观众都是阮剧的粉丝，连阮大铖的死敌复社诸位公子也爱看，只不过这几位粉丝太难伺候，上文有述，不重复了。

香港的几位电影大腕都有自己的班底，比如成龙的成家班，洪金宝的洪家班，都是人家阮大铖玩剩下的。当年阮大铖养了个"阮家班"，只唱自己写的戏，这几乎是后世所有编剧的梦想，却不知人家阮老板早在明朝末年就实现了。阮大铖的哥们儿、写《夜航船》的张岱多次欣赏过阮家班的表演艺术，看完给了"五个出色"的至高评价，认为阮大铖的戏从剧情、角色、唱词到唱功、扮相无一不精妙。另据观众之一的冒襄记载，阮家班演一出戏的门票是十六两白银，寻常人家是看不起的。

张岱还把阮大铖定位为现实主义戏剧大师，"骂世十七，解嘲十三"，顺便在戏里夹枪带棒地骂骂东林党，相当解气。不过螳螂捕蝉，孔尚任在后，阮大铖想不到自己也会被人写进了戏里，而且还是反一号，《桃花扇》里的阮大铖构陷侯方域，拆散侯和李香君，形象相当不光彩。而侯方域在他的《李姬传》里，借女子之口又把阮大铖灭了一道。这就叫世道轮回，报应不爽。

附：胡天黑帝

夏 桀

桀不务德，而武伤百姓，百姓弗堪。

——《史记·夏本纪》

桀，传说中夏朝的末代帝王。跟他祖宗大禹一样，姓姒，其氏族名叫夏后，"夏朝"的名字就来源于禹的氏名。

桀的名字叫癸，还有一说叫履癸，加上其姓姒，谐音"似鬼"，或者"似驴鬼"，总之都不怎么好听。至于广为人知的"桀"，是商汤定的谥号，字面意思就是凶猛残暴。此后很少有人给自己的孩子起名叫"桀"，就像有宋之后也没几个人给孩子起名"桧"。

史籍中记载的桀，是个文武双全的帝王，能徒手格杀虎豹。手劲奇大，铁制的钩子，夏桀能将直了还原成铁棍。至于铁的来源，《史记》里有记录，桀即位的第十年，"星陨如雨"，很有可能下的是铁陨石雨，夏桀的铁钩多半就是拿铁陨石锻造的。

假如夏桀真有这么厉害，简直就是天赋禀异。具有超常才能的人通常都极其自信，要说自信本不是什么缺点，但一个帝王假如太自信，对其治下的百姓来说绝非好事，一个相信自己无所不能的帝王，一定会独裁，置身于独裁统治之下，百姓一定是没好日子过的。

夏桀在《竹书纪年》中的"政绩"共计四项，都与建筑有关，"筑倾宫、饰瑶台、作琼室、立玉门"。后世史家把这些宏伟工程归罪于一个女人，妺喜。某年桀征讨有施氏部落，后者自知不敌，就主动献上钱财珠宝和若干年轻美貌的女子，妹喜就在其中。因其貌美被夏桀选中，同时也被历史选中，成了红颜祸水的开山鼻祖。妲己和褒姒见了她也得伏低叫声大姐。不过妹喜和那两位小妹命运不同，居然进了《列女传》，传中说她"女子行丈夫心，佩剑戴冠"，喜欢男装出行，属于开制服诱惑之先河者。夏桀每每把妹喜抱到膝上把玩调笑，"听用其言，昏乱失道"，晋代皇甫谧的《帝王世纪》也推波助澜，说妹喜有个特别爱好，喜欢听"裂缯之声"，夏桀就找来一些手劲儿大的宫女，把当时昂贵无匹的帛一条条撕开，以博妹喜一笑。多年以后的李商隐也把妹喜往人民口水的汪洋大海中推一把——"倾城惟待笑，要裂几多缯？"

顺便说一句，《红楼梦》里的晴雯，也是妹喜的粉丝，只不过改成了撕扇子，成本比扯丝绸还是低了点儿。

除了裂帛博美人一笑，夏桀还开发出了酒池肉林，后来的商纣是有样学样，原创还是夏桀。他造的酒池相当于一个人工湖大小，能行船。夏桀和一众男女每日泛舟酒池之上，想喝酒了就舀一碗，不胜酒力的就掉下去淹死了。前文提到的"倾宫、瑶台、琼室、玉门"，据坑人的史家说也是为妹喜所建，好慰她思乡之苦。这么大的工程，靡费巨大，比干爹送干女儿爱马仕、玛莎拉蒂还舍得投资。当然，耗费的都是民之脂膏，夏桀不用亲自动手，自有一众奴才操办。

此外夏桀还是历史上首个把自己比作太阳的独裁者，"天之有日，犹吾之有民，日有亡哉？日亡吾亦亡矣！"——他的理论是：太阳会死吗？不会，所以我也不会死，千秋万载，一统江湖。其实他记性实在不好，桀的先祖太康，就被后羿发动政变夺了权，"射日"成功；而此时的商汤，也正在商地跃跃欲试。连在田间劳作的屁民都敢指着太阳大骂：日！

百姓被压迫得没了活路，就不再惜命，恨不得有一天，跟夏桀同归于尽。

此时夏太史终古和大臣关龙逢还没有放弃他们的君王，先后上书劝谏。终古劝说无效，夜奔商汤。关龙逄带着黄图去面君，这里的黄图可不是春宫画，而是尧舜禹等历代先王的事迹画像，关龙逄想以此来提醒夏桀做个好领袖，而不是荒淫无道的暴君。结果凄惨，夏桀直接把关大人炮烙了。却也成就了后者的千古名声，成为"死谏开先第一人"，后世的"士风"就滥觞于关龙逄，从此"千秋从此解批鳞"——所谓的"批鳞"，就是以逆耳之言直斥帝王之非，你看，中国的知识分子，还是有说真话而不怕死的优良传统的。

商 纣

今商王受无道，暴殄天物，害虐丞民，为天下逋逃主，
萃渊薮。

——《尚书·武成》

纣，商的最后一任最高领导人，《封神演义》里叫他纣王。实际上商的历任最高领导人谥号都是帝某某，比如帝武丁、帝武乙，名字用的都是天干，所以纣的真名其实是子受，谥辛，连起来就是子受辛。纣是受的谐音，"残义损善曰纣"，这个字是周武王奉送的，当然不是什么好词。

将帝降格为王很好解释，姬发也就敢称王而已，岂能容前朝称帝，那自己不成了僭主了嘛。

殷商遗民是不承认"纣"这个谥号的，依然尊称"帝辛"。周朝时的宋国是殷商后裔，其中的文人曾作了首名为《玄鸟》的诗纪念帝辛，诗中有句"武王靡不胜"，歌颂的可不是周武王，而是子受辛的文治武功。从这点可发现若干可疑之处，彼时商已被周颠覆，殷商遗民却还公然怀念先朝先帝，好大的胆子。此外这一观点还与纣王他哥，宋国的立国者微子对待新政权的迥异姿态——当时周武王攻进朝歌，微子可是光着膀子，把自己绑起来，牵牛把茅跪着迎接的。

自己的国亡了，自己的亲弟弟自焚了，这时候的微子却对"敌人"欢迎欢迎热烈欢迎，简直就是个"商奸"嘛，然而历史就是如此吊诡，这个样子的微子，竟和箕子、比干并列，被誉为"三仁"。

《史记》中记载的纣是绝对的暴君，酒池、肉林、炮烙、鹿台，

完全是夏桀的翻版，妲己完全是妹喜的翻版，非常没有创意。不过司马迁的文笔很好，以绚烂的文学语言描述了商纣妲己的荒淫，男女裸体穿梭于酒池肉林之间，就跟他亲眼得见似的。所以说太史公他老人家首先是一位杰出的小说家，其次才是历史学家。

《封神演义》里的纣王和妲己更没法看了，后者干脆成了狐狸精，与另一位幻化成美姬的雉鸡精魅惑纣王，事迹计有：挖比干的心脏，看看有几个窍；把孕妇的肚子剖开，研究胎儿的发育情况；把在冰面上走过的人抓来剁脚，研究他们为什么不怕冷；此外还炮烙了一堆忠心耿耿的文臣武将，等等。多年以后，贾谊写宋康王"剖伛者之背，锲朝涉之胫"，几乎如出一辙，从桀到纣再到宋康王，暴君之暴行全无花样，连改都懒得改。再看看夸宋康王的："面有神光，力能屈伸铁钩。"直接复制的桀纣，都是力大无比的超人。此人被妖魔化的原因不复杂，那时的宋就是微子找姬发讨来的封地，宋康王就是纣的后裔，血统也是罪名之一。

可是商纣既然那么残暴，却没杀姬昌，实在是匪夷所思。传说中的佞臣费仲，曾力谏商纣杀掉姬昌免除后患，可纣却表扬姬昌仁义，"诛之不可"，愣是留了他一条命。《韩非子》里就是这么写的，那么该信谁呢？

信这个——成王败寇的定律千古不变，新政权妖魔化旧政权的伎俩千古不变，史家由胜利者书写千古不变。

即便是周武王有姜尚辅佐，也只列出了子受辛的六大罪状，第一是酗酒，一个很滑稽的理由。还有"不重用亲戚和旧臣"，这条简直就是干涉别国内政了。至于"听信妇言"，就是把矛头指向妲己，在男权社会，这个"罪过"永远有杀伤力。其实查查历史，桀纣干过的，周文王姬昌也干过，"为玉门，筑灵台，相童女，击钟鼓"，此外都说纣王荒淫，儿子的数量却去姬昌太远，后者可是有一百个儿子，一个母亲可是没这个产量的，那么你说是谁更荒淫呢？当然，他儿子最终得鼎，史笔就捏在自己手中了。

顾颉刚先生昔年有篇考据严谨的文章,《纣恶七十事发生的次第》,查明抹黑子受辛的动作是次第增加的,《尚书》里有纣恶六桩,到了战国就多了二十项,至西汉又加二十一条,到了晋,增加了十三桩,几乎是罄竹难书了。

　　孔子高足子贡早就指出——"纣之不善,不如是之甚也。是以君子恶居下流,天下之恶皆归焉"。既然已经失去政权,就视如屎盆子,如你所知,屎盆子这种东西,已经很脏了,再弄脏一些也无所谓。

　　郭沫若曾写过一篇《替殷纣王翻案》的文章,认为商纣征讨东夷有功,促进了民族融合和先进文化向蛮荒之地的传播,并赠其"伟人"的"谥号"。明白了,抹黑和翻案,这两种态度,就是中国人几千年来对待历史的态度。至于是抹黑还是翻案,视时任统治者需求而定。

周厉王

厉王喜，告召公曰："吾能弭谤矣，乃不敢言。"
——《史记·周本纪》

周厉王，本名姬胡，非常名副其实，可以作为本组小文"胡天黑帝"的代言人。"厉王"是后世给他的谥号，《辞源》的解释是"杀戮不辜、暴慢无亲"，这两桩罪是有的，但一个"厉"字还不足给姬胡盖棺，此"胡"真正对后世有"大贡献"的，是一项"专利"和"止谤之术"。

先交代下时代背景，彼时的周朝，基本上属于原始的自由市场经济，百姓靠山吃山靠水吃水，资源民享，耕种渔猎自由，按需自行分配。爱风景爱旅游的，赏名山大川也不用掏门票，总之无公权力干涉，活得很是不错。姬胡即位后，重用一个叫荣夷公的人，此人向姬胡建议，为筹备军费与少数民族打仗，必须充实国库，要充实国库，必须把山川湖海收归国有，资源收归国有后，百姓再耕种渔猎就得拿钱向政府买，简言之，这就叫"专利"。荣夷公这一提议，深得姬胡之心，于是举国推行，推行的结果就是国愈富民愈穷。周公和召穆公劝谏姬胡不要与民争利，未果，反而愈演愈烈，连矿山、沼泽、林木都收归国有。这样以来，岂止底层屁民，连食邑的小贵族们都受不了了，就纷纷到镐京上访。那时节中央对地方政府控制不力，所以指望地方诸侯帮中央截访抓访是不可能了，于是就催生了周厉王的第二个史无前例的发明。这一发明，堪称后世秘密警察的鼻祖，克格勃、斯塔西、盖世太保等都该供其为祖师爷。

时卫国盛产巫者，擅长监视监听刺探他人隐私，周厉王就以"卫巫"为班底，组建了一支密探部队，分派到地方专事搜集民间对政府的不满言论，刮起了一场窃听风暴。对外的说法是舆情监测，弄得好像很重视舆论监督似的。卫巫回镐京后，向周厉王密报，接下来发生的事就可想而知了，杀头的杀头，入狱的入狱，剜眼拔舌刖鼻车裂。效果自然甚佳，从此留下一个成语，"道路以目"。就是说路人在大街上相遇，只能用眼神交流，无敢开口说话者。

姬胡见状很是得意，跟臣下炫耀道："吾能弭谤矣，乃不敢言。"召穆公听了，跟周厉王说了一段至今仍能映射现实的话，他说那不过是你堵住了大家的嘴罢了，防民之口甚于防川，川壅而溃，伤人必多。近三千年前，召穆公这番话就已阐述了统治者钳制言论自由的害处，"民之有口也，犹土之有山川"，是啊，嘴的功能除了吃饭接吻，就是用来说话的，你以为你堵住他人的嘴，就能换来统治之稳定吗？你以为拦坝截流，江河就不会决堤吗？相当振聋发聩。

三年后果然"川壅而溃"，百姓及下层贵族们手持棍棒农具刀枪蜂拥镐京，史称"国人暴动"。姬胡怕了，连忙差兵镇压，却忘了一件事，这些军士兵卒都是农人子弟出身，哪有冲乡邻亲戚动刀动枪的道理，反而纷纷倒戈。周厉王狼狈逃窜，最后跑到山西霍县藏身。霍县周时称为"彘"，也就是猪，可能是此地出产该牲畜，因此得名。另有一说是姬胡是被共伯和放逐到这个地方的，总之不久，周厉王就死在了"猪之地"。

姬胡跑路彘地后，一个叫共伯和的贵族上位，那一年就叫"共和元年"。这也是中国历史上首次出现"共和"二字。结果大家都知道，这个国家并未走向共和，只是一个统治者替代了另一个统治者而已。陷入千年死循环。共伯和要铲除厉王余孽，要把太子静找来杀掉，召穆公够狠、够没人性，就把自己的儿子冒充太子献给了共伯和的刀斧。多年以后，共伯和被赶走，太子静即位，史称周宣王，周公、召公辅政。在司马迁的《史记》里，这一年也被称为"共和元年"。太史公直接屏蔽了共伯和的存在，属于史家"皇室正统"的思维模式，因此有关这段史实，司马迁的记载远不如《竹书纪年》可信。

周厉王死是死了，在这个世界上却是阴魂不散，如你所知，恶的开枝散叶更甚于善。后世的暴君和独裁者，无不践行着周厉王的"原创"——以国有之名，行一家私有之实；以人民之名，行盘剥人民之实；以稳固安定之名，行维持暴政统治之实。于是乎，卫巫遍地，真理不彰，塞民之口，川壅而溃。周厉王的阴魂游荡在世界的诸多角落，周厉王的故事一再被重演，最近的例子参见亲爱的死鬼卡扎菲。

胡 亥

胡亥，秦始皇少子。最为人熟知的名号是"秦二世"。作为中国历史上第一个大独裁者，秦始皇开创了一个老大帝国，到儿子胡亥这一代戛然而止，两世而斩当然不仅仅是胡亥的问题，根子还在嬴政那儿。在大部分史家的脑袋里，大一统就是正统，书同文车同轨就是大好事，于是就把秦始皇捧得老高，捧来捧去，连"焚坑事业"也要商量了。

小时候的胡亥是个捣蛋鬼，某次嬴政设筵，群臣与诸位公子都到场。那时有桌无椅，来客皆席地而坐，鞋子就脱在门外。胡亥吃饱喝足后出门玩耍，见一排款式颜色各异的鞋子摆在门口，就按捺不住，又是踩又是踢，兴尽而归。大臣公子们出门时，发现找得到一只，找不到另一只，不得不玩一把"连连看"，拼齐了才回家。

《史记·秦始皇本纪》中记载："三十七年十月癸丑，始皇出游。左丞相斯从，右丞相去疾守。少子胡亥爱慕请从，上许之。"这段部分表明，嬴政是比较喜欢这个少子的。有过这次伴父出游的经历后，胡亥也在登基后有样学样，出游了几番。有人劝他勤政，胡亥很不爱听，就搬出了三皇五帝的苦逼历史，引的是《韩非子》里的典故，他说尧帝当年出差，找个茅草堆就凑合着睡一宿，吃住条件连奴仆都不如。大禹就更惨了，治了半辈子水，大腿上看不到一块白肉，小腿上连腿毛都蹭没了，一张脸晒得比非洲人都黑。胡亥说你说这是何苦呢？当帝王当领导不就是为了吃香喝辣养尊处优作威作福欺男霸女吗？

胡亥的思想"出落"成这样，跟他的老师赵高是分不开的。最初赵高挑唆他矫诏篡位，胡亥的回答还算得体，他跟赵老师说，这事缺德，对不起父亲不说，天下人也不会服气，弄不好还影响大秦帝国的和谐稳定。然而赵高是个有大学问的人，不仅书法好，还博古通今能言善辩，就把商汤诛桀、武王伐纣的故事给他讲了一遍，胡亥越琢磨越觉得有道理，认为找到了夺权合法性，就开始任赵高设局，先后逼死扶苏、蒙恬。登基后，又戮杀自己的十二位兄长，姐妹也不放过，共有十人被处以"矺刑"。"矺"通"磔"，就是肢解分裂躯体的刑法，死无全尸。

对付兄弟姐妹尚且如此，臣子们就更不用手软了。左右丞相李斯、冯去疾，和冯去疾的儿子将军冯劫，某日一起找胡亥反映情况，说关东盗起，出兵镇压，却镇之不平，压之不绝，都是因为税赋徭役太重的缘故，所以建议胡亥赶紧停止扩建阿房宫，减轻人民群众负担，方可平息叛乱。胡亥勃然，骂他们不为帝王解忧平乱，反而要他牺牲享乐权，这不是找死吗？遂把三人下狱，冯去疾父子自尽于狱中，李斯不久也被赵高收拾了。李斯死得极惨，秦朝酷刑用了个遍，额面刺字，割了鼻子，又凌迟腰斩，还被夷了三族。史载他只留下了再也不能和儿子出上蔡东门牵狗追兔子的千古遗憾，却不知他是否后悔与赵高沆瀣，又出力把赵高捧到一人之下万人之上的位置。

这之后的胡亥，越发像那位花剌子模国王，只喜欢听好消息，屏蔽坏消息。陈胜吴广揭竿之后，攻城略地，许多秦将都降了楚军。胡亥听说后，就召集儒生博士问计，众人都说，造反的越来越多，赶紧集结大军出兵吧。胡亥就暴跳如雷，说先帝和我建设的大好国家怎么可能有人造反？又问叔孙通，叔孙通忙说，是啊是啊，如今明君在上，法制昌明，百姓们高兴感激还来不及呢，怎么会造反？我看就是"鼠窃狗盗耳，何足置之齿牙间"。胡亥闻言浑身舒泰，赏帛二十匹，衣一袭，还升他当了博士。

这就是成语"何足挂齿"的出处。叔孙通完全是为了取悦胡亥以自保，其实何止是齿间，那根起于大泽乡的刺，此时已无限接近大秦帝国的心脏，死亡只在须臾。

出宫后，众儒生骂叔孙通"面谀"，就知道拍马屁不说人话，叔孙通摸着胸口叹息，说，你们不知道，刚才我差点儿就没命了。说完打道回府收拾行囊细软，带着家眷连夜跑到薛地，随即投奔了项梁。

巨鹿战后，秦军主力被项羽灭得差不多了，刘邦大军也逼近咸阳。此时胡亥的恩师赵高又重施故伎，发动政变，派其弟卫成区司令赵成和咸阳市长阎乐去宫中，目的只有一个，逼胡亥自杀，然后立一个容易操控的当筹码，以便和刘项谈判。这时胡亥招呼左右，却只有一个宦官在身边，你怎么不早告诉我？胡亥问。宦官说，早说我早就让您弄死了，岂能活到今天？

汉成帝

汉成帝刘骜，宣帝之孙，元帝之子。幼年聪慧知礼，颇得他爷爷汉宣帝的喜欢。"骜"这个名字就是宣帝起的，好马良驹的意思，可说是在这孙子身上寄托了美好希望，盼他有朝一日带领大汉帝国一路奋蹄，驰奔帝祚万年不倒之境。

话说宣帝倒也灵验，多年以后，他孙子刘骜果然"跑马"而死。

借机普及下医学常识，男子夜间梦遗，俗称"跑马"。民间说"一滴精十滴血"，说法不确，这是古人不知精液成分的妄猜，但遗精不止也确实不是什么好事，汉成帝刘骜就是这么挂的，见证人是赵合德，合德名不著，但她姐姐在历史上名气很大，其姊不是旁人，正是汉朝著名舞蹈艺术家赵飞燕。

假如花花公子是个行业，刘骜无疑是业中翘楚。在这行当中他有个亲密合作伙伴，同时也是他的同性情人，富平侯张放。张放身世显赫，著名酷吏张汤就是他的祖先。从张汤之子张安世那一代，被封为富平侯，袭爵到张放已是第五代。唐朝高适有诗，可证明富平侯这一爵位的显赫："苍生谢安石，天子富平侯。"

张放是个阴柔美男，刘骜也有美姿容，但刘骜属于壮美一款，属攻，张放是受，而且可想而知是总受，刘骜毕竟是皇帝嘛。话说刘骜与张放一见倾心，自此"与上卧起，宠爱殊绝"，搁今天二人绝对是耽美小说、漫画中的主人公。一般认为"耽美"一词是由日本舶来，其实是出口转内销，《诗经·卫风·氓》中就有载，就是耽于美色之意，日本人拿了去，又由此生发出其他奥义。

得到成帝宠爱的张放很知道投桃报李，经常带刘骜出宫"冶游"，斗鸡走马长安、出入风月场所，刘骜玩得非常high，竟不顾帝王尊严，乔装改扮冒充张放的跟班。玩累了回到富平侯府，张放为皇帝男友举办"大趴"，艳姬俊男穿梭，衣香鬓影迷离，节目比皇宫里的开放得多，刘骜忍不住惊叹：想不到侯府风光曼妙至斯。此后刘骜钓上赵飞燕姐妹，也始自张放带他的一次串门儿。

刘骜跟张放解着恨地玩了几年，王氏外戚担心了，怕张放做大，就到王太后处告状。太后认为皇帝还年轻，正是荷尔蒙分泌旺盛之年，发泄下也没啥坏处，因此按下不理。外戚们就撺掇丞相和御史，以"骄蹇纵恣，奢淫不制"的理由把张放告了罪，外放北地都尉。

张放左迁的原因很值得一说，这是一次人为导演的劝谏，目的未必纯正，效果却上佳。某日刘骜与张放等人在宫中饮酒赏舞，至高潮时，刘骜无意间瞥见一堵屏风，上面画着一幅春宫，纣王正趴在妲己身上嘿咻嘿咻。刘骜越看眉头越紧，问侍从班伯：子受辛就是这副德性？班伯回答，子受辛最多是耳根子软，可也不至于在金銮殿上乱搞，只是亡了国，天下的屎盆子都扣在了他一人头上。

既然没那么坏，那这幅画是啥意思？刘骜问。

他得到的回答是张放等人最不愿意听的。班伯说，还不是因为酒，子受辛沉溺酒中，才把微子等贤人都气跑了，所以秽乱宫闱啊亡国灭种啊，都是因为贪恋那二两黄汤。刘骜听了面色凝重，毕恭毕敬地起身施礼，说：好久没听您教诲了，今日有幸，再听善言。张放等人色变，借口上厕所，纷纷然尿遁。这次不欢而散的酒局不久，刘骜去王太后宫中问安，太后见儿子瘦得嗉了腮，心疼得不行，就说，别让妈担心了，班伯是王凤指派服侍你的人，为人可靠，听他的话，收敛收敛吧，至于张放，不必让他待在京师了，让他回封地去吧。顺便提一句，王凤官至大司马，刘骜的娘舅，也是王莽的大伯。

此后刘骜思念不已，屡屡写信给张放，字字泣血，笔笔相思。刘骜几次想把张放召回，但据记载那几年连年出现日蚀，彼时天生异象属于舆论监督的一种，被视为老天对皇帝行为的批评，天命不可违，所以刘骜欲让张放归而不得。且又抵不过太后一党的压力，只好继续千里传书，寄相思之苦。过了几个月，刘骜死讯传来，张放不分昼夜地哭，活活把自己哭死了。这段男人与男人之间的感情，也算世间罕有。知悉其中详情的都唏嘘不已，觉得两人这段情史冠古绝今了，谁知没过多少年，这一幕又被复制，汉哀帝刘欣和董贤的"断袖之爱"，让张放与刘骜的故事就此失色。这段旷古基情，别章另述。

　　赵飞燕是靠舞姿征服汉成帝刘骜的。跟张放在阳阿公主府上欣赏完舞蹈后，刘骜就惦记上了这位奇女子。飞燕舞技高超，"若人手持花枝，颤颤然"，今人无缘得见，但想想就极美。后世有"燕瘦环肥"之说，说明赵飞燕身材很瘦，跟杨丽萍老师似的，天生适合舞蹈，而以玉环之肥，跳舞的难度太大。

　　如愿把赵飞燕弄进宫后，刘骜得以每日欣赏飞燕专场舞会，自然恩宠有加。某日在太液池泛舟，赵飞燕在船上御风起舞，行至湖心，风渐大，赵飞燕衣袂飘飘似要被风吹走，一旁伴奏的忙拽住赵飞燕的裙角，结果撕开了一道口子，却不想就此成了时尚，宫中女子都把裙子扯个缺口，有善谀者起了个名：留仙裙。意思就是赞赵飞燕是仙子，当时赵飞燕极其配合地跟刘骜撒了个娇，说皇帝你要不是叫人扯住我，我早就白日飞升成了仙子啦。

　　不久赵飞燕的妹妹赵合德也进了宫。两姐妹同胞，身材相貌却大不相同。飞燕清瘦合德丰腴。史称赵合德的皮肤如"塞上酥"，触手滑腻，油性比较大，为疏通毛孔，必须时常洗澡。刘骜某次无意中窥到赵合德沐浴的样子——在清香氤氲的蒸汽中，赵合德冰肌玉肤半浸水中，慵懒、曼妙、朦胧，堪比西洋油画。从此刘骜上了瘾，赵合德每洗必窥。赵知道后也不说破，索性延长沐浴时间，让皇上偷窥个够。渐渐失宠的赵飞燕得知后也跟妹妹学，刘骜偷看了一回就够了，瘦子洗澡一无足观，朕又不是没见过竹竿儿。

有关赵合德的魅力还有一个三字成语，"温柔乡"，刘骜跟她同寝后，叹息道，我就不羡慕祖宗刘彻成仙得道的白云乡了，死在她那温柔乡也值了。此外据说，刘骜有疾，"阴缓弱不能壮发，每持昭仪足，不胜至欲，辄暴起"——必须握着赵合德的脚才能乾纲振作，赵合德却偏偏不让他握。有人就劝她，皇上吃了方士的仙丹都没用，可一抓你脚丫就爷们儿了，更证明你的魅力啊，何必拒绝呢？赵合德的回答非常有道理，堪称心理学和性学大师，她说多亏了我不让他握我脚，要是跟我姐似的，样样顺着，皇上早就腻了烦了，我还有什么可打动他的呢？其实道理并不复杂，无非是维持并延长新鲜感，无非是做嫔妃的竭力规避最大的恐惧——"以色事人者，色衰而爱弛，爱弛而恩绝"的宫闱悲剧。

野史载，赵氏姐妹为了保持皮肤白皙，专门找方士配了一种药粉，置于肚脐，主要成分有麝香。中医说麝香可导致不孕不育。实际上是麝香中所含成分可使子宫平滑肌兴奋、收缩，容易导致流产。总之飞燕合德姐妹都不生育，不管是贵为皇后还是昭仪，生不了皇子都只是显贵一时。刘骜不再亲近赵飞燕后，后者索性找来青年男子，试图"借种"，屡试屡败，屡败屡试，最终被刘骜发现，干脆一次也不来临幸了。光禄大夫刘向见状，专门写了一部《列女传》劝谏刘骜，让他清理后院，刘骜读了唏嘘再三，却终于下不了狠心把赵飞燕杀掉。此外赵飞燕还干了件假怀孕的蠢事，最后也没整出个小皇子，如果不是赵合德的枕边风，刘骜即使不杀其姐，至少也会将赵飞燕废黜。

许美人、曹宫女先后有孕生子，赵飞燕与赵合德听闻后，危机感顿生，百般撺掇，汉成帝刘骜就干下了最为人不齿的事，把自己的亲骨肉掐死。最后不得不把皇位传给了自己的侄子。野史《飞燕外传》中说，刘骜是服用春药后，与赵合德一夕交欢，精遗不止，"余精出涌，沾污被内，须臾帝崩"，真正的精尽人亡。在《金瓶梅》中，这种死法被移植到了西门大官人身上。

因为皇帝是死在了赵合德的屋里，她的宫闱生涯算是到头了。王氏外戚派人调查死因，找嫌疑人等录口供，王莽也适时上书，赵合德洗不清干系，只好服毒身死。此后王莽专权，哀帝刘欣也驾崩，王莽就从皇太后王政君处请了懿旨，把赵飞燕贬为庶民，打发她去为刘骜守灵，当日，赵飞燕就自尽了。香魂一缕，终于是随风而逝。

话说中国有个最龌龊的传统，把红颜污为祸水，赵飞燕赵合德姐妹倒是当得起"祸水"之名，虽各有其可悲之处，但弄死别人的孩子总不是正常人类该干的事。不过这恶说到底还是刘骜做下的，把自己亲生儿子掐死，非正常人类都干不出来。

唐代诗人张志真指出：

卑女岂肯让须眉，绝代佳人入宫闱。
大汉天子不好色，轻盈飞燕又媚谁？

算是说到点儿上了。

汉哀帝

出则参乘，入御左右，旬月间赏赐巨万，贵震朝廷。

——《汉书·董贤传》

中国历史上有两人的谥号为"哀帝"，汉哀帝刘欣，唐哀帝李柷。前者活了二十六岁，后者十七岁就死了，在位仅三年。刘欣原本是个诸侯王，假如不是汉成帝刘骜"虎毒食子"，刘欣断然不会有当皇帝的机会，说不定会活得长些。

刘欣被其叔刘骜相中，是因为竞争对手根本不是一个级别的。中山王刘兴是刘骜的小弟弟，和刘欣一起蒙召，按说"兄终弟及"，刘兴比后者"中标"的面儿大。可是一顿饭之后，高下立判。刘欣表现得既谦卑又儒雅，刘骜考他背《诗》，居然一字不差。刘兴抽中的题是《尚书》，根本背不出来，先失一分。吃饭还吃撑了，席间松裤腰带被刘骜发现，结果完败。两相较之，刘骜自然更喜欢刘欣，此后多次表扬侄子知书达理才华横溢。刘欣的祖母趁热打铁，花重金贿赂赵合德，"温柔乡"的香风一吹，刘骜干脆就立了刘欣为太子。当上储君后，刘欣表现得愈发谦恭，给皇帝Uncle写信说：小侄我当个诸侯王都难说称职，却未料想被叔叔您龙眼相加立为太子，何德何能啊。因此这太子我暂时先当着，等您有了孩子，侄子我就自动让位，回家还当我的诸侯王去。刘骜读了信感动坏了，刘欣的储君之位愈发的稳。

登大宝后，刘欣迫切想有一番作为。也推行了些新政，比如"限田令"和"限婢令"，规定了王侯将相各级官员可以拥有田地及奴婢的面积和数量，然而推行难度太大，反对者众，且连他自己也做不到，终于不了了之。勉强算是成功的，只有裁减宫廷乐师和歌舞伎这一项。不过从刘欣的一封诏书中可以看出，此人对百姓还是体恤的，一场水灾过后，刘欣诏曰："朕之不德，民反蒙辜，朕甚惧焉。已遣光禄大夫循行举籍，赐死者棺钱，人三千。其令水所伤县邑及他郡国灾害什四以上，民赀不满十万，皆无出今年租赋。"诏书中"罪己"味道浓重，不仅减免灾区赋税，还从国库拨款给死难者发丧葬费。说明刘欣身为帝王还是要脸的，没把一场灾难粉饰成皇恩浩荡的功德。

这位哀帝青史留名的主因非其政绩的好坏，而是"个人生活问题"。不过与其叔刘骜不同，刘欣更好男风。董贤时任太子舍人，每天的工作就是报时，这个美少年堪称皇宫内最漂亮的闹钟。某日正打铃时被刘欣撞见，履新的皇帝一见之下就爱上了，先升了官，又邀董贤同塌而眠，开始了基情四射的日子。"断袖之癖"的成语就是二人同创，不忍吵醒董贤的刘欣割断了自己的袖子，董贤醒后感动莫名，此后就把自己的袖子也截短，竟然无意中领先了时尚，宫人也学着他把袖子弄短。这是继赵飞燕撕裙子之后第二次汉宫廷时装改革，此次是男装。

既然你侬我侬情深至此，刘欣就没什么顾忌的了，把情人的官职一升再升，才二十出头，小董就位列三公，匈奴来朝觐时大为诧异：怎么另外两位都是胡子一把的耄耋老人，却惟独这位大人俏脸粉嫩颔下无须呢？汉朝接待方只好说：你别看董大司马年轻，他可是我朝的大贤，领导干部年轻化嘛。

此后的董贤家族鸡犬升天，连他的小舅子都官封执金吾，相当于卫戍区司令，等同于九卿。"仕宦当作执金吾"——属于连后来的光武帝刘秀都感叹歆羡的高官，说明升职器非常好使。可是混到这份上，想不遭嫉都难。刘欣一死，董贤第二天就自杀了。一方面是殉情，另一方面则是来自王氏外戚的压力，董贤想必明白，不自杀只会死得更难看。果然，他一死王莽就流放了董家亲眷，又以怀疑他诈死的理由掘了董贤的坟，遗体也没逃过一辱。死时，董贤"芳龄"才二十二，算是"红颜"薄命了。后来民间有演绎，说乾隆就是刘欣转世，而和珅是董贤投胎，君臣关系很是暧昧，连乾隆与和珅的第一次见面都与刘董绝似。

清人袁枚在《子不语》中给董贤平了反。其笔记中说，袁的叔祖旅途中遇到一庙，供的神就是董贤，负责一方晴雨。董贤给袁枚的叔祖托梦申诉，说："你们都被班固骗了，他写的《哀皇帝本纪》里既然写到了哀帝阳痿，连孩子都没生出来，又怎么可能跟我那个呢？因此我和哀帝是清白的，一块儿睡觉并不能证明什么。"

是啊，两个男人在一张床上睡觉就一定得发生点儿什么吗？就算发生点儿什么又怎样呢？你看好几个国家同性婚姻都合法了。

吴主孙皓

皓登殿稽首以见晋帝,帝赐坐曰:"朕设此座以待卿久矣。"皓对曰:"臣于南方,亦设此座以待陛下。"

——《三国演义·第一百二十回》

孙皓,三国末代吴帝,字皓宗,还有个字叫彭祖。虽然叫彭祖,但只活了四十二年。孙皓他爸叫孙和,孙权的第三子,身份是废太子,不仅被废,最后还被没出五服的堂侄孙峻赐死,时年三十岁。

父死时孙皓还是个孩子,父亲的悲惨命运之于他就是一片挥之不去的乌云。在这一阴影笼罩之下,孙皓很难不畸形成长。多年以后,意外登上帝位的孙皓诛杀了韦曜,原因恰是身为国史修撰者的韦曜,只答应为孙皓父亲孙和作传,死活不肯作纪。补充说明下,"纪"是帝王的专属特权,而孙和的身份是南阳王。

最初孙皓对韦曜是相当不错的,可以说so sweet。孙皓嗜酒,时常请臣子们饮宴,每饮必七升,喝不够这个量的下场相当不好。孙皓专门安排了几个黄门,名曰"司过之吏",专门监督大臣们谁喝酒耍奸。可喝够七升也未必就好,散骑中常侍王蕃喝了七升当堂醉倒,孙皓吩咐人把他送回,过了会儿又召回,见他面色如常神志清醒,就骂他装醉,一定是别有用心,干脆砍了头。而韦曜也就是两升的量,孙皓却命人偷偷给他换成茶,与对王蕃的态度截然有异。"以茶代酒"这句话应该就是从韦曜这儿来的。不过孙皓对韦曜这么好,多半就是因为后者掌着史笔,除了想让他给自己冤死的老爸作纪,孙皓也怕韦曜秉笔直书,把自己的各种不堪如实记录。可韦曜最终还是没有被他的御茶收买，干干净净地去见董狐了，算是没有辱没史官之名。

初登基时，孙皓表现那是相当抢眼，开仓赈灾，减免赋税，把多余的宫女放归民间配给广大光棍，朝野民间都称他为"令主"，也就是明君。那时的人们对孙皓新政评价极高，也就对吴国的未来充满期待。然而孙皓让他们失望了，位置巩固后，他的杀人游戏即刻开始。先是把捧他上位的功臣万彧、张布等人灭了三族，又把孙休的皇后秘密处死。甚至自己的弟弟也没放过。孙皓的宠姬派人公然去大街上抢百姓财物，被陈声逮捕，陈是孙皓宠臣，觉得皇上肯定得向着自己，更何况是站在弱势群体一边，具有天然的政治正确，就把抢劫犯处决了。却没想到孙皓的政治正确不是他认为的那样，宠姬一告状，孙皓就让人把陈声抓来，拿烧红的锯直接把后者的脑袋锯了下来。另有一大臣叫贺邵，名将贺齐之孙，以直谏著称，见孙皓暴戾恣睢，就上书说："法禁转苛，赋调益繁，库禀空于无用，士民饥于糟糠。"直斥孙皓之非，自己钟鸣鼎食酒池肉林的，却害得军士百姓天天吃糠咽菜，最终也死于孙皓的大锯之下。史书载，贺邵死时"卒无一语"，其实贺邵不说话不喊疼并不意外，他死前已经中风失语。如此残忍对待一个脑卒中患者的帝王，只孙皓一人。非人哉，非人哉。

假如给孙皓主政期间的吴国设计国旗LOGO的话，最合适的是一把剥人面皮的刀，和一把烧红的锯交叉，这两样是孙皓的注册商标。的确很恐怖，但你知道，靠恐怖手段维持的政权是不可能持久的。

降晋后，孙皓被晋武帝司马炎封为归命侯。待遇很不一般。某日司马炎与王济对弈，孙皓作陪，王济问："听说你喜欢剥人脸、刖人足，为啥呀？"孙皓答，臣子对君王无礼，就是不要脸，所以剥了他的面皮最合适不过。当时王济的两只脚正伸得笔直，都快碰着司马炎了，孙皓因此小小地讥讽了一下。又有一说问他这话的是贾充，孙皓的回答依旧锋利，"当奴才的，却去谋杀主子，这么对待他不正好吗?"贾充傻了，因为他还是魏臣时，曾指使他人刺杀过曹髦。

另有一次，司马炎宴请群臣，席间有歌舞助兴，便问孙皓，听说你们吴国的音乐不错，爱唱《尔汝歌》，归命侯，给朕唱一首咋样?孙皓就真的唱了——"昔与汝为邻，今与汝为臣，上汝一杯酒，令汝寿万春。"本来司马炎也不怀好意，以彼时的价值观来看，孙皓好歹也曾是一国之君，命他干优伶这等演艺圈的事明显带有羞辱性质，但不得不说孙皓化解得妥帖，你司马炎自己朕啊朕的，我还就叫你"汝"了，是你让我这么干的，这不是活该嘛。

这说明，孙皓的智商并不低，至少很有些急智，但如你所知，很多变态都是极其聪明的。

2016年5月27日订正定稿于安乐林

图书在版编目（CIP）数据

也曾酒醉鞭名马：中国古代文人的B面 / 阿丁著. -- 北京：作家出
版社，2017. 12

　　ISBN 978-7-5063-9776-6

　　Ⅰ. ①也… Ⅱ. ①阿… Ⅲ. ①文人–人物研究–中国–古代　Ⅳ. ①
K825.4

中国版本图书馆CIP数据核字（2017）第272048号

也曾酒醉鞭名马：中国古代文人的B面

作　　者：阿　丁
责任编辑：赵　超
装帧设计：周伟伟
出版发行：作家出版社
社　　址：北京农展馆南里10号　　邮　　编：100125
电话传真：86-10-65930756（出版发行部）
　　　　　86-10-65004079（总编室）
　　　　　86-10-65015116（邮购部）
E-mail:zuojia@zuojia.net.cn
http://www.haozuojia.com（作家在线）
印　　刷：三河市北燕印装有限公司
成品尺寸：152×230
字　　数：221千
印　　张：16.75
版　　次：2017年12月第1版
印　　次：2017年12月第1次印刷
ISBN　978-7-5063-9776-6
定　　价：35.00元